intelligent IT outsourcing eight building blocks to success

가치창조를 위한

IT 아웃소싱 방법론

8블록 접근법

안준모 교수 역

Sara Cullen
Leslie Willcocks

"나의 가는 길은 오직 그가 아시나니 그가 나를 단련하신 후에는 내가 정금같이 나오리라 (욥23 : 10)"

차 례

역자소개

안준모 교수

현실 공부

LG-EDS 컨설팅 책임컨설턴트 역임
Motorola University 프로젝트 관리론 전문교수 역임
Meta Net BTS 사외 이사 역임
정보통신부 소프트웨어 산업 육성 정책 자문 교수 역임
건국대학교 CIO 역임
CITO(Center for IT-enabled Outsourcing) 연구소장(현)

이론 공부

연세대학교 경영학 학사
Texas A&M University, College Station, USA 경영전산 석사
State University of New York, Buffalo, USA 경영정보학 박사
University of California, San Diego 연구 교수 역임
정보통신정책연구원(KISDI) 방문 연구위원(현)
건국대학교 경영정보 및 정보통신 경영 교수(현)

저서/역서

핵심기능만 빼고 전부 아웃소싱하라(삼성경제 연구소)
아웃소싱 관리론(대청미디어)
글로벌 IT아웃소싱(아진)

저자소개

Sara Cullen

Deloitte Touche Tohmatsu(Australia)의 아웃소싱 담당 National Partner를 역임하였으며 Asia Pacific지역 아웃소싱 전문가이다. 지금까지 75개 이상 조직을 대상으로 약 80개의 아웃소싱 프로젝트에 참여하였다. IT 아웃소싱 관련 베스트프렉티스 연구보고서 및 40편 이상의 논문을 발표하였다. Journal of Information Technology 아웃소싱 분야 편집위원을 역임하였다.

Leslie P. Willcocks

London School of Economics, England 경영정보 분야 교수이며 University of Melbourne, Erasmus University 방문교수 역임하였으며, Management Consulting 분야에서 11년간 현장경험 후에 학계에 투신하여 현실 타당성 높은 연구를 진행하고 있다. 23편의 전문 서적 저술과 Harvard Business Review, Sloan Management Review, MIS Quarterly, Communications of ACM 등 전문 저널에 아웃소싱 관련 논문 130편을 발표한 바 있다. 현재 Journal of Information Technology의 편집장으로 13년간 봉사하고 있다.

역자서문

1980년대 말기에 본격적으로 시작된 IT아웃소싱 추세는 이제 정보자원관리의 중요한 전략으로 자리 잡았을 뿐만이 아니라 글로벌 기업의 전략적 수단으로 등장하고 있습니다. 더 나아가 글로벌 국가경쟁력 확보를 위한 정부 혁신과 개혁의 대표적 전략으로 활용되고 있는 실정입니다. 미래 기업의 정보인프라의 기반으로 자리 잡고 있는 유틸리티 컴퓨팅(utility computing), 서비스지향 아키텍쳐(service oriented architecture)는 아웃소싱 활용을 더욱 촉진시키는 요인으로 작용하고 있습니다. 향후 IT아웃소싱은 정보서비스의 가장 주요한 분야로 확대, 개편되면서 최근에 회자되고 있는 서비스사이언스의 중추적 분야로 잡을 것이 확실시 되고 있습니다.

본 역서는 지난 20여 년간 IT아웃소싱 서비스 분야에 관한 광범위한 컨설팅과 연구 결과를 기반으로 제시된 IT아웃소싱 방법론을 제시하고 있습니다. 역자와 저자들은 IT아웃소싱 글로벌 포럼을 통하여 글로벌 차원에서의 추세와 경험을 공유한 인연을 기초로 공동 작업의 번역서를 번역, 출간하게 되었습니다. 특히 여기서 제시된 방법론은 아웃소싱을 추진하고자하는 기업이나 조직 차원에서의 추진 방법론을 제시하고 있습니다. 아웃소싱 전문 컨설팅 업체나 공급사가 흔히 제시하는 공급사 위주의 방법론은 자칫 추진 주체가 전도됨으로써 아웃소싱 추진 상의 문제를 야기하고 결국 성공적 결과를 도출하지 못하고 있다는 점을 고려할 때에 매우 의미 있는 방법론이라 할 수 있습니다. 전체 방법론이 8개의 모듈로 구성, 제시됨으로써 고객사 즉, 추진 기업이 자신의 상황에 맞게 본 방법론을 적절히 변형하여 활용할 수 있는 점이 또한 본 방법론의 강점이라 할 수 있습니다. 고객의 가치 창출이라는 글로벌 환경에서의 최대의 명제를 해결하려는 전문가들의 분투에 많은 도움이 될 것으로 확신합니다.

번역이라는 과정이 하나의 학문적 의미를 지니고 있음을 고려하여 역자 자신이 많은 신경과 노력을 경주하였음에도 불구하고 미진한 점이 있을 것입니다. 모든 오류와 부족한 점은 역자의 불찰로 여겨지며 많은 전문가들의 질책과 격려를 기쁘게 받아들이고자 합니다. 본 역서가 나오기까지 격려를 해준 영국 런던 정경대학의 윌컥스 교수, 호주 멜버른의 컬렌 박사에게 진심으로 감사드리며 아진 출판사의 김근배 사장님에게도 심심한 사의를 표하고 싶습니다.

2007년 7월 초순
소나무와 벼루처럼

안준모 교수

저자서문

본인들의 저서가 한국어로 번역되어 한국 독자에게 소개되는 것은 또 하나의 기쁨으로 우리에게 다가 옵니다. 저자 모두 안준모 교수가 마련했던 IT 아웃소싱 글로벌 포럼의 초청으로 2000년 대 초반에 한국을 방문할 기회가 주어졌고 그곳에서 훌륭한 전문가들을 만나고 역동적인 한국 비즈니스 상황을 직접 체험한 것도 잊을 수 없는 기억으로 살아있습니다.

1980년대 이후 글로벌 아웃소싱 시장에서의 많은 변화와 발전이 이루어졌으며 정보기술 아웃소싱이 다양한 실험을 거쳐서 활용되고 있습니다. 이와 더불어 기업 경영과 관련된 다양한 유행, 새로운 시도와 수많은 해결책도 우리를 뒤엎고 있다고 표현할 수 있는 상황입니다. 지난 몇 년간 우리의 관심사는 이와 같은 추세에 여유를 갖고 적응하는 기업이나 조직들이 아웃소싱을 어떻게 활용하고 이를 학습하느냐는 것이었습니다. 본서에서 제시된 저자들의 연구 및 자문을 통하여 획득된 도구, 프로세스, 통찰력이 아웃소싱을 활용하는 기업의 학습 프로세스를 가속화시켜 주기를 바라고 있습니다.

경쟁적 위치를 확보하고, 정보기술을 활용하여 효율성을 추구하는 역동적 상황에 처한 기업들은 복잡한 상황 속에서 어떤 관리 방법을 활용하고, 무엇이 근본적인 변화를 통하여 성과를 안정화시킬 수 있는가는 찾기는 쉽지 않습니다. 우리는 본서에서 내부의 정보기술 부서가 자신의 정보기술 운영에 대한 결정 능력을 확보한 가운데 외부의 정보기술 서비스 제공업체가 제공할 수 있는 기회를 활용할 수 있기를 바라는 의도에서 다양한 기법과 절차를 제시하고 있습니다.

저자들은 아웃소싱이 주요한 관리 도구로서 기업의 관리 및 전략적 효과성을 높이기를 바라고 있습니다. 저자들은 지난 20여 년간의 컨설팅, 자문, 연구 활동을 통하여 아웃소싱 상황에 활용될 수 있으며 또한 효과를 발휘할 수 있는 전략적 프레임웍을 개발할 수 있었습니다. 실제 수행된 아웃소싱 프로젝트를 통하여 도출된 본서의 내용은 특히 외부 공급사로부터 아웃소싱 서비스를 확보해야 할 경우에 더욱 그 진가를 발휘할 것이며 수많은 위험을 극복할 수 있는 방안을 제시하고 있습니다. 본서의 프레임웍은 고객사를 위한 차원에서 그 체계와 절차를 제시되고 있으나 아웃소싱 서비스를 제공하는 공급사도 이를 활용하여 고객사를 준비시키거나 평가하는 절차로 활용할 수 있을 것입니다. 아웃소싱 관련 전문가 개인에게도 본서는 좋은 참고 자료, 기법이나 방안을 제시해 줄 수 있다고 확신합니다.

사라 컬런(sara cullen)
레슬리 윌콕스(leslie willcocks)
2007년 봄

서 언(introduction)

정보기술 아웃소싱(ITO: Information Technology Outsourcing)은 다양한 용어로 표현(외부 계약(contracting out), 파트너링, 설비관리(facility management), 코소싱(cosourcing) 등)되지만 정보기술 관련 활동 및 자산을 제3자에게 이관하고(hand over) 그 결과에 대하여 추적, 관리(monitor)하는 활동이라 할 수 있다. 이와 같은 관리기법이나 추세가 일시적 유행인지 진정한 하나의 새로운 관리 분야인지를 판단하는 기준인 5년 이상의 생존 여부를 ITO가 만족했다는 점에서 한때의 유행이라기보다는 향후 정보기술 관리 활동의 주요 분야로 자리 잡았음을 알 수 있다.

글로벌 시장 규모는 1990년에 미국 달러 기준 90억 불에서 2004년 1,540억불로 증가하였고, 2006년에는 1,900억 달러로 성장할 것으로 예측되고 있다(Kern et al., 2002a). 정보기술 관련 전문 시장 조사회사인 IDC의 예측으로는 2006년에는 영국 파운드화 기준 1조 2000억 파운드로 성장할 것으로 예상하고 있다. 기업의 정보기술 예산 차원에서는 Willcocks et al.(2002)의 예측에 의하면 2001년 기준 정보기술 예산의 약 72%는 내부 정보기술 활동, 3% 정도는 비즈니스 프로세스 아웃소싱(BPO), 3% 정도는 해외 아웃소싱(offshore outsourcing), 나머지 22%는 아웃소싱에 투입될 것으로 예측되었다. 2005년경에는 전 예산의 약 33%가 아웃소싱에 투입될 것으로 예측하고 있으며 해외 아웃소싱 부분이 10%, BPO에는 15% 정도가 할애될 것으로 예상되었다. 그림 0.1에서 볼 수 있는 바와 같이 조사 대상 조직의 반 정도가 약 20% 내외의 예산을 아웃소싱에 투입하고 있는 것으로 나타났다.

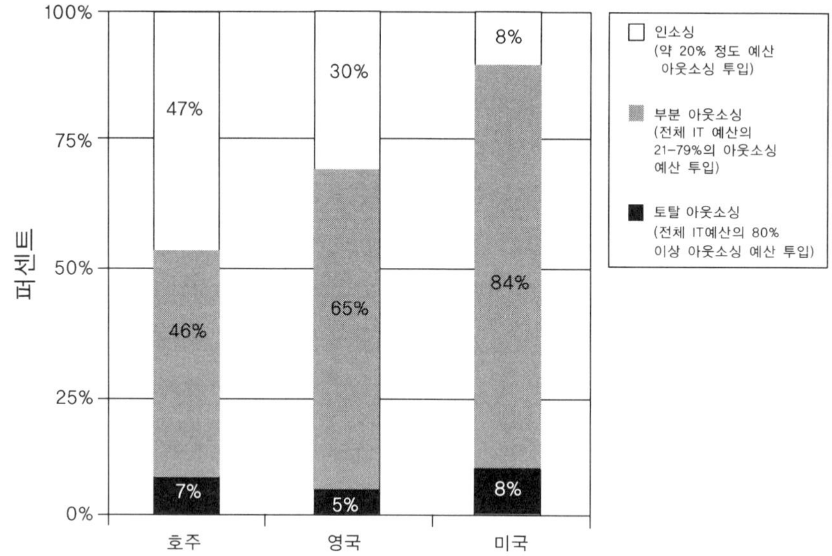

자료원: 호주 자료, Cullen, et al.(2001) 231 응답자, 영국 및 미국 자료(2000a) Lacity and Willcocks(2000a) 각각, 63 및 38명 응답자

그림 0.1 아웃소싱 활용 비교(호주, 영국, 미국)

이와 같이 대부분 조직이 IT서비스의 일부분을 아웃소싱 하고 있음을 알 수 있다 – 여기서 조직은 공공 및 기업 조직을 모두 포함한다(Cullen, et al., 2001). 이와 같은 아웃소싱 증가 추세는 점증하고 있으며 영국과 미국의 정보기술 아웃소싱 공급사의 경우 1995년부터 2002년 기간 동안 매년 15%의 매출액 증가를 보이고 있다. 특히 아웃소싱은 신 경제 하에서 요구되는 비즈니스 수행 속도(speed)의 중요성 때문에 기업이 IT보다는 핵심역량에 집중할 수 있도록 지원할 수 있다. 인터넷 버블이 붕괴된 2000년 말부터 경제가 불황으로 접어듦에 따라서 원가 절감을 위한 아웃소싱 요구가 증가하였다. 이러한 요구는 해외 아웃소싱(offshore outsourcing)과 BPO를 확산시키는 계기가 되었다. 2001년과 2002년의 극심한 IT업계 불황에도 불구하고 아웃소싱 분야는 계속 성장하였다.

IT기술의 급격한 변화와 불확실성에도 불구하고 ITO협약 및 생명주기(life cycle) 관리는 이제 IT관리자의 필수 역량의 일부분으로 자리 잡고 있다. 이제 정보서비스는 내부 관리 활동에 의해 제공되는 것이 아니라 외부 시장에서 구매해야 하는 서비스로 변화하고 있으며 어느 조직도 이와 같은 추세를 거스를 수 없는 상황이 되었다. 이와 같은 상황에서 ITO관리 기법 도입과 이를 실행하여 가치를 창출할 수 있는 전문 인력을 배양하여야 할 것이다.

기존 아웃소싱 서비스 공급사들은 각 사별로 색다른 전문용어와 약간의 신비스러움을 통해 자신의 서비스를 부각시키려 하고 있다. 예를 들어 전략적 파트너십, 전략적 협력, 코소싱(cosourcing), 가치 부가 아웃소싱 등과 같은 용어들을 활용하여 실제 가시화될 수 있는 효과 이상의 효과를 부각시키려했다. 최근에는 넷소싱(netsourcing) - 응용시스템, 서비스, 인프라스트럭처 서비스를 네트워크를 통하여 임대하는 서비스 - 이라는 용어도 사용되고 있으며 중장기적으로 활성화 될 것으로 주장하고 있다.

일반적으로 외부 전문 조직을 활용하여 서비스를 제공받는다는 것은 논리적으로 합리적이었으며 또 잘 활용할 경우 효율적일 것으로 간주되었으며 이는 경영관리의 다른 분야에서 이미 광범위하게 활용되고 있었다. 그러던 것이 1990년대 초에 한 기업의 중역회의에서 "정보기술을 아웃소싱하면 어떻지요?"라는 질문이 제기되었다. 그러나 그 당시에는 아웃소싱 서비스를 제공할 수 있는 전문 공급사나 아웃소싱 여부를 결정하고 관리하기 위한 적절한 관리기법이 제시되지는 못하였다. 지난 십년간의 시행착오를 거쳐서 이제 아웃소싱 관한 질문은 "(IT를 활용하여) 사업 효과를 극대화하기 위하여 시장에서 정보기술 서비스를 어떻게 구매하고 활용할 것인가?"로 바뀌었다. 본서에서는 이와 같은 질문에 대한 근본적인 대답을 제시할 수 있는 모듈화 된 문제해결 체계를 제시할 것이다.

본 교재에 대하여

본서는 IT아웃소싱 결정, 프로세스, 관리에 관련된 기술적 지식, 활동, 기법을 제시하고자 한다. 이와 같은 지식은 주로 저자들의 컨설팅 활동과 연구 결과로부터 도출된 실무(practices)에 근거한 체계적 지식이라 할 수 있다. 이 지식은 아웃소싱을 추진한 수백 개의 조직으로부터 도출된 의미 있는 지식으로서 저자들의 주장이라기보다는 다양한 아웃소싱 사례를 기반으로 아웃소싱 생명주기(life cycle) 활동 전체를 통한 시계열적 추적을 통하여 집적되었음을 강조하고 싶다. 저자들은 아웃소싱 확산 초기부터 지난 10여 년간 어떻게 아웃소싱이 시작되어서, 관리되고, 어떠한 문제가 발생되고, 그 문제를 해결하기 위하여 어떻게 접근했는지를 살펴볼 수 있는 특권을 가졌다는 점을 매우 의미 있게 생각하고 이를 본 저서에 반영하고자 노력하였다.

저자들이 아웃소싱 관련 자문과 연구를 통하여 목격한 아쉬운 점은 한 기관(아웃소싱 추진 고객사)이 경험한 실수를 유사한 기관이 똑같이 범하고 있음을 목격할 때였다. 본서는 계약 이전 단계부터 계약 종료 시까지 아웃소싱을 관리하는 구조적 방법을 제시하고자 한다. 특히 계약 이전 단계의 중요성은 저자들이 가장 강조하고 싶은 분야이다. 이 단계에서의 치밀하지 못한 계획은 이후 모든 단계에 부작용을 일으키는 것으로 목격되었기 때문이다. Feeny and Willcocks(1998)는 대규모 아웃소싱 계약을 성공적으로 이끌고 목적한 효과를 도출하기 위해서 아웃소싱 추진 조직 내부가 보유해야 하는 9가지 핵심역량을 제시하고 있다. 이 핵심역량이 준비되지 못한 조직이 아웃소싱을 추진할 경우 향후 자신의 정보기술 서비스에 대한 운명이 자신에 의해 주도되지 못하게 됨을 볼 수 있었다. 즉, 아웃소싱 서비스 공급사가 제시한 일반적 해결책을 맹목적으로 받아들임으로써 고객사가 원하던 효과를 달성하지 못하고 있었다.

본서가 ITO관리를 위하여 제시한 방법론은 다른 형태의 아웃소싱이나 관련 분야에 광범위하게 적용될 수 있으리라 믿는다. 이는 다른 서비스 아웃소싱에도 적용될 수 있다. 본서는 아웃소싱 추진을 위한 개념과 대안은 제시하고 있으나 단계별 활동이나 구체적 행동을 위한 지시(instructions)는 제시하지 않고 있다. 본서는 매뉴얼이라기보다는 점검표, 개괄적 사항, 피하여야 할 함정, 구조적 방안을 제시하고 있다. 본서에서 제시되는 다양한 방법은 상황에 맞게 구체화되어 활용될 수 있을 것이다.

본서에서 제시된 프레임웍은 단지 전략적 대안을 제시하고 있으며 이를 상황에 맞게 구체화하여 활용하는 것이 올바른 접근법일 것이다. 방법론이 순차적으로 제시되고 있으나 실제로는 각 활동이 동시에 또는 그 일부만이 활용될 수 있을 것이다. 이 책에서 제시된 체계와 활동들은 이론적 사유나 논리적 체계에 의하여 도출된 방법론이 아니고 지난 10년간 수행된 다양한 아웃소싱 사례에 저자들이 직접 참여하여 도출된 즉, 실제 상황에서 검증된 체계임을 자신 있게 피력할 수 있다. 이는 복잡도와 규모에 관계없이 아웃소싱 추진을 위한 효과적인 방법론임을 다시 한 번 강조하고 싶다.

빌딩블록(building block) 접근법의 필요성

아웃소싱 활용조직이나 서비스 공급사는 아웃소싱을 수행함에 있어서 상호 연관된 체계적 방법을 활용하지 않은 경우가 허다하다. 체계적 방법론의 부재는 결국 이를 수행하는 다양한 전문가들과 관련 팀들이 상호 관련성 있게 업무를 수행하지 않음을 의미하여 이는 결국 효과적이며 효율적인 문제해결 프로세스를 거치지 않음으로서 바라는 바 목적을 달성하기 힘들며 혹시 소기의 목적을 달성한 경우에도 투입 자원의 낭비가 클 수 있음을 의미한다.

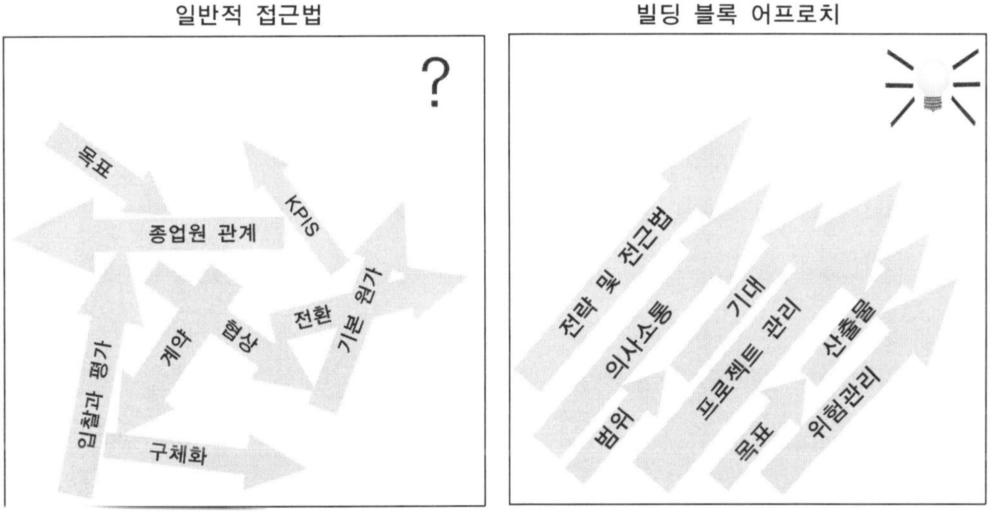

그림 0.2 상호 연관된 접근법(streamlining the approach)

예를 들자면 CIO는 아웃소싱 대상 서비스를 선정하고, 법률 팀은 계약서를 준비하고, 운영 팀은 SLAs(Service Level Agreements)를 준비하고, 다른 팀은 서비스 공급사를 선택하고, 또 다른 팀은 서비스 공급사를 관리하는 것과 같이 상호 독립된 활동을 수행하고 상호간에 이해나 의사소통이 없이 아웃소싱 활동을 추진하는 것이 보통이다. 많은 경우 아웃소싱팀 상호간에 서로의 결과물에 대하여 이해를 하지 못하고 있으며 아웃소싱을 성공으로 이끌기 위하여 필요한 토의나 이슈 해결을 위한 정보를 상호 공유하지 못하는 경우가 허다하다. 많은 경우 아웃소싱 추진 팀이 작성한 산출물 내용이 중복적이거나 상충되는 경우가 많다.

사례: 유틸리티 기업(utility)

주정부 산하 유틸리티기업은 3년 계약 기간에 걸쳐 수백만 달러 비용절약을 목표로 한 아웃소싱 입찰을 수행하였다. 공급사가 선정되자 이 과정에 참여했던 인력은 자신의 원래 위치로 복귀하였고 입찰과정에 참여하지 않았던 정보서비스 담당 인력을 중심으로 향후 아웃소싱 이후 잔류할 인력을 중심으로 계약관리팀이 결성되었다. 그러나 계약관리팀 인력은 아웃소싱 입찰, 계약 및 공급사 관리에 관한 경험이 없었다.

이 팀은 신속한 이관을 실행하며 서비스 제공 상의 중단이 없도록 조치하여야 하기 때문에 서비스 공급사 직원과 긴밀히 협력하여야 하였다. 이 일을 처리하는 과정에서 계약서에 명시되지 않았던 상호 이해, 절차, 프로토콜이 설정되었다. 사실 담당 인력들은 계약서에 어떠한 내용이 합의되었는지도 알지 못하는 상황이었다. 그저 조용히 업무를 수행할 뿐이었다.

결과적으로 업무 처리는 계약관리팀의 견해에 따라 진행되었으며 계약서 내용과 차이가 발생할 수밖에 없는 상황이었다. 아웃소싱 범위에 포함되었던 서비스가 고객사에 의해 제공되는 상황이 벌어졌고 계약서에 명시된 신규 서비스가 공급사에 의해 전달되지 않는 경우도 발생되었다. 원래 서비스 범위에 포함되지 않은 서비스도 사용료가 부가되기도 하였다. 주요 성과지표도(KPI)도 일부만이 관리되고 보고되었다.

아웃소싱 이전에 기대되고 예측되었던 비용 절감도 달성되지 못하였다. 결과적으로 재입찰이 진행되는 시행착오를 겪게 되었다.

본서에서 제시된 구조화된 방법론은 이와 같은 여러 가지 문제점을 제거할 수 있다. 본 방법론을 사용하는 것이 더 많은 시간과 노력을 요구하지도 않을 것이다. 이 방법론은 조직이 아웃소싱과 관련하여 당면하게 될 이슈에 대한 계획과 고민을 요구할 것이다. '제대로 된 한 바늘이 아홉 바늘을 절약한다!'는 속담이 여기에 적용됨을 알게 될 것이다. 그 이유는 수행 조직이 아웃소싱이 무엇이며 왜 필요하고 또한 어떻게 추진할 것인가에 대한 심도있는 이해(in-depth understanding)가 없을 경우에 아웃소싱 추진 이후에 비용과 시간상의 대가를 치르게 되기 때문이다. 초기의 계획과 관리 활동이 조직에게 대가를 요구하기는 하지만 추진 이후에 치르게 될 대가에 비하면 상대적으로 적은 대가를 요구한다. 저자들이 약 350건의 아웃소싱 사례를 분석한 결과 계약 이후의 관리 비용은 총 아웃소싱 계약 금액의 4 내지 8%에 달하는 것으로 나타났다. 이와 같은 관리 비용이 초기 비용 산정 시 포함되지 않았을 경우 아웃소싱 추진 조직은 추진 결과에 대하여 불만족하거나 기대했던 비용 절약을 확보하지 못함으로써 매우 실망스런 경험을 하게 될 것이다.

아웃소싱 생명주기(lifecycle) – 성공을 위한 8개의 빌딩 블록

의도적이지는 않지만 대부분의 아웃소싱은 충분한 사전 계획이나 노력 없이 시도되는 경우가 많다. 저자들이 아웃소싱 관련 연구 및 컨설팅 과정에서 만난 전문가들은 IT 아웃소싱을 추진할 때에 정확히 같은 절차나 접근법을 활용하지는 않았다. 비록 자신들이 검증한 방법론이 있을지라도 항상 자신들이 직면한 문제를 해결하기 위한 다양한 방법을 개발하여 활용하고 있었다.

저자들은 지난 십여 년간의 연구 결과, 공급사의 기존 방법론, 아웃소싱 활용 기업 경험을 바탕으로 아웃소싱 추진 기업의 아웃소싱 활동을 지원하기 위한 생명주기 빌딩 블록접근법을 구성하였다. 이는 아웃소싱 성공적 추진을 위하여 필요한 아래와 같은 활동을 지원하기 위한 8블록으로 이루어진 접근법이다:

- 정확한 정보 수집(right information)
- 정확한 서비스 확인
- 추진 이유(reason) 확인
- 적합한 서비스 공급사 선택
- 적절한 아웃소싱 거래(deal) 선택
- 적절한 관리조직 구성
- 아웃소싱 거래를 통한 사업역량(business leverage) 강화

여기에서 제시되는 방법론은 포괄적(comprehensive)이며, 필요한 활동(actions)을 제시하기 위한 상위지침과 각 활동이 수행되어야 하는 단계를 제시한다.

그림 0.3은 8개로 이루어진 빌딩블록을 개괄적으로 제시하고 있으며 그림 0.4에서는 각 빌딩 블록의 목표와 주요 산출물을 보여주고 있다. 본 교재 각 장은 각 블록을 자세히 검토하고 구체화할 것이다.

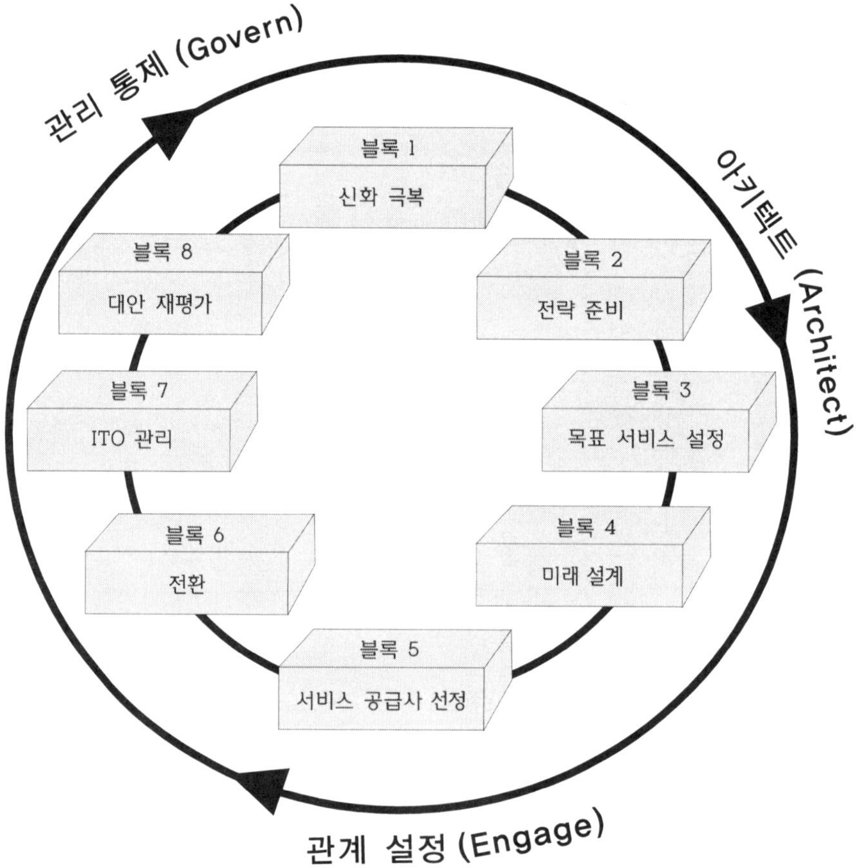

그림 0.3 아웃소싱 빌딩블록 생명주기

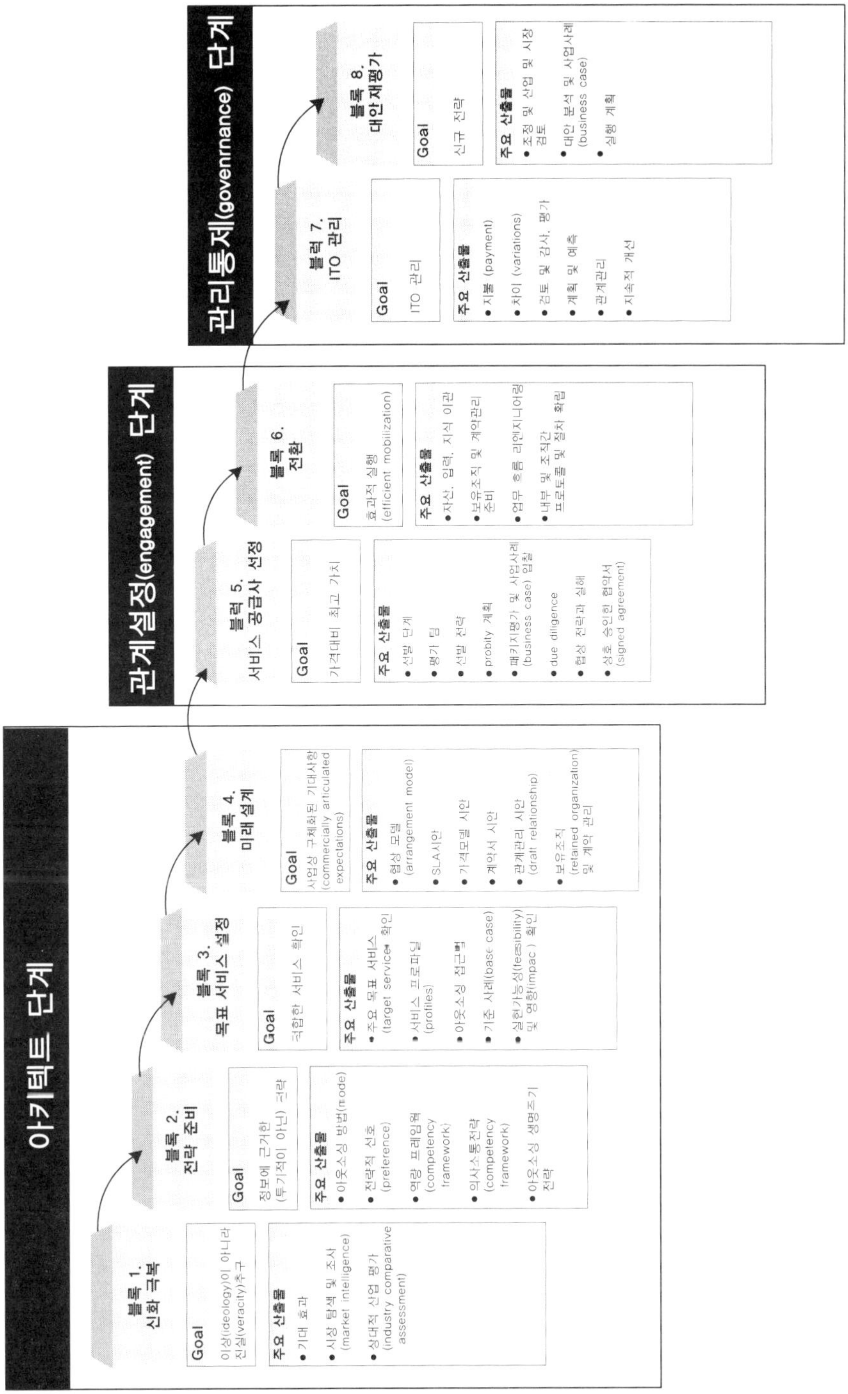

그림 0.4 아웃소싱 빌딩블록 산출물

1 부

아키텍트 단계
(architect phase)

1장 블록 1: 통찰력(acumen)을 통한 신화(myths) 극복

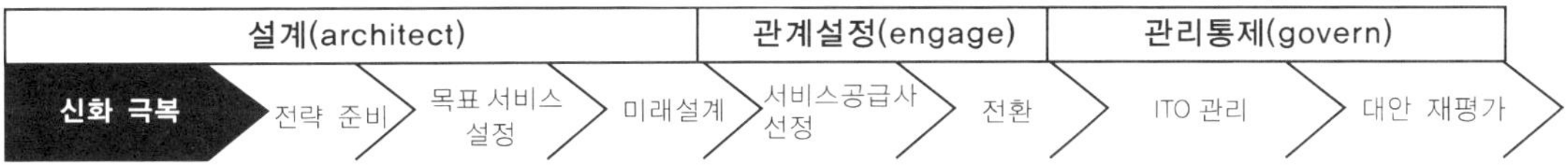

아웃소싱이라는 정보기술 관리 전략이 조직의 목적을 달성하기 위하여 공헌할 수 있는 부분과 할 수 없는 부분에 대하여 많은 잘못된 인식이 있다. 이와 같은 잘못된 인식은 'IT 아웃소싱은 일종의 거래(transaction)로서 전문 서비스 공급사에게 정보자원을 이관하고 적절히 관리하면 이로 인한 효과가 나타날 수 있는 관리기법'이라는 이상주의적 믿음에 그 원인이 있다. 사실 **아웃소싱은 간단하지도(simple) 않으며 일회성 거래(transaction)도 아니다 – 아웃소싱은 IT서비스 전달 프로세스를 관리하기 위한 전략이다.** 여타 경영전략과 마찬가지로 아웃소싱의 핵심 성공요인은 아웃소싱을 통하여 기업을 현 상태로부터 미래 비전을 실현하기 위한 상태로 변화시키기 위하여 어떻게 전략을 기획하고, 실행하며 이를 관리하느냐에 달려있다. 아웃소싱은 설정된 비전에 도달하기까지의 궤적(transition path)이라 할 수 있다. 이는 궁극적 최종 상태(end state)가 아니며 기업이 지향하는 목적을 달성하기 위한 다양한 전략의 하나라 할 수 있다.

아웃소싱 추진을 위한 통찰력(acumen)을 확보한다는 것은 아웃소싱을 추진하는 기업 즉, 고객사가 보다 정보에 근거한(informed) 구매자이자 관리자가 되는 것이라 할 수 있다. 이는 과거를 살피는(hindsight) 것이 아니라 미래를 내다보는(foresight) 것에 가까운 전략이다.

첫 번째 블록의 궁극적인 목표는 아웃소싱에 대한 이상적(ideological) 개념을 각 아웃소싱 관련 조직, 산업 및 IT 수요자에게 적합한 현실적 목표로 바꾸는 것이다.

1.1 아웃소싱에 관한 신화(myths) 버리기

IT아웃소싱을 추진하는 조직은 다양한 소스를 통하여 아웃소싱 시장 현황, 공급사의 특성, 다른 추진 조직의 경험에 대한 다양한 정보를 듣게 된다. 그러나 이 과정에서 들은 모든 것을 믿는 것은 현명치 못하다. 아웃소싱의 경우는 다른 관리기법과는 달리 특히 수행 조직 자신의 수행해야 하는 이유(rationale), 특수 상황, 서비스 공급사에 대한 자체 분석(your own analysis)이 매우 중요하다. 특히 서비스 공급사가 주장하는 다양한 이점이나 특수 사항에 대한 철저한 분석이 추진조직 측면에서 선행되어야 한다. 1993년도부터 2002년까지 저자들이 수행한 아웃소싱에 관한 설문조사에 의하면 아웃소싱 추진 결과 가장 실망스러운 점은 아웃소싱에 관한 숨겨진 비용(hidden cost)과 서비스 공급사의 중요 제시항목에 대한 맹신을 들고 있다. 그러나 불행하게도 아직도 서비스 공급사가 서비스 수요사인 고객사보다 아웃소싱 서비스를 파는 데 더 능수능란하다는 점이다. 이러한 상황에서 고객사의 신중한 결정이 없이는 공급사 위주의 거래가 처음부터 진행될 위험성이 매우 높다 할 수 있다.

다음에 제시되는 여러 신화(myths)는 아웃소싱 의사결정에 도움을 줄 수 있는 또는 일반화할 수 있는 가정이 될 수는 없다는 점을 강조하고 싶다. 아웃소싱 공급사의 한 관리자가 말했듯이 "아웃소싱 계약은 대부분 개념(concept)차원에서 계약이 체결되고 실제 자세한 사항(details)은 서비스가 전달될 때에 확인된다. 이것이 아웃소싱 계약이 성공적으로 지속되지 못하는 주요 원인이다."라는 점을 강조하고 싶다. 이 주장의 의미는 아웃소싱을 통하여 이룰 수 있는 희망을 버리라는 것이 아니라 이를 추진하기 이전에 매우 세밀한 분석이 필요하며 조직이 확보하고자 하는 목적을 이루기 위해서는 실질적 행위가 필요하며 계약 이전에 고객사가 아웃소싱을 통하여 실질적으로 이루고자 하는 목표를 설정하고 이를 실현할 수 있는 역량과 구체적 계약 사항을 사전에 정리하여야 한다는 점이다.

신화 1 IT 아웃소싱은 여타 아웃소싱(보안, 음식 주문, 청소 용역 등)과 다를 바 없다.

여기에서 강조하고자하는 것은 다른 아웃소싱 대상 활동과는 달리 IT아웃소싱 활동은 다양한 형태와 목적을 가지고 있다는 점이다. IT관련 자산이나 활동은 조직의 상황이나 형태에 따라서 단순 업무 처리부터 전략적 자산 및 활동까지 그 활용 목적이 매우 광범위하다는 것이다. 그러므로 IT를 관리하기 위해서는 포트폴리오 접근법을 활용하여야 한다. IT는 주요 차별화요인(critical differentiator), 주요 상품(critical commodities), 유용한 상품(useful commodities)으로 그 활용 목적이 다를 수 있다.

주요 차별화요인으로 IT가 활용된 예로는 영국항공(British Airways)의 예약시스템을 들 수 있다. 이와 같이 조직의 전략적 차별화를 위한 정보시스템은 내부에 보유되고 또 내부 인력이 관리하여야 한다. 항공기유지보수시스템과 같이 상품형 정보시스템(critical commodities)은 영국항공에 전략적 차별화를 제공하지는 못하나 해당 산업 즉, 이 경우 항공운송산업에서 경쟁력을 유지하기 위해 필요한 기본적인 시스템이라 할 수 있다. 이와 같은 정보시스템이나 서비스는 내부에서 운영할 경우의 비용, 품질과 대비하여 외부 아웃소싱 전문회사의 가격이나 품질이 우수할 경우에 아웃소싱 대상이 될 수 있다. 유용한 상품(useful commodities)형 IT – 예를 들면, 데이터센터, 유지보수 지원, 인사급여, 회계 시스템 – 의 경우는 아웃소싱 대상이 되는 전형적인 형태이다. 그러나 상품형 IT도 다른 형태의 아웃소싱(음식주문, 보안, 청소 요역)과 같다고는 볼 수 없으며 아래 제시되는 5가지 특성을 가진 IT의 경우 다른 자원을 아웃소싱 하는 것과는 차별화된다는 점을 알아야한다:

- IT는 동질성을 지닌 기능이 아니다. 이는 다양한 종류의 IT활동으로 구성된다.
- IT역량은 눈부신 속도로 진화한다. 3년 이후의 요구사항을 예측하는 것이 거의 불가능하다.
- IT활동의 경제성을 측정하는 분명한 기준은 존재하지 않는다.
- IT의 경우 경제적 효율성(efficiency)은 IT가 지닌 규모의 경제(economy of scale)보다는 IT 실행(practices)과 더 관련이 있다.
- IT아웃소싱은 대규모 전환비용(switching costs)을 수반한다.

특히, IT가 점차 조직의 핵심기능으로 자리 잡고, 조직의 여타 기능과 더욱 긴밀한 연관을 맺으며, 사업효과(knock-on effects)와 관련이 밀접해짐에 따라서 IT아웃소싱 관리는 또 다른 특성을 가지게 될 것이며 이는 관리자들로 하여금 미래에 대한 예측과 이에 따른 학습을 통하여 새로운 변화를 따라 잡아야함을 의미한다.

신화 2 아웃소싱 서비스 공급사는 아웃소싱 관리에 관한 탁월한 경험과 규모의 경제를 보유하고 있으며 이는 양질의 서비스를 저렴한 원가로 제공할 수 있음을 의미한다.

사례: 식음료 기업

한 식음료 복합기업(conglomerate)은 데이터센터 아웃소싱을 고려하고 있었다. 아웃소싱서비스 공급사의 영업대표는 5년 계약을 할 경우에 일정 서비스 수준을 유지하며 20%의 비용절감을, 10년 계약의 경우 약 30%의 비용절감을 제시하였다. 이와 같은 주장의 근거로 데이터 산출 및 인력 상 공급사가 지닌 규모의 경제와 글로벌 경험을 통한 당 사업자의 관리기법을 들고 있었다. 특히 관리 기법의 경우 고객사보다 경험곡선 상에 우수한 역량, 지금까지 수행한 다양한 계약으로부터의 베스트프렉티스로 인하여 탁월한 우위를 보유하고 있음을 주장하였다.

3시간에 걸친 고객사 점검 결과 규모의 경제 차원에서 고객사도 비용절감에 도달할 수 있는 규모를 보유하고 있으며 사업관리역량도 상당한 경험을 보유하고 있음이 판명되었다. 더욱이, 공급사가 제시한 관리 기법도 내부에서 자체 수행 가능한 것으로 밝혀졌다. 또한 고객의 경우 임금(labor cost)이나 보유(retention)도 문제가 되지 않았다. (결국 내부 IT조직의 효율화나 도입가능한 방법론을 적극 활용할 경우 아웃소싱이 절대적인 해결 방법이 아닐 수 있다는 점을 알게 되었다.)

실제로 아웃소싱 서비스 공급사는 규모의 경제를 과신하고 이를 고객사에게 주장한다. 실제 이러한 주장은 IT의 전문성을 보유하기 힘든 소규모 조직에는 그 타당성이 적용될 수 있으나 대규모 공급사의 경우 소규모 조직은 아웃소싱 서비스를 제공하기 위한 좋은 대상이 되지는 못한다. 설사 이러한 소규모 기관이 고객이 된 경우에도 해당 공급사의 우선 서비스 제공 대상 순위에 들어가지는 못하게 된다. 어느 정도 규모를 가지고 있는 고객사의 경우는 단순히 규모의 경제만을 근거로 아웃소싱의 타당성을 주장하는 공급사의 논거는 사실에 근거한 타당성이 입증되어야 한다. 대부분의 경우 고객사 내부 IT조직의 효율화와 혁신에 의해서 규모의 경제를 달성하는 경우도 많다는 점을 간과해서는 안 된다.

아웃소싱 벤치마킹 조사기관인 컴파스(Compass)는 규모의 경제가 800mips까지는 효력을 발하지만(kicking in) 800-2,000mips범위에서는 규모의 경제가 효력을 발휘하지 못하며 2,000mips 이상에서는 규모의 비경제(diseconomies of scale)가 발생하는 것으로 보고하고 있다. 더구나 저자들의 분석과 다양한 분석 자료에 의하면 IT관련 활동 전 분야에 걸쳐서 서비스 공급사가 **효율적인 내부**(in-house)**부서**보다 우수한 성과를 보이지 못하고 있음도 간과해서는 안 될 조사결과이다.

결국 아웃소싱 추진 시 활용될 우수한 관리기법(superior management practices)이 아웃소싱 효과의 주요 동인이라는 점이다. 예를 들면, 업무 재조직, 업무 자동화, 역량 있는 소수의 전문가 등이 주요 효과를 가져다주는 요인이며 이를 외부에서 제공할 수 있는 경우에 아웃소싱의 타당성이 힘을 받을 수 있는 것이다. 만약에 이와 같은 관리기법이 내부에서 조달될 수 있다면 인소싱(insourcing)도 좋은 정보자원 관리기법이 될 수 있다. Lacity와 Hirschheim(1995)은 이와 같은 관리기법들은 정치적 의지(political will)와 리더십(leadership)에 따라서 내부에서도 실행 가능하다고 주장하고 있다. 모든 아웃소싱 거래가 역량 있는 인력과 관리기법을 활용하지는 않을 수 있고 결과적으로 몇몇 아웃소싱 계약의 경우 '고객사들이 얻는 것은 공급사의 수익을 올리기 위한 어카운트 관리자(account manager)와 나이 많은 정보기술 요원'이라는 불만을 초래하게 된다.

또 한 가지 기억해야 할 사실은 공급사의 원가절감 부분이 고객사에게도 같은 원가절감이나 품질 상승을 의미하지 않을 수 있다는 점이다. 이는 계약 조건(terms of contract)에 따라 달라질 수 있다. 공급사의 경우는 자신의 사업 수행을 위한 자체 비용 항목을 가지고 있다 - 입찰 비용, 영업비용, 운영비용, 관련 하청업체나 내부 부서로부터 구입한 서비스 비용 등. 여기에 자신의 이익 마진을 고려하여야 고객사에게 청구할 가격이 결정된다. 자신의 목표 이익을 확보하기 위해서는 자신의 비용을 절감해야 하고 이와 같은 비용 절감은 고객사에 제공하여야 하는 서비스의 질을 하락시키는 요인이 될 수도 있다.

신화 3 장기간에 걸친 단일 공급사와의 계약이 원만한 파트너와의 관계(relationship), 낮은 거래비용(transaction cost), 향상된 사업우위(advantage)를 확보해 준다.

사실 이와 같은 주장에 대한 결과는 단정할 수 없다. Lacity와 Willcocks(2001)의 연구에 의하면 29개 아웃소싱 거래 중에 30%는 기대사항을 충족시켰으며, 35%는 실패, 나머지 27%는 성공과 실패를 단정하기 어려운 것으로 밝혀졌다. 1990년대 초기에 이루어진 아웃소싱 계약의 경우는 재무적 상황을 개선하기 위하여 수행된 아웃소싱 거래가 흔하였고 이런 경우에 비용절감 효과가 있었던 것도 사실이나. 그러나 이 경우에 IT를 활용한 역량 증진(leverage)이라는 점은 의사결정 상에 그리 중요한 비중을 차지하지 못하였던 것이 사실이다. 아웃소싱 공급사는 고객사의 IT자산과 인력을 구매하기 위하여 초기에 대규모 지출을 감당했다. 이를 통하여 고객사는 대차대조표를 개선할 수 있었으나 공급사는 계약기간동안 초기 투자를 회수해야 했으며 이러한 과정에서 고객사는 공급사에게 이용당한다는 느낌을 가지게 되었으며 원래 계약서에 명시된 서비스나 기술에 대하여 높은 가격을 지불하고 있음을 발견하기도 하였다.

저자들이 목격한 장기계약의 경우 매우 양호한 것으로 판단된 계약의 경우에도 IT아웃소싱 계약을 통하여 사업상의 성과 도출, 혁신, 중요한 사안에 대한 위험 공유와 같은 결과가 성취되는 경우는 매우 드물었다. 몇몇 사례는 파트너십이라는 이상적인 관계를 계속하기보다는 서비스 대비 요금 지불(fee-for-service) 계약으로 환원되는 경우도 있었다.

결론적으로 장기간에 걸친 아웃소싱 계약은 다년간에 걸친 아웃소싱을 관리할 수 있는 성숙된 역량을 확보한 조직만이 성공적으로 수행할 수 있으며 바람직하게는 초기 2 내지 4년간의 계약 기간을 거쳐 결과를 확인하고 단계적으로 장기화하는 것이 좋은 전략인 것으로 사료된다. 이와 같은 연구 결과는 미국이나 영국과 같이 아웃소싱 시장이 비교적 성숙된 시장의 경우에도 선택적(selective) 아웃소싱(IT 예산의 20-38%를 외부 전문 공급사에 지출)이 영국의 경우 75% 미국의 경우 82%를 차지하고 있다는 사실과도 일맥상통하는 결과라 할 수 있다. 선택적 아웃소싱을 통하여 장기간에 걸친 아웃소싱에 따른 위험을 낮추고 경험을 통한 학습 효과를 높일 수 있기 때문이다.

단일 공급사 계약의 경우에도 사실은 모든 서비스를 단일 공급사가 모두 제공하기 보다는 수많은 하청계약(sub-contracting)을 통하여 서비스를 제공한다는 점을 알아야 한다. 때로는 계약 사항의 약 30% 정도가 하청기업이 수행하는 경우도 있다. 특히 기술 컨설팅, 데스크톱 하드웨어 설치, 네트워크 및 소프트웨어 전문가, 텔레컴 및 특수 프로젝트의 경우 하청계약을 활용하는 것이 일반적이다. 이 경우에는 주 계약사와 다음과 같은 이슈를 검토해야 할 것이다: 성과에 대한 책임 소재, 관리 비용 및 주계약자의 활동 수준, 하청 기업 관리 역량, 거래 비용, 보안 문제, 문제 발생 시 책임(liabilities) 소재 등.

신화 4 IT아웃소싱은 정보관련 비용을 최소화하며 결과를 감독(monitoring)하는 것이지 관리(managing)하는 것이 아니다. 관리는 공급사의 담당영역이다.

조직이 아웃소싱을 하는 이유는 전략적, 재무적, 정치적, 기술적 그리고 전술적(tactical) 이유 등 복합적 이유 때문이다. 가장 중요한 이유로 등장하는 비용 상의 이유는 특히 불경기였던 1989-1993년과 2000-2003년간에는 더욱 두드러진 이유였다. 비용절감은 분명히 실현 가능한 목표이지만 '신성한 IT 아웃소싱 삼위 일체(holy IT outsourcing trinity)' 즉, 고객사의 IT 비용 절감, 공급사의 적절한 이윤(profit margin)확보, 향상된 서비스 수준 모두를 확보하는 것은 이상적 바람이라 할 수 있다. 실제로는 이 세 목표사이에 상충관계가 존재하는 것이 보통이다. 예를 들어 고객사의 비용절감은 공급의 기술투자에 대한 절감을 유발하게 되며 이는 장기적으로 고객사 서비스 수준에 좋지 못한 영향을 미치게 될 것이다. 1990년대에 이루어진 아웃소싱 장기계약 사례의 경우 의미 있는 비용 절감이 이루어졌으나 일부는 서비스 수준을 확보하기 위하여 자체 예산으로 내부 IT부서를 운영한 사례도 발견되었다. 여기에서 얻을 수 있는 교훈은 비현실적인 기대를 가져서는 안 된다는 점이다. 지난 친 비용 절감 추구는 조직의 여타 성과에 악영향을 끼치게 된다. 한 사례의 경우 지나친 비용절감을 추구함으로써 결과적으로 IT의 유연성을 저해하고 나아가서 경쟁적 불이익을 초래하였다.

비용절감 목표를 달성하기 위해서 계약 체결 이전부터 고객사의 적극적인 관리가 수반되어야 한다. 고객사는 아웃소싱을 추진하기 이전에 다음과 같은 4가지 주요 역량을 확보하여야 한다:

1. 사업성과를 확보해 주기 위한 IT아웃소싱 의사결정을 수행할 능력과 소싱 전략을 구성할 역량 확보.
2. IT서비스 시장에 대한 이해, 주요 공급사의 전략과 역량 이해, 주요 사업자별 성공 및 실패 계약 사례에 대한 이해.
3. 필요 서비스 구체화(articulate) 및 협상을 통한 계약 추진 역량
4. 계약 체결 후 위험 관리, 사업부서 IT요구 사항 도출 및 전달 역량, 기술 플랫폼 계획 및 청사진 개발, 외부 서비스 공급업자 관리 역량

우리의 경험으로는 4번째 사항이 간과되기 쉬운 역량이다. 이는 특히 이전 3가지 역량

이 부실한 경우에도 마지막 4번째 역량이 준비되었을 경우 아웃소싱 성공 가능성을 높일 수 있음에 유의하여야 한다. Feeny와 Willcocks(1998)연구에서 제시한 9가지 IT 아웃소싱 성공을 위한 역량(capabilities)은:

1. IT거버넌스와 리더십
2. 정보에 근거한 구매
3. 비즈니스 시스템적 사고
4. 관계관리 역량(relationship building)
5. 아키텍처 계획(architecture planning)
6. 기술문제해결(fixing)
7. 계약 촉진(contract facilitation)
8. 공급사 개발
9. 계약 감독(monitoring)

IT아웃소싱을 성공적으로 관리하기 위해서는 아웃소싱 계약 이후 구성되는 관리팀이 소규모 조직일 지라도 각 구성인력은 구체적인 역량과 스킬을 지닌 성과위주의 팀원으로 구성되어야 한다. 위에서 제시된 역량의 일부분이 결여될 경우 아웃소싱 관리상에 심대한 문제가 발생되어 큰 문제를 일으키게 된다. 예를 들면 아웃소싱 글로벌 계약 사례 중에 아키텍처 계획기능을 공급사에게 전가시킴으로서 IT청사진을 개발하는 데 실패한 경우가 있었다. 한 글로벌 정유기업의 경우 고객사와 공급사의 관계 관리가 적절치 못하여 계약관리자를 고용한 경우가 있었으며 대규모 제조기업의 경우 IT 중역이 리더십 역할을 수행하지 못하여 원래의 아웃소싱 목표인 전략적 핵심 기능에 집중하려던 계획에 차질이 생긴 경우도 있었다. 이 사례의 경우 IT중역은 자신의 역할 즉 리더십과 거버넌스 기능보다는 그때그때의 기술적 문제해결에 자신의 정력을 쏟음으로서 자신의 역할인 리더십을 발휘할 여유를 확보하지 못하고 있었다. **결론적으로 공급사로부터 너무 많은 것을 기대하거나 자신 즉 고객사 차원에서의 역할을 무시해서는 아웃소싱으로부터 기대하였던 효과를 거두기 힘들다는 점이다.**

신화 5 계약 협상 시 가능한 최대한의 할인을 유도하여야 한다. 서비스 공급사는 자신이 알아서 수익원을 찾을 것이기 때문이다. 계약 시에 모든 것을 확보해야 한다.

이와 같은 신화 즉 신념을 가지고 있을 경우에는 당연히 물샐틈없는 계약서를 작성하여 공급사가 향후 빠져나갈 구멍을 만들지 않기 위하여 최선을 다할 것이다. 이 경우에 계약을 실행하는 단계와 협상 단계에서 과다한 힘의 논리를 동원하는 경우가 발생하게 된다. 2002년의 경우 몇몇 서비스 공급사들이 전반적으로 사업상의 어려움을 겪고 있을 때 최대한의 가격 협상을 통하여 고객사가 아웃소싱 비용 절감을 할 수 있다는 전문가나 시장 조사기관의 권고가 있었던 것도 사실이다. 협상력을 높여서 아웃소싱 서비스를 저렴하게 확보하는 것은 당연하나 공급사가 적정 수준의 이익을 확보하지 못할 경우 공급사는 기회주의적(opportunistic)행태를 보이게 되며 이는 관계(relationship) 설정의 문제를 야기하고 결국은 아웃소싱을 통한 사업성과 증진이라는 추진조직(고객사)의 목표를 달성하기가 거의 불가능하다는 점을 명심하여야 한다.

분명히 공급사에게 사업상 부담을 주는 계약은 고객사와 공급사의 관계를 손상시킨다는 점이다. 마찬가지로 계약의 유연성 및 상식 결여 또는 추진 시점 상의 문제도 관계에 악영향을 미칠 수 있다. 물론 계약서는 분명히 아웃소싱 계약의 실패를 방지하기위하여 활용되는 도구이나 실제 상황에서 계약서 자체가 미래에 일어날 모든 사건을 예측하여 규정할 수는 없으며 능동적인 관리와 효과적인 관계가 아웃소싱 성과 도출을 위한 윤활유와 같다는 점을 간과해서는 안 된다.

윈윈(win-win)거래를 항상 이야기하지만 종종 윈루스(win-lose)계약에 사인하는 경우가 허다하다. Kern, et al.(2002b)의 논문 'IT아웃소싱에서 승자의 저주(The Winner's Curse in IT Outsourcing)'는 이익을 실현하지 못할 아웃소싱 계약을 체결하였을 경우 이로 인한 결과를 보여주고 있다. 어떻게 공급사가 이와 같은 실수를 할 수가 있을까? 어떤 경우는 계산 즉, 아웃소싱 비용을 잘못 추산한 결과일 수 있다. 어떤 경우에는 기존의 내부(in-house)비용을 고객사가 잘못 산정하고 이를 근거로 입찰에 응한 경우도 있을 수 있다. 2000년에 이루어진 한 계약의 경우 아웃소싱 원가가 50%까지 저평가된 경우도 있었다. 그러나 다행히도 이 경우에 현장실사기간에 발견되어 공급사가 최종 원가에 반영할 수 있었다. 만약에 이를 실사(due diligence)기간에 발견하지 못했다면 5년 계약기간동안 공급사는 많은 손실을 보아야 했을 것이다.

때때로 몇몇 공급사는 아웃소싱 계약에 너무 집착한 나머지 일단 계약을 확보하고 해당 계약에서 발생할 수 있는 손해를 향후 부가 서비스를 확보하거나 계약서를 재해석하거나 불명확한 조항을 활용하여 만회할 수 있다는 희망으로 아웃소싱 계약을 체결하고자 한다. 설사 계약을 성사시키더라도 공급사에게 이와 같은 계약의 폐해가 매우 크다는 점이다. Kern, et al.(2002b)논문은 85개 계약을 검토한 결과 두 가지 황당한

(disturbing) 사실을 확인하였다. 먼저 연구 대상 계약 중에 약 25%가 '승자의 저주'에 해당하는 사례였다는 점이다. 이는 생각보다 많은 경우에 공급사가 손해를 감수하면서 아웃소싱 계약을 체결함을 보여준다. 두 번째, 이와 같이 맺어진 계약의 75%는 고객사 차원의 저주경험을 발생시킨다. 이는 공급사가 아웃소싱 계약으로부터 적정한 이익을 보지 못할 경우 대부분의 고객(위 조사의 경우 75%)에게 좋지 않은 결과를 초래하게 된다는 것을 시사한다.

신화 6 **IT는 아웃소싱 하는 것이 현명하다. 왜냐하면 IT 아웃소싱 시장은 이미 충분히 성숙되어 있고 우수한 역량을 보유하고 있는 공급사들이 존재하기 때문이다.**

이와 같은 주장에 대하여 저자들은 '문제를 아웃소싱 하지는 말라'라고 조언하고 싶다. 아주 자세히 업무 내용을 기술할 수 있을 정도로 구체성을 띤 부분이나 성과를 구체적으로 측정할 수 있는 부분만을 아웃소싱 하여야 한다. 기술이 잘 이해되고 안정적인 경우에는 내부 및 외부의 전문가에게 이를 아웃소싱해도 안전성을 확보할 수 있다. 가장 흔히 아웃소싱 되는 분야가 인프라스트럭처, 운영 활동, 유지보수 및 지원인 점이 이를 잘 보여주고 있다.

아웃소싱 추진 상의 문제는 Feeny(1997)가 지적했듯이 기술 성숙도가 낮은 경우에 빈번히 발생하고 있다. 기술 성숙도가 낮다는 것은 기술을 업무에 활용할 경우에 정확히 정의되지 못할 경우이거나 기존의 기술을 전혀 다른 분야에 혁신적으로 활용하거나 기술에 대한 전문성이 확보되지 못한 경우를 말한다. 이와 같이 기술성숙도가 낮을 경우에는 이를 아웃소싱하기보다는 내부 관리 하에 다기능팀(multi-functional team)을 구성하여 서비스하는 것이 적절한 방법이다. 이 팀은 현장 사용자, 관리자, 내부 IT 전문가, 프로젝트 관리자 및 외부 전문가로 구성될 수 있다.

IT가 사업 분야와 긴밀히 연결되어 있거나 전략과 연계될 경우에는 이를 아웃소싱 하는 것은 바람직하지 못하다. 전략시스템 개발 경우 많은 기관이 이를 아웃소싱 하는 경우를 볼 수 있으나 처음에는 아웃소싱을 통한 개발을 추진하여도 개발 후에 개발 역량 일부분을 다시 내부에 보유하는 경우를 볼 수 있다. 이는 IT 개발이 사업 프로세스와 긴밀히 연관되어야 하는 경우가 대부분이고 필요 역량을 내부에 보유하는 것이 향후 IT에 대한 통제 및 관리 역량을 보유할 수 있기 때문이다. 그렇지 않을 경우 아웃소싱 공급사가 고객사에 비하여 해당 분야에 대한 협상력을 상대적으로 과대하게 보유하게 될 수 있기 때문이다. 핵심 IT역량은 아웃소싱의 대상이 되어서는 안 된다. 필수적인 문제해결 역량은 향후에도 지속가능한 형태로 공급사가 제공할 수 없기 때문이다. 아웃소싱 공급사는 일상적으로 일어나는 문제에 대하여는 그에 해당하는 규정된 해결책을 제공할 수는 있으나 내부에 보유된 역량만이 사업에 대한 지식, 고도의 스킬, 내부 IT시스템의 특이성에 대한 이해 및 관련 시스템의 연결성에 관한 지식을 활용하여 특수한 문제에 대한 해결책을 제공할 수 있다. 공급사가 고객사의 환경을 이해하고 이에 필요한 지식을 적용하기 까지 약 3 내지 4년이 걸리는 것이 보통이다. 이와 같이 생각보다 많은 시간이 소요되는 것은 '계약 기간 중의 침체(mid-contract sag)'나 혁신부족에 기인하며 이는 어느 공급사나 거쳐야하는 자연스러운 현상으로 이해되어야 한다.

신화 7 고객사와 공급사가 상호 지분을 보유함으로써 파트너십을 형성하면 파트너십이 공고히 되어 기술 혁신, 위험 공유, 사업상 효과(leverage)를 높일 수 있다.

이와 같은 아웃소싱 형태가 1990년대에 한 때 유행하였다. 예로는 델타 항공과 AT&T의 $US28억 불 상당의 10년 계약, Perot Systems와 Swiss Bank와의 25년 $US62억불 계약, Telstra와 ISSC(후에 IBM Global Service)의 계약으로 Telstra가 ISSC의 26%의 지분을 Land Lease가 ISSC지분의 35%를 확보하는 형식으로 아웃소싱 계약을 체결한 경우이다. 그러나 이와 같은 형태의 계약이 의도했던 효과가 지속적으로 도출되지 못했다. 이와 같은 계약은 대부분 운영 차원에서는 별다른 차이가 없는 서비스를 제공하게 되고 결국 자기만족 수준의 서비스 제공에 그치게 되었다. 이는 위험 공유를 통한 서비스 향상이라는 계약 의도가 실제 서비스 운영 수준까지 그 효과를 발휘하지는 못하는 것으로 나타났다.

서비스 불만을 공급사가 고객사로부터 받았을 때에도 공급사는 고객사가 매출을 증가시키기 위하여 서비스 불만을 야기하였다고 주장할 수 있다. 고객사가 공급사의 투자자로서 공급사의 매출증진이 고객사의 향후 투자 이익과 연관되기 때문에 별다른 재제수단이 없을 수 있다. Telstra의 경우 1990년 대 후반에 IBM과의 아웃소싱 계약을 중단하였다. 2002년 현재 5개의 아웃소싱 공급사와 계약을 체결하고 있고 이중에 단 한 건만이 IBM과의 계약이다. Land Lease는 IBM의 지분은 유지하였으나 아웃소싱 계약은 중단하였다. Perot Systems와 Swiss Bank의 계약은 계약 기간을 줄이고 토털아웃소싱에서 선택적 아웃소싱으로 계약 범위를 조정하였다. 더욱이 2000년 이후에 지분을 철회하였다.

신화 8 어떠한 형태의 아웃소싱도 현재 내부 IT 부서 서비스보다는 향상된 서비스를 제공할 것이다.

IT 아웃소싱이 자기만족에 빠져있는 내부 IT 부서의 '잠'을 깨우는 데 유용한 것은 사실이나 대부분의 경우 남의 떡이 더 커 보인다는 심리에 싸여서 아웃소싱을 추진하는 경우가 많다. 내부 IT부서는 현금 잡아먹는 밑 빠짐 독에 비유되거나 사업 가치 창출을 하지 못하는 비용 지출 부서로 비유되며 성공적으로 운용되는 경우에도 이는 크게 눈에 띠지 못하고 단지 문제점만 부각되는 경우가 흔하다. 더욱이 내부 마케팅에 취약한 내부 IT부서의 한계가 이러한 이미지를 극복하지 못하는 것이 사실이다. 이와 같은 상황에서 외부의 전문 공급사는 매우 유리한 상황에서 아웃소싱을 권하게 된다. 특히 글로벌 경험을 지닌 공급사의 경우 최상의 서비스와 최소의 경비를 제시하며 고객사를 공략하게 된다. 그러나 실제로는 최상의 서비스를 확보하기 위해서는 어느 정도 그에 해당하는 비용을 지불해야 하며 비용을 절감한 경우에는 서비스 질을 희생해야 하는 것이 정상이라 할 수 있다. 최근에 각광을 받고있는 오프쇼어 아웃소싱의 경우 비용 절감과 서비스 향상이라는 고객의 요구를 모두 만족시킬 수 있으나 대부분의 경우 비용과 서비스 모두를 고객사의 요구에 맞게 제공할 수 있다는 공급사의 주장은 면밀한 타당성 검증의 대상이 되어야 할 것이다.

아웃소싱 경험은 아웃소싱 이전 내부 IT부서 성과에 대한 생각을 바꾸게 할 수 있다. 아웃소싱을 경험 후 고객사 의견을 정리해 보면 '모든 서비스에 비용 부가, 유연성 감소, 관련 자원 확보를 위한 시간 지연, 관료적 절차, 우수한 요원 확보 미비, 비용 과다' 등이다. 이와 같은 현상은 특정 서비스 공급사에만 발생하는 문제라기보다는 IT 자체의 특성과 관련되어있는 문제이며 아웃소싱을 추진 후 이전에 내부 IT부서가 가지고 있던 문제가 아웃소싱 공급사에게로 전가된 것뿐이다. 여기에서 강조하고 싶은 것은 모든 IT기능을 아웃소싱할 수는 없다는 것이다. 저자들의 연구에 의하면 대부분 중요한 IT 활동은 내부 부서가 수행하고 있으며 지난 7년간 내부 IT부서의 역량은 점차 향상되고 있다는 점이다. 이는 외부 아웃소싱 공급사의 위협을 의식한 내부 부서의 대응이 이와 같은 역량 향상을 촉진하였다고 할 수 있다. 내부 IT부서가 자체 정비를 통하여 비용 절감을 이루었고 특히 외부 아웃소싱 서비스 공급사가 아웃소싱 분야로 제시할 수 있는 분야의 개선을 통한 경쟁력을 향상시켰다고 할 수 있다. 내부 IT 부서가 아무리 취약하게 보일 지라도 일정 분야에서 성과 향상을 이룰 수 있으며 이와 같은 기회가 제공되어야 한다는 점이다. 결론적으로 아웃소싱을 수행하여 성공하기 위해서는 IT

성과를 관리할 수 있는 내부 기능이 꼭 필요하다는 점이다.

1.2 아웃소싱 효과에 대한 기대수준 결정 (determine benefits expectations)

Loh와 Venkatraman(1992)의 연구에 의하면 대부분 아웃소싱 추진 조직은 이미 추진한 조직의 확인되지 않은 성공을 따라하는 경향을 가지고 있기 때문에 앞 절에서 제시한 신화를 떨쳐버리려는 노력을 의식적으로 수행하여야 한다는 것이다. 조직이 추구하고자 하는 목표와 조직의 특성을 고려한 아웃소싱을 추진하기 위해서는 구체적이며 명확한 효과(acclaimed benefits)에 대한 기대수준을 설정하여야 한다.

아웃소싱이 업계의 주목을 받게 된 데는 아웃소싱 공급 업체에 전체 IT인프라를 이관한 사례(토탈아웃소싱)가 부각되어 언론에 발표되었기 때문이다. 이와 같은 사례에서 두 가지 흥미로운 점이 발견된다. 첫째로는 대부분 언론에 발표된 사례는 성공적인 것으로 기사화 되며 추진된 아웃소싱 효과가 실제 공급사가 서비스를 제공하거나 현장실사(due diligence)를 시작하기도 전에 발표된다. 이는 결과적으로 아웃소싱의 효과 즉, 효익과 비용에 대한 적절한 평가를 불가능하게 만드는 경우가 많다. 실제로 5년 내지 10년에 달하는 계약 기간 동안 아웃소싱을 통하여 기대하는 효과와 실제로 얻게 되는 결과는 차이가 있을 수 있다. 두 번째로, 여러 연구 결과에 따르면 대규모 아웃소싱 계약 발표 후 10개월 동안 해당 기업의 주가가 상승된 것으로 조사되었다. 이와 같은 결과가 아웃소싱의 긍정적 효과로 언론 매체에 과장되어 소개되었으나 아웃소싱 추진에 따른 실제 성과와의 상관관계는 그리 높지 않을 수 있다.

아웃소싱을 통한 효과와 그 결정요인은 개별 아웃소싱 사례에 따라서 달라질 수 있다. 아웃소싱 효과는 대개의 경우 과도하게 단순화되거나 감정적 차원에서 묘사되고 있기 때문에 아웃소싱으로부터 도출할 수 있는 실제 효과에 대한 기대(real expectations)를 설정하는 것이 매우 중요하다.

그림 1.1은 Cullen(2001)의 연구 결과 조사된 각 분야의 효과를 나타내고 있다. 특히 재미있는 결과는 아웃소싱의 중요한 동기로 제시되었던 비용절감 효과는 다른 효과에 비하여 그리 크지 않다는 점이다. Lacity와 Willcocks(2000) 조사에 의하면 약 16%

만이 의미 있는 비용절감을 달성하였으며 37% 정도가 어느 정도 비용절감을 이루었다고 보고하고 있다. 약 30-40%는 아웃소싱 추진 목표를 달성하는 데에 많은 어려움을 겪었다고 보고하고 있다.

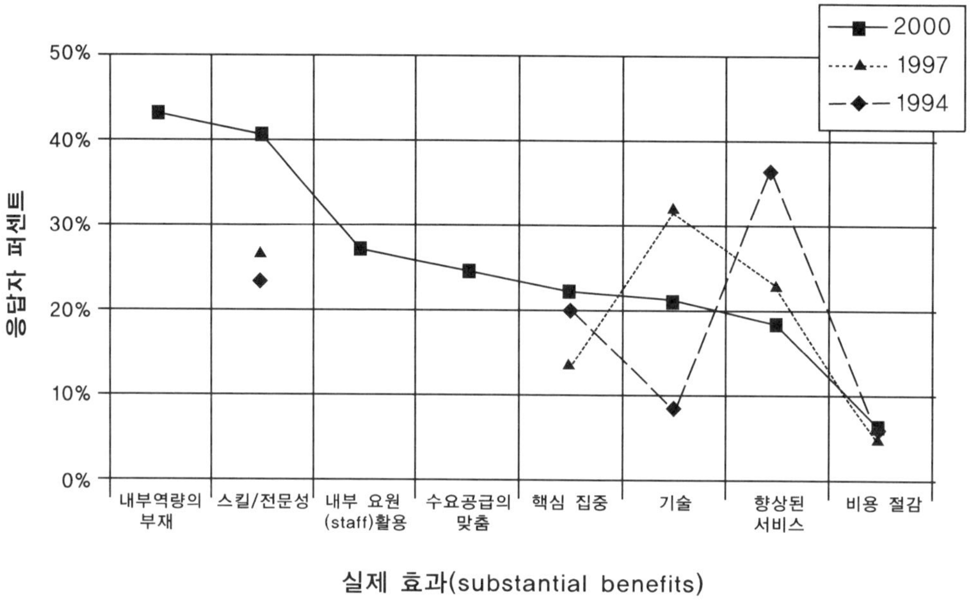

자료원: Cullen, et al.(2001) 227-233명 응답자

그림 1.1 아웃소싱 효과(1994, 1997, 2000)

그림 1.2에서 보는 바와 같이 아웃소싱추진 결과 대부분 조직(이 경우 73%)이 자신이 목표한 분야의 목적을 달성하였음을 알 수 있다. 이와 같은 결과는 아웃소싱 활용 기업의 산업, 기업 규모, IT예산 규모에 관계없이 일관성 있게 나타나고 있다. Lacity와 Willcocks(2000)의 조사에 의하면 응답자의 33-44%가 보고한 아웃소싱 효과는: 내부 IT인력의 담당 분야에 대한 집중, IT의 유연성 증가, 품질 향상, IT자원의 효과적 활용, 희소한 IT스킬에의 접근성 향상 등이다. 아웃소싱 추진 기관의 56% 정도는 서비스 공급사의 성과에 만족하고 있음을 보여주었다.

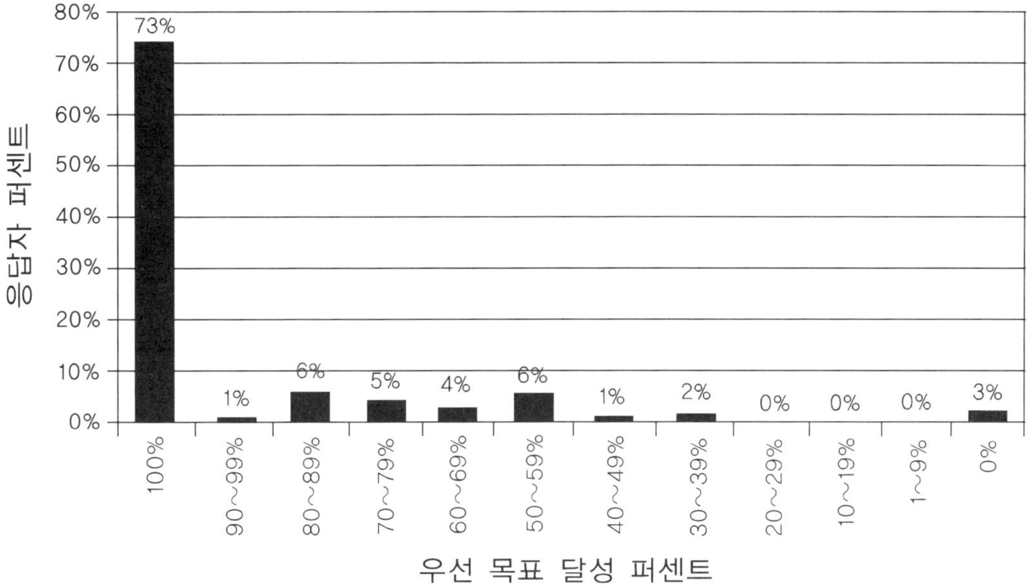

자료원: Cullen, et al.(2001) 186명 응답자

그림 1.2 아웃소싱을 통하여 최우선 목표를 달성한 비율

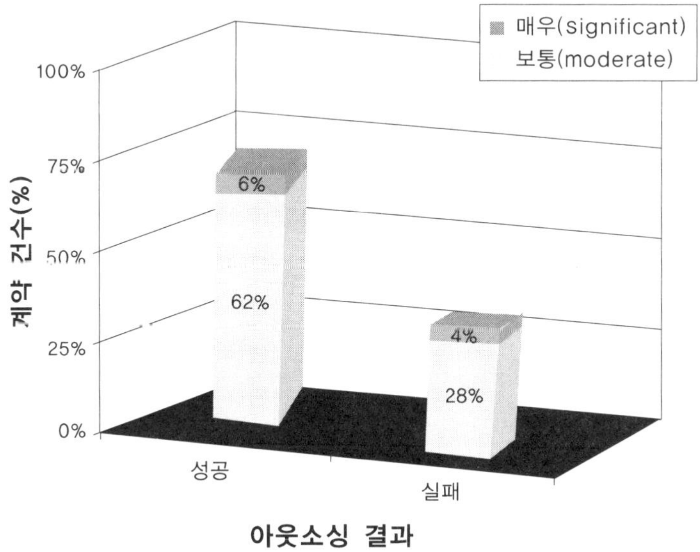

자료원: Cullen, et al.(2001) 75명 응답자

그림 1.3 아웃소싱 성공 대비 실패

그림 1.3에서 볼 수 있는 바와 같이 아웃소싱을 통한 목표 달성과는 관계없이 궁극적 성공여부에 대하여는 중간정도의 긍정적 달성은 62%, 어느 정도 실패는 28%라는 결과를 보여주고 있다. 아웃소싱은 전적인 실패도 또한 전적인 성공도 아니며 Lacity와 Willcocks(2000)의 연구에 의하면 기대한 효과와 실제 달성된 효과 사이의 차이(gap)가 상당히 존재하는 것으로 나타났다. 대부분 아웃소싱을 통한 효과는 인정하나 이러한 효과는 기대에는 미치지 못한다는 결론이다.

첫 번째 블록인 현 단계에서는 아웃소싱 추진의 목적과 효과가 확인되어야 하고 이를 달성하기 위한 아웃소싱 단계별 주요 활동도 확인되어야 한다. 위에서 제시된 아웃소싱 효과 모두가 달성될 수는 없으나 이를 어떻게 관리하느냐에 따라서 성공 정도가 차별화될 수 있다. 예를 들어 아웃소싱을 통한 비용 절감이 목표이던 기업을 대상으로 조사한 결과 관리를 잘한 기업과 그렇지 못한 기업 사이의 원가 절감 차이는 거의 40%의 성과 차이로 나타나는 것으로 조사되었다. 여기에 얻을 수 있는 교훈은 아웃소싱 자체가 원가 절감이나 여타의 아웃소싱 목표 달성을 위한 수단이 될 수는 없으며 **목표가 분명히 규정되고 이를 달성하기 위한 수단이 확인되어 실행되어야 한다는 것이다.** 그렇지 못한 경우에는 숨겨진 대가(hidden costs)를 치르거나 예상치 못한 결과를 초래하게 된다는 것을 명심해야 할 것이다.

사례: 헬프데스크

헬프데스크 아웃소싱을 시도한 주요 이유는 현장에 배치될 공급사 직원이 보여줄 정신자세 때문이었다. 이를 위하여 추진 조직은 공급사 직원 유형을 제시하였다. 파견 요원이 지녀야 할 자세는 교육, 의상, 태도, 직업에 대한 헌신 등을 포함하고 있었다.

추진 조직의 경영진은 직원들이 아웃소싱 공급사 직원의 '전문가적 행태'를 본받아 이와 같은 행태를 받아들일 것으로 기대하였다. 이와 같은 가정 때문에 별다른 문화 변환 프로그램을 도입하지 않았다. 그러나 경영진이 기대한 바와는 다르게 기존 문화가 더욱 공고히 되었다. 내부 조직원들은 '우리와 그들(us and them)'이라는 정신자세를 더욱 공고히 하게 되었고 이는 결과적으로 공급사 직원을 철저히 무시하는 태도로 일관하게 하였다.

1.3 아웃소싱 관련 시장 정보를 수집(collect market intelligence)

아웃소싱 시장 조사는 특히 이를 활용하고자 하는 조직의 경험이 미약하거나 아웃소싱 서비스 공급사나 산업에 대한 지식이 없을 경우 더욱 중요한 활동이다. 특히 IT예산의 20% 이상을 외부 관련 자원 구입에 활용하고 있는 기업의 경우 정보에 근거한 구매(informed buying)와 관련된 핵심역량을 키워야 한다. 이는 아웃소싱 공급사가 대상으로 하는 주요 산업, 고객사, 서비스에 대한 정보를 수집하는 활동을 포함한다. 성숙된 아웃소싱 서비스 시장의 경우에도 기존 공급사들이 새로운 시도(initiatives)를 시장에 소개하거나 신규 시장을 목표로 신제품, 서비스를 제공하기 때문에 시장에 대한 탐색이나 조사가 필요하다. 이러한 과정에서 공급사들과의 협의를 통하여 기존에 생각하지 못하였던 전략적 아웃소싱에 관한 개념, 가격 책정이나 아웃소싱을 통한 효과의 공유, 공급사의 문화나 전략에 대한 이해도를 높이게 된다.

사례: 기술 제조업체

한 글로벌 기술제조업체는 자체 정보기술 부서 서비스를 외부 고객에게 제공하려는 시도가 실패로 돌아간 이후에 정보서비스 부서를 아웃소싱하고 자신은 핵심역량에 집중키로 결정하였다. 이 아웃소싱 사례는 1년 계약액이 수백만 달러에 이르는 상당한 규모의 거래였다. 아웃소싱 규모를 고려하여 고객사는 2류(second tier)급 아웃소싱 공급사를 대상으로 입찰을 유도하기로 하였다.

그러나 시장조사 결과 글로벌 아웃소싱 공급사를 설득하여 입찰에 참여토록 하였고 결국 본 아웃소싱 프로젝트를 수행하게 되었다. 결과적으로 초기의 호의적 관계뿐 아니라 이후에도 별 문제없이 아웃소싱 서비스를 공급받게 되었다.

초기에 잠재 공급사에 대한 조사가 간과되는 경우가 많으며 특히 공급사의 차별성에 대한 관심이 적거나 가격에만 근거한 아웃소싱 계약을 체결하려는 현상이 두드러진다. 아웃소싱 공급사들의 사업모델이 비슷한 것 같으나 모든 공급사의 목표고객, 계약, 관계관리 접근법 등이 동일한 것은 아니다. 최근에는 ITO 계약 기간이 단축(3년 이하로, Cullen et al., (2001))되는 경향이 있으며 재계약 조항이 있는 것이 보통이나 공급사 성격에 대한 탐색은 될 수 있으면 계약 이전 탐색 단계에 수행하는 것이 바람직하다.

표 1.1은 아웃소싱 공급사를 5개 유형으로 분류하고 있으나 실제 아웃소싱 공급사는 이와 같은 유형의 복합체이다.

표 1.1 IT 아웃소싱 공급사 진화 형태

형태	설명
진화된 서비스 뷰로 (evolved bureau)	데이터 처리나 타임세어링(time-sharing) 뷰로에서 진화한 형태의 공급사이다. 몇몇 기업은 이 업계에서 25년 이상 사업 경력을 가지고 있으며 국제적 아웃소싱공급사로 성장하였다.
IT하드웨어 공급사	부가가치 기회가 하드웨어에서 서비스로 이동함에 따라서 제품 범위를 확대시키려는 전략을 추진하는 공급사
기업화한 내부 전산 부서 (commercialized in-house departments)	내부 수요량 이상의 서비스 산출에 따른 잉여량을 처리하기 위하여 기업화함. 오스트레일리아의 공공기관의 경우 생산된 정보서비스를 외부 기관에 상업적으로 공급함으로써 이익센터로 전환하는 사례를 볼 수 있다.
전문 서비스 컨설턴트 (professional services consultants)	컨설턴트나 시스템 구축 기업이 기존 시장을 활용하여 서비스 제공분야로 시장을 확대. 주계약자로 아웃소싱 서비스 계약을 확보한 이후에 자산집중도가 높은 서비스는 하청기업에 의뢰하여 수행
특화분야 서비스 공급사 (niche service players)	산업, 서비스, 기술, 응용시스템 등의 일정 분야의 전문성을 활용하여 아웃소싱을 수행

대부분 공급사들은 일정 분야에 특화하기보다는 될 수 있는 한 다양한 특화시장에 걸쳐 서비스를 제공하는 경향이 있다. 2002년에만 보아도 최상위 30개 업체는 비즈니스 프로세스아웃소싱분야에 동시에 진출하고 있었다. IBM Global Service의 PriceWater-houseCoopers컨설팅 인수를 보아도 새로운 전략과 고객에 대한 새로운 가치제안(propositions)을 통한 시장진입이 이루어지고 이를 통한 위험 분산 및 경쟁력 강화를 추진하고 있음을 알 수 있다. 미국에서의 사업구조, 문화, 서비스는 영국과 아시아 태평양지역에 제공하는 서비스와 다른 특성을 지니고 있다. 이는 지역적 특성에 대한 연구가 필요로 함을 의미한다. 글로벌 고객의 경우 각 지역의 특성에 맞는 공급사를 선택하게 된다. 이는 공급사들의 지역별 역량과 가격이 차별화되어 있기 때문이다.

초기에 수행기관이 고려해야할 일반 정보는 다음과 같다:

- 산업 및 서비스별 시장 규모(market share) – 추진 조직이 속한 산업 및 아키텍처

분야에 지역 전문성을 확보한 공급사가 존재하나?

- 고객사 수 및 주요 고객사가 공급사 매출액에 차지하는 비율 – 한 고객사에 과도한 의존구조를 가지고 있나?
- 재무적 건전성(viability) – 공급사가 일정 지역에서 사업 기반이 구축되어 경쟁력 유지가 가능한가?
- 데이터센터, 솔루션 센터, 역량우수센터(center of excellence) 등 – 추진 조직을 지원할 수 있는 지역에 인프라가 충실히 구성되어있나?
- 하청 기업 활용 – 역량 부족을 보완하기 위한 하청기업 활용 역량?
- 최고경영진의 구성 – 누구이며 그들의 배경?
- 전략 – 장, 단기 집중 영역은? 목표 고객, 산업, 서비스는?
- 타이밍(시점) – 추진 조직이 아웃소싱을 수행하고자 하는 시점에 동일 공급사를 활용하고자 하는 고객이 존재하는가? 가까운 미래에 공급사에 주요 변화가 예상되나? 주요 변화의 영향은?
- 공급사가 과거에 저가 입찰을 한 경우 이에 대한 이유와 이를 통한 이익 확보가 가능했는지를 자세히 탐색.

이와 같은 정보는 토의를 통하여 비공식적으로 수집될 수 있으며 정보요구를 통하여 공식적으로 수집될 수 있다. 이 단계에서 대략적인 가격 범위를 수집, 평가할 수 있다. 그러나 이는 그리 용이한 작업이 아니며 공급사는 이 단계에서 관련 정보를 제공하기를 거부하는 경우가 많다. 가장 용이한 방법은 추진 조직의 관련 직원이 시장 조사를 수행하거나 컨설턴트를 활용하는 방법이다.

1.4 상대비교 시행(conduct the comparative assessment)

추진 조직이 이전에 경험하지 못한 아웃소싱을 추진하는 경우에는 추진 전략을 이해하기 위하여 비슷한 유형의 조직이 수행한 사례를 검토하는 것이 유용하다. 물론 경쟁이 매우 치열한 산업의 경우에 경영진은 아웃소싱 추진 사실에 대하여도 토의의 대상이 되길 원치 않지만 추진 조직과 비슷한 규모나 아키텍처를 가진 조직을 찾아내어 이를 참조하여 상대 비교를 수행해야한다. 공개적으로 정보를 수집할 수는 있으나 이 경우에 유용한 통찰력을 얻거나 의미 있는 학습기회를 기대하기는 힘들다.

이전에 언급한바와 같이 아웃소싱 추진 시에 이전에 추진한 대로 추진하는 경우는 드물지만 이전의 경험은 추진 조직에게 매우 가치가 있을 뿐 아니라 유사한 조직의 경험도 매우 중요한 자료를 제공할 수 있다. 평가 과정을 거쳐서 유사한 아웃소싱 경험에 대한 중요한 정보를 수집하고 이것이 향후에 활용될 수 있는 분야와 방도를 탐색하여야 할 것이다. 이 단계에서 다양한 정보를 구하는 것이 바람직하나 대부분 추진 조직이 초기에 제한된 정보에 근거하여 신중하지 못한 결론에 이르고 마는 경우가 흔하다.

정보수집과 평가를 통하여 추진조직은 다음과 같은 정보를 확보할 수 있다:

- 경쟁 시장의 위치(where there are competitive markets);
- 공급사 품질;
- 내부 공급 서비스 및 아웃소싱될 서비스의 성격;
- 추가적인 아웃소싱 서비스 분야나 기존 아웃소싱 서비스를 내부 서비스로 전환할 지를 고려하고 있는 서비스의 성격;
- 의사결정 주요 요인(drivers);
- 거래 구조;
- 보유 조직 및 계약관리
- 채택된 접근법 및 채택 이유, 추진 후 결과 및 획득될 수 있는 지혜(hindsight)

대부분의 정보는 보고서, 지침서와 여타 자료로부터 확보될 수 있으나 될 수 있으면 추진 조직의 핵심 인력과 공급사의 주요 인력을 직접만나서 그들로부터 통찰력이나 의견을 구하길 권고하고 싶다. 또한 정보기술 전문가로부터의 정보, 산업 내 정보, 전(ex) 공급사 직원, 컨설팅 회사 전문가 정보도 활용되어야 한다.

2장

블록 2: 전략 준비 (prepare the strategies)

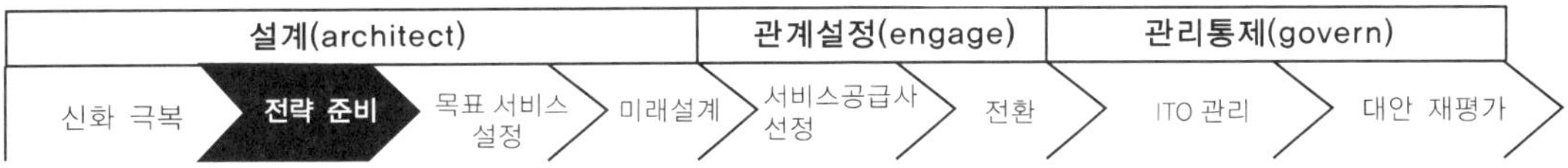

아웃소싱 추진을 위한 전략을 준비하고 설정하는 본 블록은 전체 아웃소싱 생명주기를 효과적으로 헤쳐 나가기 위한 방향타 즉 전략을 설정하는 단계이다. 전략은 장래에 어떤 사건이 일어날 수 있는지에 대한 지침을 제공하며 이를 정확히 설정함으로써 향후 아웃소싱 추진 상의 유연성과 비용 절감을 이룰 수 있다. 이 단계에서는 조직 전체를 아우르는 전략을 고려한 ITO 활용 비전을 설정해 준다. 구체적으로 아웃소싱 추진여부와 분야를 결정하고, 추진 조직의 전략적 우선순위를 설정하며 접근법을 설정하게 된다. 이와 더불어 이 블록을 통하여 필요한 스킬을 확인하고 의사소통 프레임웍도 준비하게 된다.

2.1 상위수준 아웃소싱 의사결정 모델 (high-level sourcing decision models)

미래 아웃소싱 대상이 될 서비스를 결정하기 이전에(블록 3에서 자세히 설명됨) 다양한 소싱 모델을 평가해 보고 추진조직이 아웃소싱을 통하여 성취하고자 하는 전략목표에 적합한 모델을 선택하는 것은 매우 중요하다. 왜냐하면 아웃소싱 추진을 위한 다양한 형태의 추진모델이 선택될 수 있으며 이를 전략적으로 활용하는 방법 또한 다양하기 때문이다.

아웃소싱을 추진하기 이전에 조직이 추구하는 전략 자체의 문제점을 평가함으로써 전략자체의 방향성과 타당성을 점검하여야 한다. 기존 전략으로부터 도출된 사업모델에 문제점이 존재할 경우에 이에 기반을 둔 ITO 전략은 문제 있는 ITO 추진 사업모델을 도출하기 때문이다. 이를 위하여 경영진은 다음 질문에 대한 분명한 답변을 준비하여야 한다:

- 우리의 현재 위치는 어디인가?
- 우리는 어디에 있기를 원하는가?
- 우리는 그곳에 어떻게 도달할 것인가?

아웃소싱은 이와 같은 질문에 대한 대답 즉, 해결책에 좀 더 빨리, 효과적으로 도달하도록 지원해주는 도구일 뿐이라는 점을 명심해야 한다. 이와 같은 질문과 대답에 대한 분석을 기반으로 사업전략과 아웃소싱 전략을 통합적으로 접근해야 한다. 그렇지 못할 경우 아웃소싱은 기껏해야 하위 목적(low-level goals)을 달성하기 위한 전술적 도구로 전락할 것이다.

아웃소싱 추진 여부와 분야를 결정하기 위하여(내부에 보유되어야할 서비스와 아웃소싱 될 서비스의 성격을 결정하기 위하여) 추진 조직이 활용할 수 있는 3가지 상위 의사결정 프레임웍 모델들은:

1. MCA 모델 - 추진 조직의 역량(competence), 서비스 제공 시장의 성숙도(maturity) 및 서비스 전달 활동의 경쟁적 우위(advantage)에 기여 여부에 따라서 아웃소싱 여부와 형태를 결정
2. 의사결정 트리(tree) - 아웃소싱, 인소싱, 정보기능 폐기 여부를 중요 이슈를 기준으로 평가하는 단계적 의사결정 방법
3. 아웃소싱 형태(modes) - 12가지 아웃소싱 추진 형태 평가 프레임웍

2.1.1 MCA(Market, Competence and Advantage) 모델

아웃소싱 추진과 관련된 일반적 견해는 아웃소싱 추진 조직의 상품화된 기능(commodity functions)은 아웃소싱의 대상이 될 수 있으며 전략 분야는 내부에 보유함으로써 전략적 차별화를 통한 경쟁력 향상에 공헌하도록 하여야 한다는 것이다. 그러나 이러한 견

해와는 달리 최근에 수행된 몇몇 아웃소싱 사례는 모든 분야에 걸쳐 아웃소싱 공급사를 활용할 수 있으며 단지 추진 과정에서 보다 현명한 관리가 필요하다는 점을 강조한다. 그러나 이 두 주장은 모두 맞지도 틀리지도 않는 주장으로서 일반화된 결론을 도출할 수 없다.

어느 분야를 아웃소싱 하느냐에 상관없이 한 조직이 아웃소싱을 추진함에는 근본적으로 향후 추진 조직의 전략적 우위를 확보하기 위하여 추진되어야 하며 이를 위해서는 추진조직의 핵심역량(core competency)에 대한 심도 있는 이해가 필요하다는 점을 간과해서는 안 된다. 예를 들어 인프라스트럭처를 아웃소싱하는 경우에도 즉, 전략적 분야가 아닌 분야를 아웃소싱하는 경우에도 해당 정보기술이 조직에 어떠한 의미를 지니는 지에 대한 심도있는 이해를 바탕으로 아웃소싱을 수행하여야 할 것이다.

아웃소싱 추진을 위한 이와 같은 이슈를 해결하기 위한 개괄적 모델(helicopter model)이 지난 10년간 개발되어 활용되었으며 이는 MCA모델이라 명명되고 있다. 그림 2.1에 제시되고 있는 이 모델은 아웃소싱 의사결정을 위한 3가지 차원으로 구성되어있다:

1. 해당 서비스를 제공하고 있는 공급사와 시장 성숙도(maturity) – 아웃소싱 추진 대상 정보기술 활동은 유지 가능한(sustainable) 경쟁적 시장이 형성되어 있는가? 시장은 성숙되었는가?

<table>
<tr><td colspan="2"></td><td colspan="6">아웃소싱 추진 조직의 상대적 역량(relative competence)</td></tr>
<tr><td colspan="2"></td><td>약함
(weak)</td><td>유지가능
(tenable)</td><td>우월함
(superior)</td><td>약함
(weak)</td><td>유지가능
(tenable)</td><td>우월함
(superior)</td></tr>
<tr><td rowspan="3">공급사 시장 성숙도 (supplier market maturity)</td><td>초기
(emerging)</td><td colspan="3" rowspan="2">관리 아웃소싱
(controlled outsourcing)</td><td rowspan="2">전략적 아웃소싱
(strategic outsourcing)</td><td colspan="2" rowspan="2">보유
(retain)</td></tr>
<tr><td>성장
(growth)</td></tr>
<tr><td>성숙
(mature)</td><td colspan="6">전통적 아웃소싱(conventional outsourcing)</td></tr>
<tr><td colspan="2"></td><td colspan="3">낮음(low)</td><td colspan="3">높음(high)</td></tr>
<tr><td colspan="2"></td><td colspan="6">아웃소싱 대상 서비스의 경쟁적 우위(competitive advantage)공헌도</td></tr>
</table>

그림 2.1 MCA 전략소싱 모델

2. 아웃소싱 대상 서비스에 대한 추진 조직의 상대적 역량(relative competence) - 해당 서비스 수행 상의 효과(effectiveness), 비용, 가치 측면에서 추진 조직의 상대적(경쟁사, 시장, 여타 조직에 비하여) 우위? 추진 조직은 해당 활동 수행에 있어서 세계적 경쟁력을 확보하거나 선도하고 있는가?
3. 아웃소싱 추진 조직의 경쟁적 우위(competitive advantage)에 아웃소싱 대상 서비스가 공헌하는 정도 - 아웃소싱 대상 IT활동이 현재나 미래의 경쟁우위를 유지하는 데 중요한가? 서비스 활동의 결과(outcome)가 경쟁우위를 창출하는가? 혹은 서비스 활동 프로세스가 경쟁우위에 공헌하는가?

그림 2.1이 제시하는 체계를 활용하기 위해서는 다음 3가지 질문에 대한 분석이 선행되어야한다:

1. 시장 성숙도(maturity) 분석

시장이 성숙되어 있다면 즉, 추진 조직이 활용해야하는 서비스 시장이 어느 정도의 규모를 형성하고 있으며 기술적 안정성이 확보될 수 있고 서비스를 공급하는 공급사가 다수일 경우 추진 조직은 이를 활용할 경우 사업상 레버리지(leverage)를 확보할 수 있다. 시장이 성숙된 경우에는 전통적 아웃소싱 협약(conventional outsourcing arrangement)을 통한 아웃소싱이 좋은 출발점이 될 수 있다.

시장이 성숙되지 못한 경우(공급사 수가 미미하거나 공급사 역량이 아직 미성숙단계인 경우) 아웃소싱을 활용한 효과 창출을 위하여 고객사 차원에서의 상당한 관리와 통제가 필요하며 공급사 역량을 가속화시키고 유사시 현재 공급사에 대한 대체전략 및 안을 가지고 있어야 한다. 그러므로 다소 통제적 아웃소싱(controlled outsourcing)접근법이 요구된다. 통제는 다양한 방법을 통하여 확보될 수 있다. 예를 들면 다수 공급사 포트폴리오를 구성하거나, 합작사 설립, 국한된 분야 아웃소싱을 추진한 이후에 아웃소싱 범위를 단계적으로 확장하여 공급사로 하여금 이에 필요한 역량과 기술을 준비시키는 방안이 있을 수 있다. 이 경우 현 공급사에게 입찰우선권을 부여하는 방법 등을 활용할 수 있다. 또한 내부 정보부서 역량이 시장의 외부 공급사 역량보다 우수할 경우(내부 정보시스템 부서의 서비스 생산 비용이나 역량) 우선 인소싱을 수행하고 향후 외부 공급사의 역량을 고려하여 아웃소싱을 활용하는 방법이 있다.

2. 아웃소싱 추진 조직의 상대적 역량(relative competence) 점검

아웃소싱 대상 활동이 조직의 경쟁적 우위를 가져오기는 하나 이를 추진하기 위한 역량이 내부에 존재하지 않을 경우는 전략적 아웃소싱을 통하여 필요한 역량을 조직에 유입할 수 있다. 아웃소싱 시 해당 역량을 구성하는 지식을 이전시키기 위한 절차를 디자인하여야 한다. 그러나 해당 역량이 조직의 경쟁우위를 확보하는 데 필수적일 경우에는 공급사 역량을 구매(buy-in)하나 장기적으로는 인소싱을 위한 차원에서 활용되어야 한다. 즉, 향후에 이 역량을 내부에 확보하기 위한 아웃소싱 전략이 필요하다. 이를 위해서 적극적인 내부 통제 및 관리 하에 외부 자원을 활용하는 전략을 취해야 한다. 아웃소싱 서비스 시장이 성숙되어 있지 못한 경우에 추진 조직은 경쟁력을 유지하기 위하여 서비스 제공 기능을 내부에 보유하여 향후 경쟁 조직이 공급사를 통하여 서비스 역량을 확보할 수 없도록 해야 한다. 핵심역량을 확보하기 위하여 공급사로부터 필요한 서비스를 구매하고 이에 대한 관리를 철저히 함으로써 필요 역량 이전을 가속시켜야 한다.

어떤 경우에는 내부에 보유하고 있는 우월적 역량을 사업화하여 외부 조직에 제공하는 경우도 있다. 예를 들어 영국국립보건서비스청(UK National Health Service) 내부 개발 부서의 경우 기존 서비스를 아웃소싱 상품화하여 시장에서 판매하였으며 필립스전자의 경우 내부 개발역량을 기반으로 오리진(Origin)사를 설립, 외부에 서비스를 제공하였다. 이 두 사례는 내부의 IT서비스 제공 역량이 외부 전문 업체에 비하여 상대적으로 우위에 있는 경우이다.

3. 아웃소싱 대상 서비스의 경쟁적 우위(advantage) 공헌도

내부에서 수행되고 있는 활동 중에 경쟁 우위확보에 공헌하지 않는 활동에 과다한 투자를 하고 있지는 않은가? 전략적으로 중요하나 차별화에 공헌하지 못하는 활동들이 있다 – 1장에서 제시된 바와 같이 영국항공의 항공기유지보수시스템은 전략적으로 매우 중요한 시스템이기는 하나 전략적 차별화를 가져오지는 못한다. 그러나 이 경우에도 인적 및 자산투자를 통하여 기업이 원하는 경쟁적 차별화를 달성할 수는 있다. 요약하면 경쟁우위에 영향을 미치지 못하는 활동은 외부에 아웃소싱을 하고 차별화 요인(인적 및 특수 자산에 대한 투자 등)에 집중함으로써 가장 효과적인 우위를 유지할 수는 있을 것이다.

비핵심 IT 활동을 외부에 아웃소싱함으로써 가치를 확보할 수 있다면 이 서비스를 제공받기 위해여 아웃소싱을 활용하는 것이 좋다. 이 경우에 시장의 성숙도에 따라서 적절한 아웃소싱 추진 모델을 선택할 수 있다. 외부 아웃소싱 시장 성숙도가 낮을 경우는 관리형 아웃소싱(controlled outsourcing), 성숙도가 높을 경우는 전통적 아웃소싱(conventional outsourcing)모델을 활용할 수 있다.

2.1.2 의사결정 트리(decision tree) 기법

의사결정트리기법은 정보서비스 조달에 관한 3가지 대안을 결정하기 위한 기법이다. 이는 아웃소싱 수행조직이 수행 이전에 리엔지니어링을 수행한 후 이 기법을 활용하게 된다. 3가지 선택 대안은:

- 서비스가 필요하지 않을 경우에는 이를 제거한다.
- 수행조직이 더 이상 이 서비스를 자체적으로 제공할 필요가 없으나 이를 외부에서 구매하는 편이 더욱 효과적일 경우 이를 아웃소싱 한다.
- 해당 서비스는 내부에서 직접 산출 제공되어야하거나 외부 시장이 해당 서비스를 제공할 역량이 없을 경우는 내부 성과 개선을 통한 내부 제공 방법을 채택.

의사결정트리 기법은 아웃소싱 의사결정 프로세스 과정에서 논리적 사고를 지원하는 도구이다(그림 2.2). 이는 IT에 대한 미래 전략, 계획, 예산을 고려한 의사결정과정 지원도구이다. 그러므로 이를 활용하기 이전에 IT 전략 및 예산 등에 대한 구체적 내용이 조사되어야 한다. 각 단계에서 점검해야하는 사항은 표 2.1에 구체적으로 설명되어 있다.

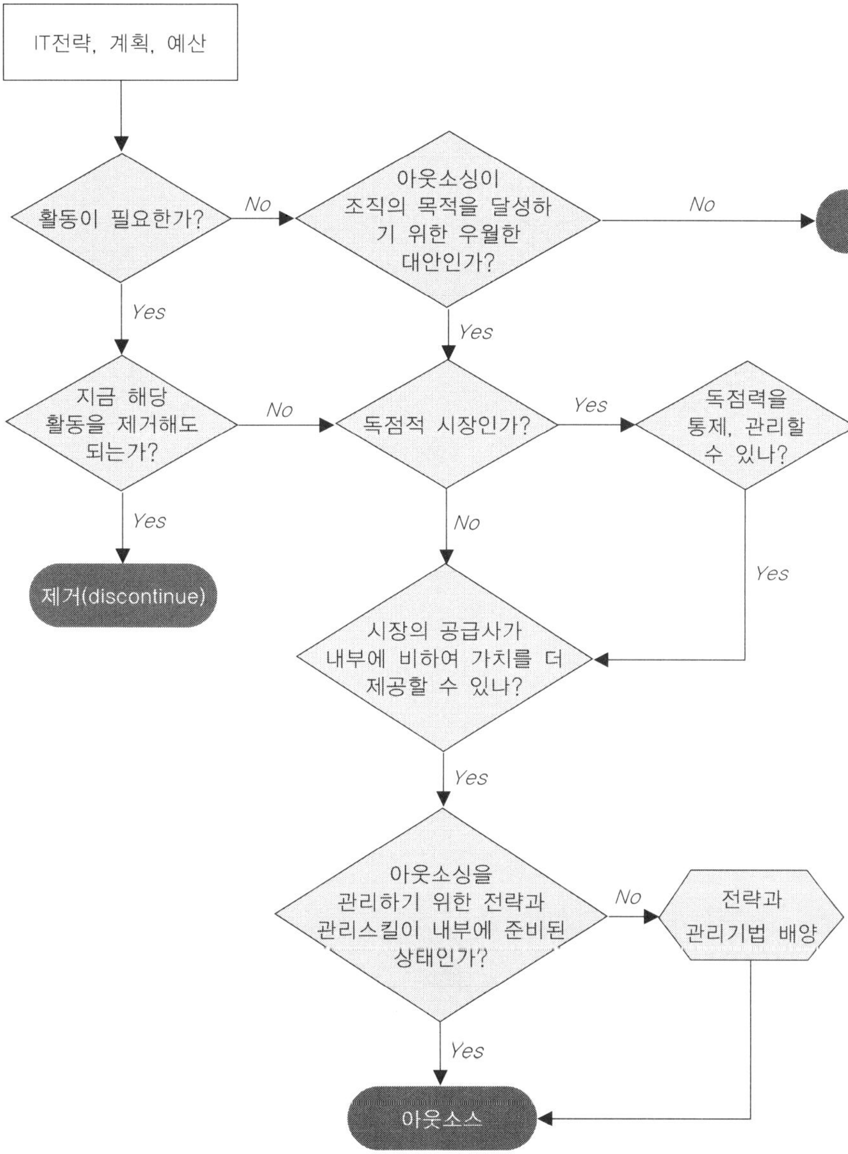

그림 2.2 아웃소싱 의사결정 트리

표 2.1 아웃소싱 의사결정 트리를 위한 질문 사항 및 프로세스

질문	의사결정 프로세스
미래에 필요치 않은 활동이 존재하나?	미래에 필요치 않은 활동은 제거 대상에 포함되어야 한다. 아웃소싱은 조직이 향후에 더 이상 필요치 않은 서비스를 즉 필요성이 적어지는 서비스를 외부로부터 구매하고자 활용되는 것이며 대개 더 이상 서비스가 필요치 않을 기간이 예상보다 더 장기적일 경우에 활용될 수 있다.
수행조직은 해당 활동을 수행하거나 산출물을 활용함에 있어서 공급사보다 경쟁력이 있나?	아웃소싱하는 경우보다 내부 IT 서비스 조직이 월등한 성과를 장기적으로 도출할 수 있다면 서비스를 내부에서 산출, 활용하는 즉, 인소싱 전략이 효과적이며 인소싱 전략을 선택할 경우 프로세스 개선 프로젝트를 시행하는 편이 좋다.
독점적 공급사 시장이 형성될 가능성이 있는가?	외부 공급사 시장 자체가 독점적인 경우와 아웃소싱 대상 서비스의 구체성(specificity)아나 특이성(idiosyncratic) 때문에 독점성이 생겨날 위험이 있다. 경쟁적 시장이 형성되어 있어야 독점 공급사에 의해 희생물이 되지 않으며 이 경우에만 다양한 아웃소싱 대안을 가지고 가장 우수한 공급사를 활용하는 전략을 구사할 수 있다. 아래의 경우와 같은 특이성(specificity)이 존재할 경우는 추진 조직이 독점적 공급사에 의해 조정될 수 있다: • 장소 구체성(site specificity) – 장소가 다양한 공급사의 접근을 어렵게 하는 경우 • 기술 구체성 – 자산(하드웨어, 소프트웨어 등)이 추진 기관에만 특이한 경우 • 인적 구체성(human specificity) – 수행조직에 특이한 인적 기술이 요구되는 경우
추진 조직이 잠재 공급사 시장의 독점적 성격을 통제할 수 있는가?	잠재적으로 공급사가 독점적 상황을 유지하더라도 아웃소싱 서비스를 활용하는 것이 효과적일 수 있다. 대부분 아웃소싱 시장이 성숙된 후에 아웃소싱 서비스를 활용하는 경우는 매우 드물다. 이 경우 추진 조직은 위험관리 기법을 활용하여 공급사의 독점가능성을 관리, 조절하며 아웃소싱 서비스를 활용하는 방안을 고려해보아야 한다.
시장을 활용하는 편이 투자 대비 가치 차원에서 유리한가?	최종적으로 공급사는 최소한의 이익을 확보하여야 하고 고객사 즉, 아웃소싱 추진 조직은 총 비용 절감을 달성하여야 한다. 총 비용을 절감하기 위해서는 아웃소싱 및 인소싱 상황에서 다양한 노력이 수반되어야 한다. 비용 절감은 이론적으로는 매우 분명해 보이나 실제로는 달성하기 쉬운 과제는 아니다.
추진 조직은 전략과 관리 스킬이 준비, 확보되어 있는가?	아웃소싱을 관리하기 위한 준비가 되어 있지 못한 경우에는 이를 먼저 준비하여야 한다. 아웃소싱 실행 시에 이를 학습하거나 시행착오를 거쳐서 이를 해결해 나가는 방법은 효과적이지 못하며 이에 대한 준비를 하여야 할 것이다. 그러나 이에 대한 준비가 안 된 경우 아웃소싱 추진을 포기할 필요는 없으며 초기에 이에 대한 준비를 철저히 하여 수행할 수 있다.

다음 사례는 주요 이슈에 대한 충분한 준비를 하지 않고 단편적인 대안이나 해결책을 가지고 아웃소싱을 수행할 경우 직면하게 되는 문제를 보여주고 있다.

사례: 법 집행 기관

법 집행 기관은 IT헬프데스크의 사용자 만족도를 높이고 업무 수행의 전문성을 높이기 위하여 외부 전문기관에 아웃소싱을 의뢰하였다. 그러나 당시에 경영진이 간과한 점은 헬프데스크가 응대해야할 고객의 질문이나 문의 사항이 해당 조직의 구체적 내용, 정보기술 또는 법 집행 프로세스에 관한 것이어서 매우 상세한 내용의 지식이 필요하다는 점이었다.

아웃소싱 기관이 해당 업무를 완전히 이해하는 데 약 6개월이 걸렸으며 이후에 헬프데스크 관리자는 내부의 타 부서로 전직되었다. 계약 기간은 일 년이었으며 해당 조직은 원가 절감 차원에서 계약 기간 만료 이후에 경쟁 입찰을 통하여 다시 아웃소싱 공급사를 선정하고자 하였다. 그러나 계약 단계에 아웃소싱 공급사가 수행하였던 업무 자체가 매우 구체적이며 다른 경쟁사가 이를 대신하기는 매우 어려운 독점적 성격을 띠고 있음을 알게 되었다. 실제 경쟁 입찰 결과 기존 공급사가 2배 이상의 가격으로 입찰에 응하였으나 다른 입찰 업체가 동일 아웃소싱 업무를 수행하면서 이에 필적할 만한 저렴한 가격을 제시하지 못하였다.(고객사의 대상 업무 자체의 특이성 때문에 결국 독점적 시장이 형성되어 기존 업체의 가격을 통제할 수 없는 상황에 이르세 되었다.)

2.1.3 아웃소싱 유형(modes)

일반적으로 아웃소싱 유형은 선택적 아웃소싱과 토탈 아웃소싱이라는 두 가지 유형으로 분류하는 것이 보통이다. 결론적으로 선택적 아웃소싱이 추진 상 상대적으로 위험 정도가 낮으며 토탈아웃소싱(정보 예산의 80% 이상이 아웃소싱 비용)은 대규모 아웃소싱을 관리한 경험이 있는 성숙된 조직인 경우 성공가능성이 높다는 것을 알게 되었다. 지난 십 년간 아웃소싱을 성공적으로 추진하기 위한 고객사와 공급사의 노력으로 다양한 형태의 아웃소싱 유형이 탄생하게 되었다. 지금까지 추진된 몇 가지 아웃소싱 유형을 구체적으로 살펴보고 각 유형별 성과를 기술하고자 한다. 몇몇 경험은 성공적인 것으로 나타나고 있으며 이는 위험 경감(mitigation)과 관리의 질(quality) 상승에 따른 결과라 할 수 있다.

다음에서 설명된 12가지 아웃소싱 유형은 선택적 혹은 토탈아웃소싱의 일부분으로 활용될 수 있다:

1. 전환 아웃소싱(transitional outsourcing) – 기존 전통적 시스템(legacy systems)을 아웃소싱 공급사에게 이전하고 내부 조직은 신기술을 활용한 환경 구축에 집중하는 경우이며 일반적으로 효과적인 것으로 판명되고 있으며 전통적 기술에 대한 공급사의 서비스 제공역량이 안정적이어서 추진 상의 위험이 낮다.

2. 가치부가(value-added)아웃소싱 – 고객사과 공급사의 강점을 결합하여 정보기술 제품이나 서비스를 상품화하여 판매하는 형태의 아웃소싱. 이와 같은 유형은 논리적으로는 매우 훌륭한 아이디어지만 시장의 주목을 끌고 이를 통한 수익 창출 측면에서는 그리 성공적이지 못한 경우가 흔하다. 특히 새로운 제품이나 서비스를 상품화하여 시장에 출시하는 데 드는 비용이 시스템 개발비용의 약 9배인 것으로 나타나고 있어서 경쟁 시장에서 장기적으로 투자비용을 회수하기는 매우 어려운 것이 현실이다.

3. 지분 보유(equity holdings) – 공급사와 고객사가 위험을 공유하고 파트너십을 강화하기 위하여 지분을 공유하는 유형인데 결과는 그리 성공적이지 못하다.

4. 코소싱(co-sourcing) – 미국의 EDS사가 처음 시행하여 일반화시킨 용어로서 공급사가 사업 활동 전체를 떠맡아 운영하고 기존 운영비용 절감부분에 대하여 즉, 사업성과 향상 분에 대하여 보상을 받는 아웃소싱 계약 방법이다. 결과는 명확하지 못한 데 그 이유는 성과에 다양한 요인이 영향을 미치기 때문이다. 또한 공급사 문화가 이와 같은 아웃소싱 활동을 수행하기에는 역부족인 경우도 많다.

5. 다수 공급사(multiple suppliers) – 대부분의 고객사가 선호하는 유형. 이는 '분야별 최고의 적격자(best-of-breed)를 활용하는 전략으로 위험을 분산시킬 수 있으나 다수의 공급사를 관리하기 위한 거래 및 관리 비용 증가를 초래할 수 있다. 각 공급사가 개별적으로 다수의 공급사를 관리하여야하는 부담이 있다. 실제로 BP Exploration이나 Dupont이 이 방법을 활용하였으나 공급사를 상호 유기적으로 관리하지 못하여 상당한 어려움을 겪었다.

6. 스핀 오프(spin-offs) - 기존 조직의 내부 IT부서를 독립회사로 창립하여 경쟁시장에 서비스를 공급하고 동시에 기존 모회사에게도 서비스를 공급하는 유형. EDS는 GM이 이와 같이 분리한 회사이다. Philips는 네덜란드 소프트웨어 회사와 공동으로 Origin을 창업하여 서비스를 공급하여 90년대에 성공을 거두었다. 그러나 일반적으로 이 유형은 그리 성공적이지 못하며 성공을 도출하기 위해 마케팅 노력, 고객 및 재무 기법에 대한 역량 확보가 필요하다.

7. 응용시스템 서비스 제공(application service provision)/넷 소싱(netsourcing) - 통신 네트워크를 활용하여 응용시스템, 서비스, 인프라스트럭처를 동시에 제공하는 서비스. 2000년도 말기에 상당한 침체를 겪은 웹서비스도 이와 같은 서비스의 유형이다. Kern et al.(2002a)의 조사에 의하면 이 모델은 장기적으로 매우 전망이 있는 것으로 나타나고 있다. 경제가 호전되고 기술이 보다 발전된다면 이 모델의 성공가능성이 높아질 것으로 기대된다. 저자들도 중, 장기적으로 이 모델의 가망성이 매우 높을 것으로 기대하고 있다.

8. 비즈니스 프로세스 아웃소싱(business process outsourcing) - 비용절감이 요구된 2002/3년 기간 동안 기간업무(back-office) 및 프로세스를 유연화함으로써 비용을 절감하는 데 공헌한 방법이다. 이 시장은 아직도 발전되고 있는 과정에 있으며 특화된 분야에 공급과 창업이 이루어지고 있다. 그러나 모든 분야의 비즈니스 프로세스 서비스에서 경쟁력을 발휘하는 공급사가 나타나고 있지는 못하다. 이 서비스는 관련된 공급사의 주장을 주의 깊게 검토한 후에 활용할 필요가 있다. 공급사의 마케팅 내용과 역량을 확인한 후에 활용하여야 한다.

9. 백소싱(backsourcing) - 아웃소싱 했던 분야를 내부 제공 방법으로 재 전환하는 경우. Lend Lease Corporation의 경우 IBM Global Service에 아웃소싱하였던 시스템 개발서비스 부분을 다시 내부 개발로 전환하였다. 1992년에 East Midlands Electricity가 Perot Systems와 맺었던 12년간의 아웃소싱 계약을 1999년에 취소했는데 이 경우 계약서에 명시된 조항(합병의 경우 아웃소싱 계약을 취소할 수 있는 조항)을 활용하였다(East Midlands Electricity는 Powergen에 합병됨). 이에 대비하여 1995년부터 내부 스킬을 배양하기 시작함으로써 백소싱에 대비하였다. 많은 경우 요구사항이나 상황 변동 때문에 백소싱 요구가 증대하고 있는 것도 사실이다.

10. 공유서비스(shared services) - 회계 분야 및 전자 구매 분야에서 활용됨. 다수의

고객사가 한 공급사에게 서비스를 제공받고자하는 인센티브가 존재하는 경우에 활용. 예를 들어 7개 정유회사가 스코틀랜드 에버딘(Aberdeen)의 Accenture에 회계관리 공유서비스를 제공받았다. 이 경우 규모의 경제를 활용하여 참여기업이 회계관리 비용을 절감하고자하는 인센티브가 존재하였기 때문에 가능하였다.

11. 해외 아웃소싱(offshore outsourcing) - 2002년에 인도는 이 시장의 80%를 차지하고 있으며 러시아, 중국이 이 시장 점유를 위해 경쟁하고 있다. 고객사는 '더 싸고, 빠르고, 양질의 품질'을 확보할 수 있다. 초기에는 저렴한 인건비를 활용하여 프로그래밍과 하위 기술 활동 서비스를 제공하였으나 현재는 서비스 가치체인 상위로 이동하여 고품질의 기술 서비스를 제공하고 있으나 관리나 거래 비용이 높아질 가능성이 높다. 이를 극복하기 위하여 몇몇 기업은 고객사 근접지역에 위치하여 서비스를 제공하는 '근거리(near-shore)' 운영센터를 설치, 운영하고 있다. 고객사와 공급사가 규모의 경제를 확보하기 위하여 공동 서비스센터를 설치 운영하는 경우도 있다. 이는 향후에 가장 주목 받을 수 있는 운영 방식이다.

12. 조인트벤처(joint venture) - 고객사와 공급사가 제3의 기업을 설립하여 자원을 동원하고 위험과 보상을 공유하는 유형이다. 일례로 FI Group과 Royal Bank of Scotland는 1999년에 First Bank Systems를 설립하여 5년간 총 1억5천만 파운드를 투입하여 상용소프트웨어를 개발하기로 하였으나 2002년에 중단되었다. 비즈니스프로세스아웃소싱 시장에서 Xchanging은 백오피스(backoffice) 지원을 사업화하기 위해서 4개 기업을 설립하여 기존 3개 고객사를 대상으로 아웃소싱 서비스를 제공하였다. 이 경우 운영 2년간은 성공적인 것으로 나타났다(Feeny et al., 2003).

2.2 추진 조직의 전략적 선호(strategic preferences) 결정

아웃소싱 전략을 디자인하기 위하여 많은 결정을 하여야 하며 이를 통하여 형성된 아웃소싱 추진 접근법은 향후 아웃소싱 효과를 극대화시킬 것이다. 이와 같은 전략적 접근법이 경영층의 합의 없이 중간관리자 수준에서 결정될 경우는 전략적 이슈에 대한 기업차원의 지침이 마련되지 못하게 되며 이는 결국 추진 기업 전체 차원의 시각이 결여된 상태에서 아웃소싱 의사결정이 내려질 수 있는 위험을 초래하게 된다.

추진 기업의 전략적 차원에서의 선호(preference)를 반영하기 위해서는 아래 사항에 대한 의사결정이 선행되어야 한다:

1. 아웃소싱 대상 목표 서비스(target services)를 확인, 선정하기 위하여 적용하여야 하는 기준.
2. 내부 입찰(in-house bids) 활용 여부.
3. 다수 또는 제한된 수의 공급사 활용 여부.
4. 인력 이관 접근법(staff transfer approach).
5. 자산 소유권(asset ownership).
6. 지적재산권(intellectual property).
7. 활용될 거버넌스(governance).
8. 위험/보상(risk/reward) 프로그램.
9. 위험 관리(risk management).
10. 장기 또는 단기 계약(contract).

2.2.1 목표 서비스(target services) 확인, 선정을 위한 기준 설정

아웃소싱 대상 서비스를 확인, 선정하기 위한 기준이 초기에 설정되어야 한다. 이는 향후에 특히, 아웃소싱 의사결정 프로세스가 위임되거나 분산되어 진행될 경우에 매우 중요한 구실을 하게 된다.

> **사례: 항공회사의 아웃소싱 기준 설정**
>
> 한 항공사는 사업검토 프로세스의 일환으로 아웃소싱 기회를 검토하기 위하여 중역 12명으로 구성된 실무그룹을 결성하였다. 이 회사는 이전에 기술적 차원에서 부분적인 아웃소싱을 추진하여 성공한 경험이 있다. 원가구조가 지역 항공사 중에서 가장 높게 나타났기에 전략적 차원에서 아웃소싱을 검토하여야 하는 상황이다. 검토결과 아래와 같은 장애요인이 추진 과정에서 나타나지 않도록 관리가능하며 장, 단기적으로 가시적인 효과가 도출될 수 있다면 아웃소싱 추진이 전략적으로 타당하다는 결론을 내렸다.

단기 효과:

- 투자 비용 대비 가치나 향상된 서비스를 제공할 수 있는 아웃소싱 시장이 존재하거나 시장 잠재력 존재.
- 요구사항이 충족되지 못한 경우 이를 충족시킬 수 있는 추가적인 서비스 공급원을 확보할 수 있을 경우.
- 자본 투자 없이 서비스를 업그레이드할 수 있음.
- 자산 및 인력 이관을 통한 현금 유입.
- 비용이 산업 평균을 상회하는 분야에서 비용 절감 가능.
- 인력 공급 부족 해결 및 기술에 대한 접근성 향상.

장기 효과:

- 전략적 집중을 가능케 함.
- 고객에 대한 집중 향상.
- 긍정적 문화 확산.

장애:

- 아웃소싱 대상 활동이 핵심분야일 경우.
- 고객의 인식이 부정적일 경우.
- 법적 규제 존재.
- 조직적 특이성 때문에 독점적 시장이 형성될 위험이 존재.
- 내부 IT 기능이 장기적으로 유지 가능한 경쟁우위 보유 및 확보 가능.

이와 같은 목록은 아웃소싱을 추진하는 과정에서 매우 유익한 지침으로 활용되었다. 이는 아전인수 격인 즉 자신이 속하지 않은 조직에 대한 아웃소싱은 긍정적으로 인식하는 반면 자신이 속한 조직의 아웃소싱은 부정적으로 인식하는 판단 태도를 방지하고 객관적 차원에서 아웃소싱 수행 여부를 결정할 수 있도록 도와주었다. 이와 같은 객관적 판단 기준 리스트는 아웃소싱 대상 목표 서비스(target services)를 확인하기 위한 보다 체계적 접근을 가능케 하였다.

2.2.2 내부 입찰(in-house bids) 활용

내부 입찰이란 외부의 입찰자와 동일하게 내부 정보시스템 부서도 아웃소싱 경쟁 입찰에 참여하여 제안이 채택될 경우 해당 서비스를 공급할 수 있는 경쟁 입찰 방식을 말한다. 내부 입찰자는 일반적인 정의 성실(probity)원칙에 의하여 외부의 공급사와 똑같은 상황에서 입찰에 임하게 된다. 그러나 몇몇 추진 기관의 경우 내부조직의 입찰 제안에 가점을 주는 경우도 있다.

그러나 내부입찰은 조심스럽게 추진되어야 한다. 입찰과정에서 입찰기업이 제안을 위해 투입하는 노력의 정도는 입찰과정에서 입찰기업들이 받게 되는 대우 및 경쟁의 공정성에 따라 그 정도가 확연히 달라지기 때문이다. 만약에 입찰 참여 기업들이 입찰과정에 대한 공정성에 의심을 품게 되면 입찰에 참여하기를 꺼리게 될 뿐 아니라 참여한 기업도 제안 활용에 최선을 다하지 않게 되어 결국 고객사가 원하는 해결책을 제한하지 못하게 하는 결과를 초래할 수 있다. 입찰 참여 공급사들은 입찰과정을 진정한 시장 경험 즉, 공정경쟁으로 인식하지 않고 추진 기업이 시장 상황을 대가 지불 없이 벤치마킹하거나 내부의 정보서비스 운영프로세스 개선을 위한 학습을 위하여 입찰을 추진하는 것으로 해석하게 되고 이는 입찰 과정의 신뢰성을 떨어뜨리게 된다.

2.2.3 다수 또는 제한된 수의 공급사 활용

이는 추진 조직이 공급사 포트폴리오를 구성함에 있어서 최소한의 공급사 혹은 다수의 공급사를 활용할 것인가를 결정하는 것이다. 아직 어떤 구성 비율이 적합한지에 대한 산업 경험이 나타나지는 않고 있으나 한 조사에 따르며 고객사가 선호하는 소수의 공급사를 활용하는 것이 가장 많이 활용되는 것으로 나타났다(그림 2.3, Cullen, et al., 2001).

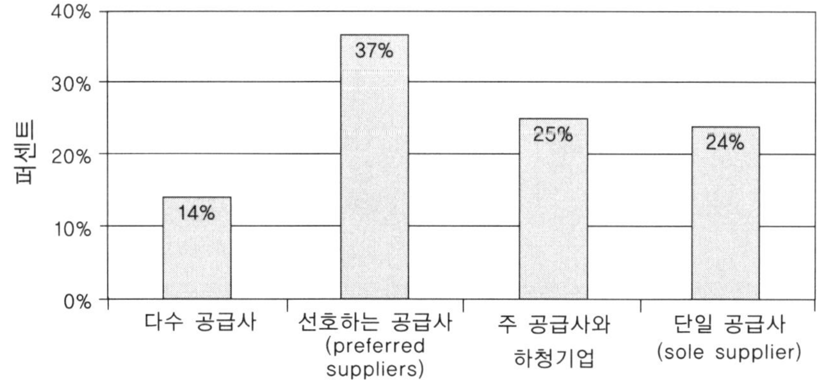

자료원: Cullen et al.(2001), 71 개사 응답

그림 2.3 공급사 포트폴리오 구성

표 2.2는 소수 및 다수 공급사 활용 시의 장단점을 제시하고 있다. 추진 기업들은 자주 '몇 개사를 활용하는 것이 최적이냐?'는 질문을 한다. 이에 대한 대답은 또 다른 질문으로 귀결되는데: '어떠한 상황에 당신 기업이 처해있으며 이를 통하여 성취하고자하는 것은 무엇이냐?'라는 질문을 하게 된다. 대략적인 대답은 10개의 공급사는 너무 많고 하나나 두개의 공급사는 너무 작다는 것이다.

표 2.2 서비스 공급 기업 수(points of accountability)에 대한 선택 대안

기업 수	방법	장점	단점
소수(few)	• 주계약자(prime contractor)와 하청기업 • 단일 공급사 (one stop shop)	• 총체적 책임 부여 • 유연화된 계약 (streamlined contract) • KPI에 대한 책임 소재 분명	• 소수 공급사에 대한 과도한 의존 • 추진조직과 하청기업 사이의 관계형성 장애 • 최선의 해결책을 확보하지 못할 수도 있음
다수(many)	• 유사한 또는 대체가능한 서비스를 공급하는 다수 공급사 • 사전에 자격요건을 충족시키는 공급사 패널을 구성하고 이를 대상으로 공급사 선정	• 과다한 의존에 대한 위험이 적다 • 대체 공급사를 확보한 상태에서 시장 경쟁 유도 • 최선의 공급사 채택 • 벤치마킹 촉진	• 높은 관리 및 조정 비용 • 각 KPI는 개별 기업 별 관리 분야를 의미함 • 공급사 사이의 조정이 어려움 (상호 독립적으로 행동)

2.2.4 인력이관 접근법

아웃소싱에 영향을 받는 인력이관을 처리하는 최선의 접근법이란 존재하지 않는다. 조직의 장기적 이해(interests), 아웃소싱에 영향을 받는 직원(staffs), 공급사(suppliers) 사이의 적절한 균형점을 찾는 것이 가장 현실적인 접근법이라 할 수 있다. 2가지 대표적인 접근법이 표 2.3에 제시되고 있다. 어느 접근법을 채택하던지 베스트프렉티스는 추진 조직은 아웃소싱에 영향을 받는 직원에게 직업 및 재무적 계획 서비스를 제공하고, 향후 취업을 위한 취업교육을 제공함으로써 미래의 고용가능성을 최대한 높여주어야 한다.

표 2.3 직원 이관(transfer) 접근법

접근법	설명	장점	단점
단절 (clean break)	아웃소싱 이후 공급사가 해당 직원 모두에게 직을 제공하지 못하는 상황	• 공급사는 처음부터 백지 상태에서 필요한 인력만을 고용하는 상황으로 이에 적합한 고용조건을 부여 • 과다하여 필요한지 않은 직원에 대하여 동일한 처리 • 중복 직원에 대한 보상을 지불함으로써 부정적 영향 최소화	• 공급사는 필요인력에 대해서는 미리 고용을 보장하여 붙잡아 놓아야함 • 양다리 걸치기 - 공급사의 고용요구와 중복보상을 동시에 받을 경우가 발생 • 보상에 따른 과다 비용 발생
협상이관 (negotiated transfer)	직원의 일부 또는 전부가 공급사에게 이관되는 경우로써 고용조건에 대하여 이관 이전에 협의하는 상황	• 직무 중복으로 인한 보상을 피할 수 있다. • 아웃소싱 이후 계속 고용을 통하여 생산성 차원의 문제를 줄일 수 있음. • 종업원 복지에 대한 확고한 의지를 보여줌	• 관련법과 사업방법에 대한 전수가 고려되어야 함. • 협상 필요성 점증 가능. • 인력 이관이 강제될 경우 과다한 아웃소싱 가격 지불이 발생할 수 있다 - 특히 공급사가 모든 직원을 이관 받기를 원하지 않거나 고용조건이 공급사가 가정했던 이익모델과 불일치한 경우.

2.2.5 자산 소유권(asset ownership)

경제학이론에 의하면 일정 자산에 효율적으로 투자할 수 있는 경제주체가 해당 자산을 소유해야한다고 한다. 생산성을 극대화할 수 있고 자산의 가치를 극대화할 수 있는 경제 주체가 자산을 소유, 운영해야 한다. 아웃소싱 추진 조직은 아웃소싱 서비스를 수행하기 위하여 필요한 자산을 공급사에게 이관하게 된다. 그러나 아웃소싱과 관련된 자산을 계속 소유하는 것이 사업 추진 상황을 고려할 때에 절대적으로 필요할 경우에는 아웃소싱 대상에서 제외하게 된다. 해당 자산이 추진 조직에 특이한 자산이거나 시장이나 타 조직에서 손쉽게 구입활용하기 힘든 경우이다. 이 경우 아웃소싱을 통하여 해당 자산을 공급사로 이관하게 되면 공급사에게 독점적 권한을 주게 된다. 지적재산권도 자산의 한 형태로서 이를 이관해야 하느냐는 신중히 검토해보아야 한다.

2.2.6 지적 재산권(intellectual property)

공급사를 아웃소싱 솔루션이나 서비스 제공을 통한 혁신으로 유도시키기 위해서는 공급사에게 서비스 제공과정에서 개발한 지적재산에 대하여 지적재산권(intellectual property right)을 소유할 수 있도록 해야 한다. 이를 통하여 그들이 개발한 지적재산권을 다른 서비스 제공 기회에 활용하여 경제적 수익 창출에 도움이 되도록 하는 것이다. 그러나 특수한 경우에는 아웃소싱 계약이 종결되면 지적재산권 반환을 요구하거나 제3자 기탁(escrow)을 고객사가 요구할 수 있다. 베스트프렉티스의 경우 지적재산권이나 제3자 기탁 조항에 대하여 자세한 계약문구를 준비하여 계약서에 포함시키고 있다.

2.2.7 관리 통제를 위한 문서(governing documents)

아웃소싱 조정과 통제를 위한 문서는 아웃소싱 협약을 관장하기(preside) 위하여 활용되는 주요 협약문서이다. 계약서는 이중에 가장 중요한 문서이다. 이 이외에도 서비스 수준 협약서, 아웃소싱 조항을 구체화한 문서, 절차 매뉴얼 등을 포함한다. 이는 4번째 블록에서 자세히 설명될 것이다. 기업 표준이나 아웃소싱 거버넌스 관련 문서는 아웃소싱 추진의 일관성과 아웃소싱 추진 프로그램 실행을 촉진시킬 수 있다.

2.2.8 위험/보상 프로그램

아웃소싱 계약체계는 단순히 서비스대비 요금(fee-for-service)형태의 협약보다는 위험/보상(risk/reward)체계를 채택하는 방향으로 개선되고 있다. 추진 조직이 위험(재무적 대가)과 보상(재무적 보너스) 활용을 선호하고 있다. 각 추진 기업은 보너스와 위험에 대하여 연간 계약 금액의 일정 퍼센트를 설정하거나, 결과에 대해 단계적 확대(escalation)안을 설정할 수 있다(블록 4 참조). KPI를 충족시키지 못한 경우의 재무적 책임은 대부분 아웃소싱 계약서에 포함되고 있다. 책임액은 공급사의 개선행위를 유인할 수 있을 정도의 적당한 비율이나 액수로 정해져야 한다. 공급사가 업무를 추진할 수 없을 정도로 무기력화해서는 안 된다. 고객사 차원에서는 적절한 서비스 성과를 항상 보장하며 KPI를 만족시키지 못하는 상황이 연속적으로 발생할 경우는 계약종료를 위한 조항이 준비되어 있어야 한다. 주의해야 할 점은 벌금조항(penalty)은 공급사에게 해를 끼치기 위한 즉 영업상 손실을 위한 것이 아니라는 점이다. 또한 계약 파기의 경우는 벌금조항이 적용될 수 없다는 점이다. 법적인 차원에서는 실제 발생한 손해

(damage)만을 보상의 기준으로 취급하기 때문이다. 법적 분쟁의 경우는 실제 발생한 손해에 대해서만 보상을 청구할 수 있다는 점을 명심하여야 한다.

위험에 대한 결과와 마찬가지로 보상 보너스도 공급사의 동기를 유발시키기 위하여 활용된다. 최소한의 기대 이상을 만족시키는 것은 추진 조직의 성과를 올린다는 점에서 바람직하다고 할 수 있다. 보상은 단지 목표 없이 공급사의 실적에 따라 책정하기보다는 아웃소싱 추진 조직에게 매우 중요한 분야에 적용될 수 있도록 설정되어야 한다.

2.2.9 위험관리(risk management)

아웃소싱 여부에 관계없이 위험관리와 건전한 내부통제는 모든 비즈니스 프로세스에 필수적이다. 아웃소싱은 항상 위험을 수반하며 기존 즉 내부에서 정보서비스를 받는 경우의 위험과는 다른 방법으로 관리되어야 한다. 위험의 종류는 성과미달(non-performance), 계약파기(breach), 종료기간 이전의 계약 종결, 이의 제기(disputes), 책임(liability) 문제를 포함하고 있다. 모든 조직은 위험에 직면하게 되며 이는 다음과 같은 위험을 포함하고 있다:

- 추진 조직이 아웃소싱 추진과 관련된 핵심역량을 보유하지 못하고 있어서 대규모 아웃소싱을 수행하는 데 따른 위험관리에 대처하지 못함.
- 아웃소싱은 운영과 운영중단(disruption)으로 인한 위험 사이의 상호관계를 고려해야함.
- 서비스 연속성과 프라이버시를 보장하기 위한 정보보안과 재난복구는 가장 중요한 관리 이슈이다.
- 아웃소싱 대상 서비스가 공급사 규모에 비하여 대규모이고 지역적으로 분산되어있을 경우에는 고객사는 대용량 처리를 위한 규모(capacity)와 공급사의 지역적 공급범위를 확인하여야 한다.
- 해당 산업을 위한 특화된 자산이나 지식이 존재할 경우 이 시장을 대상으로 경쟁하는 소수 공급사만 존재하여 공급사가 독점적 지위를 확보할 수 있는 경우 이에 대한 위험관리와 더불어 공급시장의 경쟁을 높일 위험관리 방안 및 대책이 필요하다.

2.2.10 단기 대비 장기 계약(short- vs. long-term contracts)

최근의 IT아웃소싱 계약은 그 기간이 3년 미만인 것이 대부분이며(Cullen, et al., 2001) 계약 기간 종료 후에 연장(roll-over)조항을 포함시키는 경향이 증가하고 있으며 계약 연장 기간은 대개 매 연장마다 1 내지 2년 정도로 하고 있다. 이러한 추세는 매우 합리적이며 IT분야와 같이 매우 가변적 상황 속에서 상대적으로 안정적인 기간(즉, 1 내지 2년)마다 계약을 체결하는 것이 고객사와 공급사 모두에게 유연성을 제공하며 장기간의 계약을 도출할 수 있기 때문이다.

가장 적정한 계약 기간은 아래 요건에 따라 달라질 수 있다:

- 관련된 자산의 감가상각기간(amortization period);
- 전환비용(transition-in cost)의 감가상각;
- 시장의 경쟁 상황 및 가격 추세;
- (계약 후)고객사가 공급사를 전환(switch)하려는 능력 및 의지;
- 고객사의 전략 계획 순환주기;
- 공급사에게 요구되는 추진 조직 관련 지식 즉, 추진 조직이 조직관련 지식을 공급사에게 이전하기 위하여 투입한 투자.

2.3 아웃소싱 수행 접근법(approach) 결정

아웃소싱을 추진하기 위한 접근법은 표 2.4에서 제시된 바와 같이 개념적 차원에서 3가지로 구분될 수 있다. 그러나 실제로 아웃소싱을 추진하는 과정에서는 이 3가지 접근법을 복합적으로 활용할 수 있다. 실제 추진 시에 주의해야 할 점은 접근법의 선택과 실행은 매우 전략적 차원에서 선택, 활용되어야 한다는 점이다. 추진 조직의 아웃소싱에 대한 경험, 내부 IT조직의 성숙도, 추구하는 목적 등을 복합적으로 고려하여 신중히 추진되어야 한다는 것이다.

표 2.4 아웃소싱 수행 접근법(approaches)

접근법	강점	약점	효과적으로 활용하기 위한 조건
빅뱅(big bang) 접근법: 아웃소싱 대상 주요 활동이 일시에 아웃소싱으로 전환되는 접근법으로 언론에 자주 소개되나 실제로는 활용 빈도가 낮음	• 매출액 증가를 추구하는 공급사가 선호하는 접근법 • 중앙 집중적 프로그램으로서 조정비용을 극소화할 수 있음 • 전략적 관리 • 조직 전체의 학습에 유리 • 철저한(end-to-end) KPI관리	• 높은 위험과 영향(impact) • 투입 자원 요구가 많음 • 주요 관련자 참여도가 높음 • 높은 관심 유발 • 복잡한 과정으로 높은 관리 활동을 요함 • 공급사가 아웃소싱 추진을 위한 모든 기법을 소유하지 못할 수 있음	• 추진 조직의 업무 절차 리엔지니어링이 요구됨 • 아웃소싱이 조직에 미치는 영향이 크기 때문에 경영층의 전략적 관여가 높아야 함 • 추진 조직이 '아웃소싱 추진에 만반의 준비가 되어야'함-추진 조직 자체가 전문성과 전문가를 갖춘 상태이어야 한다.
부분(piecemeal)접근법: 일정 필요 부분 아웃소싱을 필요 시점에 부분적으로 수행함. 가장 많이 활용되는 접근법이며 의도적 아웃소싱 추진보다는 자연스러운 추진	• 각 아웃소싱 분야 추진시점에 최적의 공급사와 가격 선택 • 필요에 따른 문제해결 방식 • 복잡성이 낮아 하위 관리 수준에서 처리 가능 • 추진 경험이나 지식이 공유될 경우 향후 추진 시 활용가능	• 독립적 추진에 따른 일관성 없는(stagger) 추진 위험 • 전체 차원에서 보면 최적의 가치를 확보하지 못할 수 있음 • 조정 비용이 높고 중복 노력이 소요됨 • 시너지 효과가 없음 • 추진 공급사 사이의 인터페이스 부분에 대한 책임 전가가 자주 발생 • 경험이 단절될 수 있음 • 주요 공급사를 활용할 수 없음 • 부문 KPI활용	• 경험이나 베스트프렉티스를 공유하기 위한 전체 조직 차원의 체계가 필요함 • 서비스 사이의 상호의존 관계가 충분히 이해되어야 한다. • 관련 당사자들 사이에 책임 부분에 대한 명확한 규정 • 계약 변경(novation)조항을 포함하여 향후 서비스를 재통합하거나 분해함으로써 효과나 효율성을 높일 수 있도록 계약
점진적(incremental) 접근법: 점진적 아웃소싱 추진 계획 하에 파일럿 프로젝트 수행을 위하여 한개 이상의 공급사를 선정하여 추진하는 접근법으로서 이전 아웃소싱이 성공적으로 추진된 후 다음 단계 아웃소싱을 점진적으로 추진	• 파일럿 아웃소싱을 통한 필요 요구 확인 가능 • 단계적 접근이나 점진적 프로토타이핑-추진 조직과 공급사가 점진적 개선을 위하여 협력 • 공급사는 차후 아웃소싱 추진을 확보하기 위하여 자신의 역량을 입증해야 하는 인센티브를 갖게 됨 • 잠재적 매출 증대를 위한 공급사의 관심 유도	• 장기적 관점 • 공급사는 추진사의 준비 상황에 관계없이 아웃소싱을 점진적으로 확대하고자 할 수 있음 • 추진력을 유지하기 어려움	• 연속적 프로그램 관리 필요 • 향후 아웃소싱 대상에 대한 추진 조직의 분명한 이해 • 향후 아웃소싱에 대한 의지를 공급사에게 보여줌 • 이전 아웃소싱 경험이 다음 단계에 활용되도록 디자인 • 차후 아웃소싱 추진 기준 마련

2.4 필요한 아웃소싱 생명주기 역량(lifecycle competency) 확인

아웃소싱은 전략 그 자체이어야 하며 단순히 비용절감 차원에서 이루어져서는 안 된다. 다른 경영전략과 마찬가지로 아웃소싱 성공도 어떻게 현명하게 계획되고, 실행되고, 관리되느냐에 달려있다. 한 사람이 아웃소싱 계획부터 실행, 관리까지를 모두 책임지고 수행할 수는 없다. 이상적으로 한 개인이 이에 필요한 모든 스킬을 보유하고 있을 수는 있으나 이와 같은 상황은 매우 드믈 수밖에 없다. 가장 성공적인 결과는 아웃소싱 생명주기를 거쳐서 다양한 견해와 스킬이 적절히 활용되어야 도출될 수 있다.

성공을 위하여 요구되는 스킬은 다양하고 이는 여러 단계에 걸쳐 활용되어야 한다. 몇몇 스킬은 아웃소싱 생명주기 전 단계에 걸쳐 활용되나 대부분 스킬은 생명주기 몇 단계에서만 활용될 수 있다. 그러므로 아웃소싱 스킬 관리 활동의 주안점은 각 단계별로 필요한 스킬을 확인하고 이를 어떻게 효과적으로 조달하여 활용하는가에 두어야 한다.

표 2.5와 그림 2.4는 아웃소싱 생명주기 단계별 필요한 스킬을 제시해 줌으로써 필요한 스킬을 준비하고 관리하는 가이드라인을 제시해 줄 수 있다. 한 예로 표 2.5에 제시된 스킬은 1992년부터 1993년에 EDS와 영국 Inland Revenue간의 10년에 걸친 1,000억 파운드 아웃소싱 사례에 투입된 20명의 고객사 직원의 스킬을 보여주고 있다. 그림 2.4는 IT아웃소싱 생명주기 기간 동안 수행되어야할 활동별로 필요한 스킬을 제시하고 있다. 이와 더불어 내부 정보기술 부서는 아웃소싱을 수행하기 위해 내부 역량(in-house core capabilities)을 배양해야 하는 것을 잊어서는 안 된다.

표 2.5 빌딩 블록 필요 스킬

스킬	필요한 전문성
감사(audit)	성과, 재무 및 기술 검토, 평가 및 감사 기법
사업(commercial)	ITO시장, ITO 경험 및 기법, ITO프로젝트 관리
의사소통	주요 의사결정자(stakeholder)에게 효과적인 의사소통 준비 및 전달, 조직변화관리 기법
재무	회계, 재무시스템 및 요구사항, 가격책정, 재무 평가, 실사(due diligence)
법률(legal)	ITO계약
관리(management)	조직 전략, 정치, 사업프로세스와 IT 서비스 전달프로세스의 인터페이스
기술(technical)	목표 서비스 관련 산업 경험(practices), 기술 및 조직운영
사용자(user)	사용자에 관한 구체적 지식, 기대 사항, 비즈니스 프로세스

블록 별 활동	스킬/관점(perspectives)							
	감사	사업	의사소통	재무	관리	법률	기술	사용자
1. 전략 준비								
1.1 전략 소싱		✓	✓	✓	✓			
1.2 시장 조사		✓		✓			✓	
1.3 산업 비교		✓					✓	
1.4 전략 선호		✓			✓			
1.5 역량 프레임웍		✓		✓	✓		✓	✓
1.6 의사소통		✓	✓		✓			✓
2. 서비스 목표 설정								
2.1 확인		✓			✓		✓	
2.2 서비스 프로파일 정리		✓		✓			✓	✓
2.3 아웃소싱 접근법		✓		✓	✓		✓	✓
2.4 기준 사례(base case)		✓		✓			✓	
2.5 가능성/영향 분석		✓		✓	✓		✓	✓
3. 미래 모습 디자인								
3.1 조정(arrangement)모델		✓	✓	✓	✓	✓	✓	✓
3.2 계약		✓		✓	✓	✓	✓	
3.3 SLA		✓		✓			✓	✓
3.4 가격책정		✓		✓	✓		✓	
3.5 보유조직 및 조정관리		✓	✓	✓	✓		✓	✓
3.6 이전 및 이관		✓	✓	✓		✓	✓	
4. 공급사 선정								
4.1 선발 단계		✓		✓	✓			✓
4.2 선발 전략		✓		✓	✓		✓	
4.3 정직(probity)계획	✓	✓						
4.4 입찰 패키지		✓		✓			✓	
4.5 평가 및 사업사례 작성		✓	✓	✓	✓		✓	✓
4.6 협상		✓		✓	✓	✓	✓	
5. 전환								
5.1 이전 실행			✓		✓		✓	✓
5.2 보유조직 및 조정관리 조직 설치		✓			✓		✓	
5.3 업무 흐름 재설계					✓		✓	✓
5.4 절차 및 프로토콜	✓	✓			✓		✓	✓
6. ITO 관리								
6.1 지불	✓			✓			✓	
6.2 차이 및 이견(disputes) 조정		✓		✓	✓		✓	
6.3 검토, 평가 및 감사	✓	✓		✓	✓		✓	✓
6.4 계획 및 예측				✓	✓		✓	✓
6.5 관리 및 기록	✓	✓		✓	✓			
6.6 관계 관리		✓	✓		✓			
6.7 지속적 개선		✓			✓		✓	✓
7. 대안 재평가								
7.1 협의안, 산업 및 시장 평가		✓			✓		✓	
7.2 선택 안 및 사업사례		✓	✓	✓	✓		✓	✓
7.3 실행 계획		✓	✓		✓		✓	✓

그림 2.4 블록별 스킬 매트릭스 예

2.5 의사소통 전략(communication strategy) 준비

아웃소싱이라는 용어는 일단 시작되면 들불과 같이 조직 전체에 다양한 소문과 함께 번져가게 되어있다. 'FUD'(fear, uncertainty, doubt)가 확산되게 된다. 이 경우에 의사소통을 통하여 적극적인 공세를 취해야 한다. 소문이 진상을 따라잡도록 놓아두어서는 안 된다. 무엇보다도 불확실성이 존재하지 못하도록 의사소통 전략을 적극적으로 추진해야 한다.

아웃소싱을 추진하는 경우 전체 생명주기를 걸쳐서 어떤 조직도 적극적인 의사소통전략이 필요치 않은 경우는 없다. 그러나 대부분 의사소통 전략의 중요성을 간과하여 이를 미리 계획하고 적극적으로 대처하지 못하는 경우가 더 많다. 의사소통전략은 공식, 비공식 또는 개별적, 다수를 대상으로 하는 모두를 포함하며 효과적인 의사소통은 주요 의사결정자들에게 의미 있는 내용을 전달해야 한다. 표 2.6에서 보는 바와 같이 주요 관련자들이 제기하는 질문에 대하여 의사소통 전략이 준비되어야 하며 이에 근거하여 주요 관련자에게 전달될 의사소통 대안(option)을 준비하게 된다.

표 2.6 주요 관련자 별 의사소통 이슈 및 대안

내부 주요관련자	이슈	대안
직원, 스텝(staff)	나에게 미치는 영향은? 나의 선택 안은? 각 선택 안을 어떻게 평가할 것인가? 나를 위한 지원(assistance)은? 공급사로 전직할 경우 내가 수행할 직무는 무엇일까? 앞으로 일어날 일들은? 지금 나에게 기대하는 것은 무엇인가?	• 오픈 포럼 • 회의 • 뉴스레터 • 카운슬링 • 이메일 • 핫라인
사용자/고객	아웃소싱이 서비스에 미치는 영향? 고객(사용자)의 요구 사항을 어떻게 확보할 것인가? 우리가 이야기할 상대는?	• 연결 그룹 • 브리핑 • 뉴스레터
인사부서	아웃소싱에 영향을 받을 직원은? 누가 남고, 이전되고, 중복기능을 수행할 것인가? 조직 내의 우선순위? 우리의 역할은?	• 회의 • 업무수행 파티 • 조정위원회
재무/회계 부서	예산 규모는? 서비스에 대한 지불 방법은? 당사의 재무시스템과의 인터페이스는? 자산 판매 여부? 우리의 역할은?	• 회의 • 업무수행파티 • 조정위원회

법률 부서	계약 종류는? 관련 법규는? 외부 법률전문가 활용? 우리 역할?	• 회의 • 업무수행파티 • 조정위원회
경영 및 관리	고려해야할 대안은? 다른 조직의 경험은? 우리의 경쟁사는 어떻게 하고 있나? 잠재 공급사는? 최소한의 효과나 여타 효과는? 위험요인과 이에 대한 대처 방안은? 추진 일정은? 주요 이슈는?	• 조정위원회 • 진행보고서 • 회의

외부 주요관련자	이슈	선택 안
공급사	바람직한 제품/서비스는? 계약 가치는? 계약 기간은? 바람직한 관계는? 우리의 접촉 창구는? 일정은?	• 브리핑 • 현장 방문 • 비공식 토의
언론 미디어	누가 계약을 체결할 것인가? 계약 규모는? 향후 변화는? 직업 및 해고 정도?	• 언론 릴리스 (releases) • 인터뷰

광범위한 의사소통 계획을 작성하는 것이 매우 중요하다. 표 2.7은 의사소통 계획의 주요 구성항목을 보여주고 있다.

표 2.7 의사소통 전략 구성요인

대상	주요 메시지	목적/목표	수단	시점	전달	준비	피드백 과정
누구를 접촉해야하나? 각 홍보대상의 현재 입장은?	어떤 개념, 지식, 평가가 각 대상에게 전달되어야 하나? 청중에게 단지 전달할 것인가? 혹은 그들의 의견, 의식, 신념을 바꾸어야 하나?	우리는 왜 이 의사소통을 시도하는가? 그들의 의견, 인식, 신념을 바꾸어야하나?	기존 의사소통 채널을 어떻게 활용할 것인가? 각 청중에게 가장 적합한 의사소통 채널은? 가장 비용 효과적인 채널은?	언제 메시지를 전달? 깜짝 놀라게 할(drop dead) 날짜는?	누가 전달? 각 청중이 신뢰하는 전달자는?	누가 준비? 가장 적합한 전달 수단/매체?	메시지 전달 과정을 어떻게 추적? 피드백이 필요한가? 어떻게 피드백을 받아서 그 문제 해결을 확인할 것인가?

모든 주요 관련자(stakeholders)들이 각기 다른 의사소통 유형을 요구하겠지만 아웃소싱 성공에 중요한 개인이나 그룹에 노력을 집중함으로써 그들로 하여금 조직이 나아가고자하는 방향과 변화를 수용하도록 하는 것이다. 그림 2.5는 이와 같은 의사소통 노력을 집중하도록 지원하는 개념적 틀이다.

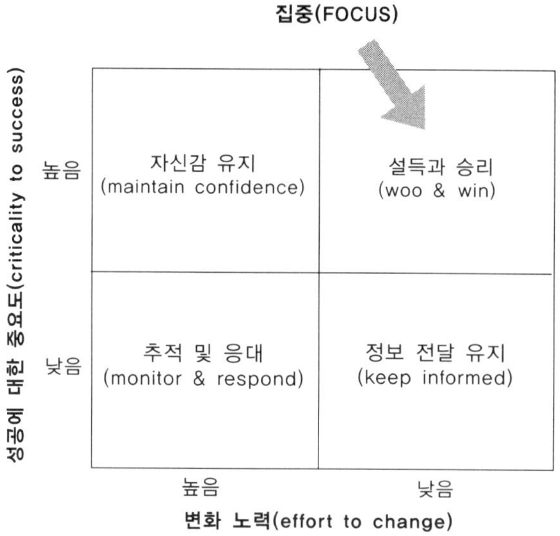

그림 2.5 의사소통 집중 매트릭스(focus matrix)

'설득과 승리(woo & win)' 및 '자신감 유지(maintain confidence)' 전략을 추구하기 위해서는 주요 관련자에게 계속적인 정보 제공과 당사자들의 이슈나 질문에 대한 즉각적인 응대 및 해결이 필요하다. 피드백 효과를 추적하기 위해 대면접촉과 공식 프로세스를 활용해야 한다. 아웃소싱 프로젝트 성공에 직접적인 영향을 미치지 못하는 대상에게는 대면 접촉을 통한 의사소통보다는 다양한 매체를 활용한 정보전달에 집중하는 것이 좋다.

의사소통 정도에 관한 현재의 위치와 이에 따른 행동 목표는 그림 2.6에 제시된 조직변화모델을 활용할 수 있다. 그림에서 볼 수 있는 것과 같이 주요 관련자들이 거치게 되는 3단계를 볼 수 있다 - 준비단계, 수용단계, 몰입단계. 이는 8개의 세분화된 단계로 구성될 수 있는 데 의사소통의 주요한 목적은 주요관련자들을 최종 단계로 이행하도록 촉진하고, 설득하는 것이다. 추진 조직은 현재 어느 단계에 위치하고 있는지를 파악하고 의사소통 전략을 구사하여 다음 단계로 이행하여 아웃소싱이라는 변화를 받아들이고 내재화하도록 촉진되어야 한다.

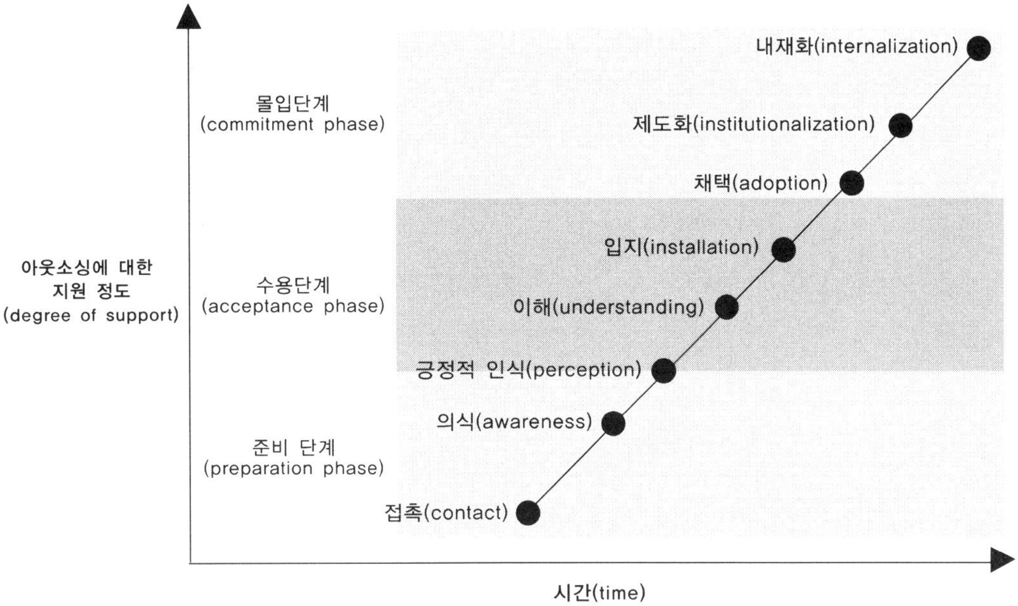

단계	설명
준비	공개단계이며 일방적 의사소통(예 경영층 대상 발표), 아웃소싱 시도에 대한 전체적 그림이 전달되어야함
수용	직원들에게 변화에 대한 의식과 실험 기회를 제공하고 경영진에게는 정보와 가능성에대한 의욕을 제공
몰입	분명한 목표와 지원이 도출되야하는 가장 어려운 단계이다. 대면 의사소통을 통하여 아웃소싱이 개인적 차원에 미치는 영향을 자세히 설명하고 설득해야하는 단계이다. 이 단계는 조직을 대상으로 한 설명이나 설득이 아니고 개인별로 아웃소싱의 긍정적 효과를 제시, 설득해야 한다.

그림 2.6 조직변화 모델 단계

의사소통전략을 구성하는 과정에서 공급사도 이 프로세스에 적극적으로 고객사와 함께 참여할 수도 있다. 공급사는 다양한 아웃소싱 경험을 통하여 의사소통 전략을 구성하고 이의 실행에 관한 많은 경험을 소지하고 있을 것이다. 실제로 많은 기업들이 의사소통 및 전환 전략을 다년간 연마하였다고 할 수 있다.

3장

블록 3: 아웃소싱 대상 활동 발견 및 목표 서비스 결정 (identify the right activities: target the service)

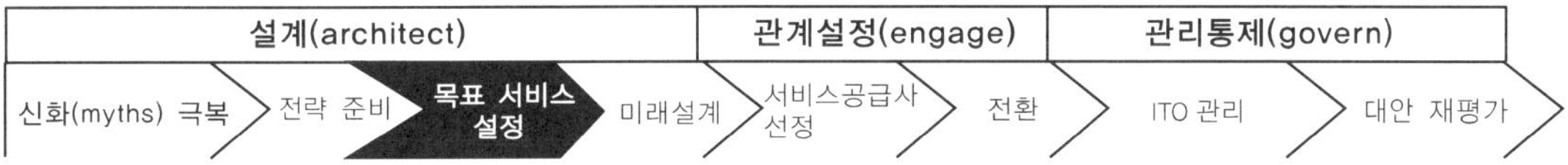

무엇을 아웃소싱하고 무엇을 아웃소싱하지 않느냐를 결정하는 엄격한(hard and fast) 규칙이 있는 것은 아니다. 아웃소싱을 수행함에 있어서 대상 활동별 관련된 위험과 이를 경감하기 위한 방법에 대하여 논의하고 이를 대비하는 것이 보다 적절한 대응 방안이라 할 수 있다. 여기에 한 가지 예외 상황은 이미 이전 블록에서 논의된 바와 같이 '핵심 차별화 요인(critical differentiator)'을 아웃소싱 하는 것은 현명하지 못하다. 그러나 한때 차별화 요인도 시간이 지남에 따라서 해당 서비스가 시장에서 상품화되어서 더 이상 차별화요인이 되지 못할 경우도 있다. 이 경우는 과거 차별화 요인도 아웃소싱 대상이 될 수도 있다. 어떤 유형의 서비스는 비교적 아웃소싱의 대상이 되는 경향이 높을 수 있으며 특히 시장이 성숙되어있거나, 서비스에 대한 예측이 비교적 손쉽고 산업성과 표준이 잘 알려진 분야의 경우 아웃소싱의 대상이 될 수 있다. 예를 들이, 오스트레일리아의 경우 정보기술아웃소싱의 성격(nature)에 따라서 아웃소싱여부가 결정되고 있으며 특히 인프라스트럭처 관련(하드웨어, 광역 네트워크), 응용시스템(개발 및 지원), 시스템통합(표 3.1 참조)과 관련된 활동이 아웃소싱의 대상이 되고 있다. 이와 같은 패턴은 미국과 유럽에서도 발견되고 있으며 Lacity & Willcocks(2001)의 연구에 따르면 재난복구(disaster recovery), 메인프레임 운영, 네트워크 관리, 중간규모 시스템 운영(mid-range operation), PC 지원 및 헬프데스크 관리 등이 정보시스템 개발 및 전략 분야보다 아웃소싱의 대상이 되고 있다.

일반 통계자료가 아웃소싱 대상과 시장의 성숙정도를 보여줄 수는 있으나 개별 아웃소싱 추진 조직은 선례를 따르기(following the pack)보다는 자신의 독특한 요구와 환경을 고려한 의사결정을 하여야 할 것이다. 한 연구에 의하면(Loh & Venkatraman, 1992) 모방적 행태(imitative behavior)가 아웃소싱 추진의 주요한 요인이기는 하나 이를 통하여 다른 조직의 성공을 복사하려는 시도는 추진 결과가 성공적이지 못함을 보여주고 있다. 결국 추진 조직이 원하는 아웃소싱이나 서비스 분야를 자신의 상황에 맞게 추진하기보다는 남을 따라함으로써 조직의 자원과 노력을 소모하고 있음을 알 수 있다. 본 블록의 목적은 추진 조직이 자신의 요구에 따라서 아웃소싱 추진 목표를 설정하고 이를 통하여 실현가능한 효과를 도출하기 위한 기반을 마련하는 데 있다.

표 3.1 오스트레일리아에서 조사된 아웃소싱 추진 대상 및 정도

	고려되지 않거나 해당 안됨	아웃소싱 추진 기각	아웃소싱 고려	부분 아웃소싱 고려	전체 아웃소싱 (fully outsourced)
메인 프레임 및 데이터센터					
하드웨어지원 및 유지보수	12%	4%	6%	34%	45%
시스템 운영	24%	3%	4%	60%	9%
응용시스템 개발	26%	10%	4%	42%	19%
응용시스템 지원 및 유지보수	27%	10%	5%	44%	14%
시스템 통합	43%	9%	5%	32%	10%
운영 및 설비 관리	33%	18%	9%	21%	19%
재난복구서비스	40%	9%	12%	20%	18%
클라이언트/서버 및 데스크톱					
하드웨어지원 및 유지보수	11%	6%	7%	43%	34%
시스템 운영	20%	9%	6%	58%	8%
응용시스템 개발	27%	9%	5%	45%	13%
응용시스템 지원 및 개발	19%	11%	7%	50%	13%
시스템 통합	39%	11%	7%	36%	7%
운영 및 설비 관리	38%	15%	11%	22%	14%
재난 복구 서비스	44%	11%	10%	24%	11%
IT 관리 및 지원					
교육 및 훈련	15%	3%	5%	58%	19%
헬프데스크	36%	22%	13%	9%	19%
자산 관리	63%	11%	7%	13%	6%
전략 계획	65%	21%	1%	13%	0%
커뮤니케이션 네트워크					
WAN 서비스	9%	3%	7%	37%	44%
운영 및 설비관리	31%	14%	10%	20%	24%
LAN 서비스	36%	16%	10%	18%	20%

자료원: *Cullen et al.*(2001), 233명 응답자 기준

3.1 아웃소싱 대상 서비스 선정(select the suitable services)

본 활동의 목적은 전체 IT 자원과 활동을 구성하는 포트폴리오를 대상으로 아웃소싱 대상이 되는 업무와 서비스를 확인하고 이를 패키지화하는 것이다. 다양한 조합의 IT 서비스와 기술 플랫폼이 아웃소싱 여부를 결정하기 위한 시장 테스트(market test)의 대상이 될 수 있다. 추진 조직의 목적은 최대한 효과를 도출하기 위하여 가장 적절한 조합을 구성하고 발견하는 것이다. 가장 적절한 서비스 조합을 구성함에 있어서 기존에 제공받고 또 향후에 제공받아야 하는 서비스 모두를 대상으로 선택 프로세스가 진행되어야 한다. 이 프로세스는 고려되고 있는 분야를 기술(technological)프로세스와 서비스(service) 프로세스로 분할하여 아웃소싱 기준을 체계적으로 적용할 수 있도록 도와준다. 이 분석으로부터 적합한 아웃소싱 패키지(package)를 구성할 수 있다. 이 방법은 5단계로 구성될 수 있다.

단계	설명
1. 서비스 맵핑(mapping)	서비스를 세부 활동과 수행 장소별로 분할
2. 결정 기준(criteria) 설정	장, 단기 추진 이유, 추진 장애물 확인
3. 기준 적용(apply)	각 결정기준을 서비스 맵에 적용
4. 통합 점수 산출	각 결정기준 별 총계
5. 우선순위(priority)와 서비스묶음 (package or bundle) 결정	아웃소싱 추진 우선순위 정리하고 이를 기준으로 서비스 패키지 결정

3.1.1 서비스 맵핑(map the services)

IT아웃소싱을 통하여 성과를 창출할 수 있는 서비스를 결정하기 위하여 먼저 아웃소싱 대상 서비스를 그려내야 즉, 맵핑해야 한다. 서비스 기능(function)으로부터 어떠한 서비스가 수행되는지 즉, 프로세스(service process)를 도출해야 한다. IT기능(function) 분할의 예를 그림 3.1이 제시하고 있다.

- 기능(function) (업무가 수행되는 장소(where it takes place))은 매우 광범위할 수(예, 부분(divisions), 지리적 장소, 사용자 그룹)있고 구체적일 수(예, 기술, 제품, 작업 단위)있다.
- 서비스 프로세스(업무 대상(what takes place))는 상위수준(high level) 작업 플로(workflows)를 기술한다.

	IT 기술 분야						
	인프라 플랫폼				응용시스템		
IT 서비스 분야	하드웨어 플랫폼 1	플랫폼 2	플랫폼 3	통신	응용시스템 1	응용시스템 2	응용시스템 3
응용시스템 개발							
응용시스템 지원 및 유지보수							
자산 관리							
데이터센타 설비 및 운영							
재난 복구 (disaster recovery)							
교육							
하드웨어 지원 및 유지보수							
헬프데스크							
IT전략							
시스템 실행 (implementation)							
시스템 통합							

그림 3.1 IT서비스/기술 매트릭스 탬플렛(IT service/technical templates) 예

3.1.2 아웃소싱 추진 대상 서비스 결정을 위한 평가기준 설정

다른 경영관련 실행 사항과 마찬가지로 IT아웃소싱 추진은 긍정적인 면과 부정적인 면을 동시에 가지고 있다. 그러므로 긍정적 측면과 부정적 측면을 조직 전체적 측면에서 체계적으로 평가하여야 한다. 어떤 서비스를 아웃소싱 할 것인가를 결정하기 이전에 이를 평가하기 위한 평가기준이 설정되어야 한다. 이는 사업전략의 일부부인 아웃소싱 추진 전략에 근거한 평가 기준을 도출하여야 함을 의미한다. 고려해야할 기준은 3가지로 분류될 수 있다:

1. 단기(short-term) - 아웃소싱 추진과 동시에 확보되어야할 효과
2. 장기(long-term) - 추진 이후 시간이 흐름에 따라서 발생하여야 하며 때로는 이

를 도출하기 위한 관리가 필요한 효과

3. 장애(barriers) – 현재 아웃소싱 추진을 방해할 수 있는 위험

아웃소싱평가 기준은 조직 상황에 따라서 매우 특이할 수 있으나 표 3.2는 실무에서 활용되는 표준 점검 리스트를 제시하고 있다. 이를 기반으로 각 추진 조직은 아웃소싱을 평가하기 위한 기준을 설정할 수 있다.

표 3.2 일반적인 아웃소싱 평가기준 리스트(criteria list)

평가 기준	단기 목적 평가기준	장기 목적 평가기준	장애 평가 기준
비용	• 비용절약 : 경쟁 프로세스를 도입을 통하여 • 현금흐름 개선: 자산 처분 및 인원 이관을 통한 • 예상 가능한 원가: 고정 또는 사용기준 가격 모델 활용을 통한 • 투명성 증가: 존재하지 않는 또는 적절치 못한 내부 원가 배정을 배제함과 동시에 모든 원가에 대한 청구서 활용 • 재무적 책임(consequences): 적절치 못한 성과에 대한 재무적 결과 추궁	• 효율성에 대한 동기 부여(efficiency motivation): 비용 센타(cost center)를 공급사 차원에서의 이익 센터 화함으로써 • 자원 절약: 공급사에 서비스 사용 가격을 지불함으로써 사용자의 서비스 사용에 대한 행태를 변화시킴	• 아웃소싱 프로젝트 수행, 이관 및 공급사 관리를 위한 프로세스 비용은 원가상승 요인이 될 수 있으며 전략적 효과를 반감시킬 수 있음. • 내부 원가 보다 공급사에 지불한 시장 가격이 높을 수 있음. • 공급사 시장이 경쟁시장이 아닐 경우 공급사가 독점력을 이용하여 아웃소싱 효과를 절감시킬 수 있음
서비스	• 선도적이며 전문화된 스킬, 기술에 접근 • 보증된 서비스 수준 – 기대 수준에 대한 계약 • 집중된 지원 – 공급사가 원 포인트 서비스 지원 • 만성적 수요, 공급의 불일치를 제거하기 위한 관련 자산 및 인력 공급의 적정화 • 글로벌 경험, 기술, 자원에의 접근성	• 범위(scope)의 경제 (다양한 서비스 공급) • 성과에 대한 지불시스템을 통한 공급사 서비스 제공 유도 • 혁신적 아이디어나 기법 확보	• 예측가능성 – 요구사항의 예측이 매우 어려움 • 기밀성(confidentiality) –데이터의 기밀성이 매우 높은 경우에 외부 공급사 접근 불가능함 • 실패(failure) – 실패 위험이 높고 이를 경감하기 위한 전략이 취약할 경우 이를 내부에서 수행해야만 함 • 서비스 관련 지식이 지극히 구체적 – 관련 지식을 공급사에게 이전할 경우 독점의 우려 • 공급사 미성숙 – 요구사항에 대한 경험 취약
투자	• 투자 없이 신기술에 접근성을 높임 • 자본 투자비용을 운영예산으로 이전 • 인원 부족, 스킬 진부화, 고용/훈련 관련 비용에 대한 계속적 투자 절감	• 신기술이나 아이디어를 활용할 수 있는 리드타임을 줄임 • 기술격차를 줄이거나 비약적으로 발전시킴 – 공급사의 최신 인프라활용을 통하여	• 자산이 고객사 특유의 성격을 지니고 있어서 이를 운영하기 위한 지식을 이관함으로써 독점 기회를 주게 됨 • 시장에 공개돼서는 안 될 서비스를 공급사에 이관함으로써 핵심역량이나 유지 가능한 경쟁우위를 공급사가 확보
조직 측면	• 조직 변화의 촉매 – 조직행동, 조직재편, 합리화 등 • 경직된 업무 수행 행태를 제거	• 핵심에 집중 – 핵심 전략에 자원을 집중 • 고객 집중 – 운영보다는 고객에 집중	• 조직 내부의 지식이 매우 섬세하고 복잡하여 이를 공급사에게 이관함으로써 공급사의 독점력을 높임 • 고객사가 아웃소싱 수행을 위한 기법, 프로세스, 지식이 준비되지 못함

3.1.3 평가기준을 적용하여 평가 총점 산출

서비스 맵(map)이 작성되고 각 서비스별 평가기준이 설정된 후에 서비스별 평가기준을 적용하게 된다. 표 3.2에서 제시된 평가기준을 활용할 경우 장, 단기 효과 및 장애 정도를 서비스 별, 기술 별로 평가할 수 있다. 각 서비스나 기술 분야 영역별 장단기 및 장애 평가 기준 총계는 그림 3.2와 3.3과 같이 도식화될 수 있다. 이는 결국 그림 3.4와 같은 종합 평가표로 작성될 수 있다. 이와 같은 절차와 도표는 지난 수년간 아웃소싱 추진 분야를 결정하는 데 성공적으로 활용되었다.

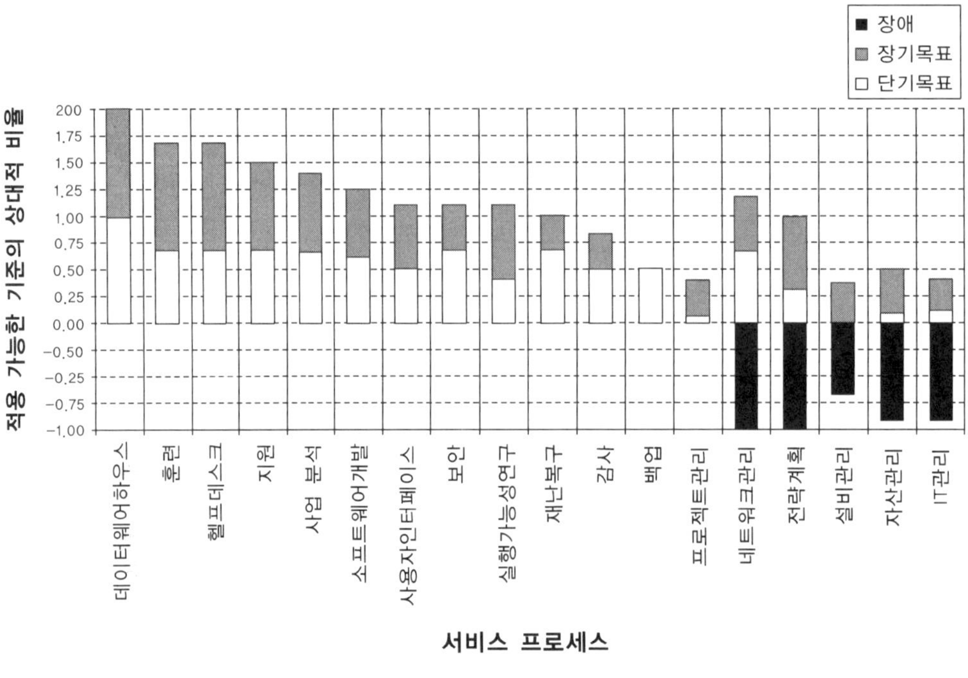

그림 3.2 목표 서비스 막대그래프 예- 서비스 프로세스

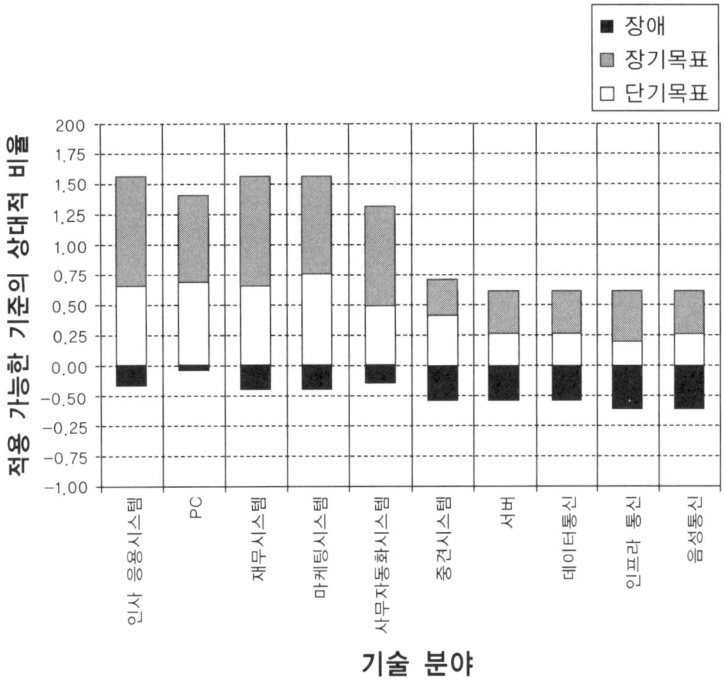

그림 3.3 목표서비스 막대그래프-기술 분야

그림 3.4를 살펴보면 가상적인 사례이기는 하나 관리 및 전략 서비스 프로세스에 대한 평가는 추진 시 예상되는 장애(barrier)가 기대효과를 초과하는 상황으로서 아웃소싱 추진 분야는 아닌 것으로 평가되었다. 여타 분야는 아웃소싱 추진 대상 분야임을 알 수 있다. 기술적 시각에서 보면 모든 응용시스템 관련 분야와 PC관련 분야는 아웃소싱 추진 대상이 될 수 있음을 알 수 있다. 통신 및 중규모/서버 시스템 분야는 추진 효과(benefits)가 장애(barriers)를 넘어서나 그 정도가 비교적 크지 않음을 알 수 있다. 이 경우 고객사 즉 추진 기업은 데스크톱 지원과 헬프데스크 운영을 지원하는 공급사, 교육 훈련 분야의 전문 기업, 응용시스템, 데이터웨어하우스, 사용자인터베이스 개발, 유지보수 지원을 전문으로 하는 최상의(best-of-breed)공급사를 선정해야 한다.

그림 3.5는 (아웃소싱)대상 서비스 보고서(target services report)의 주요 내용을 보여주고 있다. 이 보고서는 평가 과정과 결과를 정리하고 아웃소싱 추진 관련 의사결정을 투명하게 보여줄 수 있도록 작성되어야 한다.

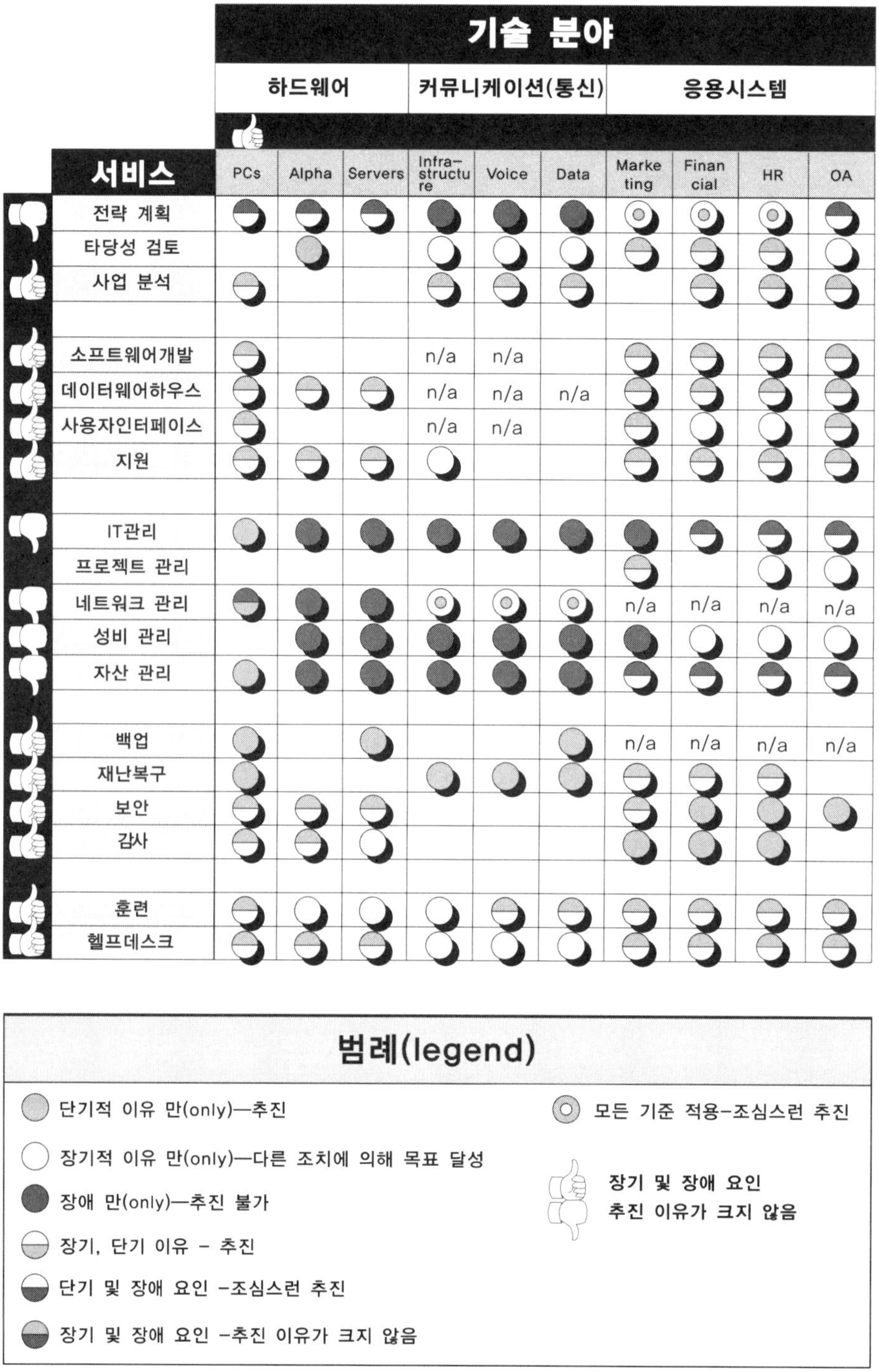

그림 3.4 아웃소싱 대상 서비스 매트릭스 예

1. 요약

2. 서론
   2.1 배경 및 목족
   2.2 추진 프로세스
   2.3 참가자

3. 평가 대상 서비스 기술 분야 및 프로세스
   3.1 기술 분야 목록
   3.2 프로세스 목록
   3.3 매트릭스

4. 평가를 위해 활용된 기준
   4.1 단기 평가기준
   4.2 장기 평가기준
   4.3 장애 요인

5. 평가 기준의 적용
   5.1 단기 평가기준
   5.2 장기 평가기준
   5.3 장애 평가기준

6. 총계 결과
   6.1 요역 매트릭스 및 그래프
   6.2 우선 아웃소싱 대상
   6.3 아웃소싱 가능 분야
   6.4 결정이 어려운 분야(gray areas)

7. 결론
   7.1 발견 내용
   7.2 향후 추진 계획

그림 3.5 아웃소싱 대상서비스(target service) 개요

3.2 목표서비스 프로파일 정리(profile the target services)

아웃소싱 대상 서비스가 확인된 이후에는 이에 대한 자세한 프로파일이 조사, 작성되어야 하며 이를 토대로 미래에 대한 토의, 반론, 전략이 도출되어야 한다. 이를 통하여 고객사는 해당 서비스 및 서비스시장을 이해하고 추진과정에서 직면하게 될 기대치 않았던 상황에 대처할 수 있다.

1. 서론
   1.1 조직 구조 및 개관
   1.2 전략 계획
   1.3 비전, 미션, 주요 결과 도출 분야
   1.4 서비스 환경

2. 서비스 프로파일
   2.1 현 서비스 요구사항
   2.2 미래 서비스 요구사항
   2.3 양(volume), 추세 및 load 자료(사용자 수, 거래 양, 데스크톱, 헬프데스크 전화 등)
   2.4 성과 기준, 서비스 수준, 측정 방법
   2.5 고객만족도 지표

3. 원가 프로파일
   3.1 현 서비스 수준의 원가
   3.2 요구 수준 및 미래 요구 수준 하에서의 예상 원가
   3.3 미래 자본 지출 프로그램

4. 대차대조표
   4.1 자산(지적재산권 포함) - 유형, 연한(age), 양, 장소
   4.2 부채

5. 인력 프로파일
   5.1 조직 도표
   5.2 직무 기술서
   5.3 인력 및 Full Time Equivalents(FTE)
   5.4 임금(remuneration)
   5.5 발생(accrued) 및 임시(contingent) 부채

6. 거래 관계(계약, 면허, 리스 등)
   6.1 범위
   6.2 가치
   6.3 종료일
   6.4 양도(assignment) 및 종료 대안(options)

7. 주요 관련자 프로파일
   7.1 내부(사용자, 부서)
   7.2 외부(고객, 공급사, 미디어)

8. 거버넌스 프로파일
   8.1 관리 조직
   8.2 관리 체계(administration)
   8.3 통제
   8.4 보고
   8.5 시스템

그림 3.6 서비스 프로파일 개요

일단 목표서비스가 확인되면 대상 서비스에 대한 세부 사항을 이해하는 것이 필요하다. 이 활동의 목적은 아웃소싱 대상으로 선정된 서비스의 성격과 범위(extent)를 완전히 이해하는 것이다. 먼저 각 서비스에 대한 기준원가(baseline cost), 서비스 관련 인력, 사용자에 대한 프로파일 정보를 개괄적으로(at a high level) 수집하여야 한다. 이는 생략될 수 없는 매우 중요한 활동으로 이처럼 중요한 활동을 생략할 경우 아웃소싱 시행 이후 좋지 못한 결과를 초래하게 된다.

몇몇 아웃소싱 추진조직은 해당 서비스를 표준화된 서비스로 간주하여 시장에서 쉽게 서비스 공급사를 구할 수 있을 것으로 간주하는 경우가 있다. 그러나 공급사가 실제 서비스 범위와 업무 범위를 확인하고 아웃소싱 가격을 결정한 후에 추진 조직이 예상했던 것보다 가격이 높게 책정되는 경우가 비일비재 하다. 현재 추진조직이 제공하고 있는 서비스를 제공하기 위한 업무, 이를 위하여 소유하고 있는 설비, 책임에 대한 조사는 공급사에게 이를 이전하기 전에 내부에서 철저히 분석되고 조사되어야 한다. 그러므로 기준 기간(baseline period)에 제공되는 서비스가 무엇이며 이를 사용자에게 전달하기 위한 방법, 원가 및 표준, 이와 비교하기 위한 벤치마킹 데이터 활용 여부 및 방법에 대한 자세한 분석이 필요하다. 이는 고객사에게도 중요한 정보이며 공급사가 서비스를 제공할 경우에도 중요한 정보로 활용될 수 있다. 사실에 근거한(fact-based) 자료 조사는 매우 중요하며 이는 부정확한 정보에 근거하여 공급사와 협상하는 오류를 방지하게 해주며 계산에 근거한 결정을 할 수 있도록 해준다.

서비스 프로파일을 위한 구체적 목록은 그림 3.6에 제시되어 있으며 이를 활용하여 향후 필요 정보를 보충하고 공급사와의 협상 기반을 마련할 수 있다.

3.3 기준사례(base case) 준비

기준사례란 공급사의 입찰을 비교, 판단할 수 있는 근거를 마련하여 객관적 평가를 가능하게 하는 고객사 즉 추진조직의 현재 상황을 반영하는 사례이다. 이는 추진조직의 아웃소싱 기간 동안의 미래 전략을 반영한 NPV(Net Present Value)를 근거로 계산된 내부 원가를 말한다. 이는 아웃소싱이 전략적 이유에서 추진되는 경우보다는 금전적 가치(value for money)에 근거하여 추진될 경우에 매우 유용하며 아웃소싱 계약 기간 동안의 비용 절감이나 관련 효과를 근거로 한 의사결정 모델이다.

기준 사례는 이전에 확인된 서비스프로파일을 기반으로 이를 한 단계 발전시킨 의사결정 모델이다. 이는 미래의 예상치를 기초로 하여 현재 IT서비스 원가를 구체화한 모델이라 할 수 있다. 특히 이는 현재 정보기술 비용 계산에 포함되어있지 않은 숨겨진 비용(hidden costs)이나 분산 비용(dispersed costs)을 포함한 자세한 검토를 포함하게 된다. 대부분 내부 회계나 예산체계가 매우 특이한 경우가 흔해서 진정한 IT원가를 계산해 내는 것은 많은 노력을 요구한다. 이는 쉬운 작업은 아니나 작업의 효과는 매우 크다고 할 수 있다. 우리가 조사한 경우 정보기술 총 비용의 약 40% 정도가 정보기술 예산에 포함되어있지 않는 경우가 흔했다. 정확한 정보기술 비용을 산출하는 것은 마치 탐정의 수사 작업에 비유될 수 있다. 정확한 비용 분석을 위하여 현재 정보서비스 비용에 대한 가정을 확인해야 하며 특이 이 과정에서 숨겨진 원가나 분산 원가를 확인하는 데 많은 노력을 집중해야 한다.

아래 예를 든 비용들은 다양한 곳에 숨겨져 있는 경우가 많다.(이는 예시일 뿐이며 전체 목록은 아님):

- 설비관리에 숨겨진 데이터센타 원가
- 사업부서 예산에 숨겨진 데스크톱 및 주변기기 비용
- 인적자원 비용에 숨겨진 정보기술 교육비용
- 구매에 숨겨진 소모품 비용(토너, 디스켓, 용지)
- 현장지원인력 원가(현업 부서 비용에 포함된)

더욱이 정보기술 부서가 중앙 집중 형태일 경우에는 기업 전체 간접비를 비정상적으로 할당 받을 위험성을 지니게 된다. 예를 들어 기업의 마케팅비용이 정보기술 부서에 할당될 수도 있다. 공급사의 입찰가격과 내부 정보기술 부서의 비용을 단순히 비교할 경우의 오류를 방지하기 위하여 상세한 검토와 교정이 이루어져야 할 것이다.

기준사례를 도출하는 이유는 계약기간 동안 아웃소싱 범위에 포함된 서비스 비용과 양을 도출하여 아웃소싱 서비스를 시장에서 확보할 경우의 비용과 비교하기 위함이다. 표 3.3은 기준 비용을 도출하기 위하여 고려해야할 항목을 제시하고 있다. 아래 사례는 아웃소싱 추진 전에 비용항목을 검토할 때에 흔히 발견되는 상황을 보여준다.

표 3.3 기준비용(base cost) 예

	예	
	직접 원가	**간접 원가(overhead)**
인건비	• 기본급 • 오버타임 • 보너스 • 훈련비 • 수당(allowances) • 퇴직적립금(superannuation)	• 중복 비용(redundancy) • 여타 보상(other compensation liabilities)
IT 자산 (장비 및 소프트웨어)	• 리스 • 라이선스 • 유지보수	
시설 (accommodation)	• 렌트 • 사무기기(팩스, 복사기, 전화 등) • 사무집기	• 전기 수도 요금 • 보안 • 청소비
운영 (operations)	• 소모품 • 관리지원	• 부서 할당액(department allocations) • 보험료

사례: 정부 기관(agency)

한 중앙 정부기관은 아웃소싱 가능 분야를 선택하였다. 기준사례 작성을 위한 현장조사(due diligence)결과 아웃소싱 서비스를 수행하기 위한 인력(FTE) 규모와 서비스 목록을 작성하였다. 아웃소싱 범위에 헬프데스크도 포함되었다. 현장 조사 결과 대부분 사업조직이 중앙 헬프데스크 서비스에 불만을 가지고 있어서 자체 헬프데스크를 운영하고 있음을 발견하였다. 최종적으로 필요 인력을 추산한 결과 최초 추산 인력의 3배가 필요한 것으로 계산되었다.

3.4 실현가능성 및 영향 분석(feasibility and impact study)

실현가능성 및 영향 검토는 아웃소싱 대상 서비스가 조직에 미치는 영향과 위험성이 높을 경우에 수행된다. 이와 같은 검토는 아래와 같은 경우에 필요하다:

- 해당 조직이 전에 수행해보지 못한 대규모 IT아웃소싱 추진을 검토할 경우;
- 규모나 범위 차원에서 공급사가 해당 분야에 대한 경험이 부족하거나 해당 산업에 대한 이해가 부족하고 경험이 미천하여 그 결과를 검증하기 힘든 경우;
- 요구사항, 산출물, 기대 수준이 구체화되기 힘든 경우;
- 아웃소싱 대상 서비스가 수행 조직(고객사)의 사업 가치사슬과의 통합도가 매우 높은 경우;
- 활용하려는 기술이 검증되지 못하였거나 신기술을 활용하기 위하여 상당한 수정이 필요한 경우;
- 아웃소싱 이후에 상당수 인력이 이관되는 경우.

검토를 위하여 고려되거나 확인되어야 할 이슈는 다음과 같다:

- 아웃소싱 대상 범위(지리적, 기술적, 서비스 수준 등)를 다룰 수 있는 시장 및 공급사의 역량
- 미래 조직의 방향과 전략 – 조직구조 변화(합병, 인수, 분할 등), 정보기술 기반 전략(전자상거래, 인터넷 등), 고객관리 등
- 인적자원 및 종업원 관계 – 아웃소싱 대상 정보기술에 국한되지 않고 전체 인력에 대한 영향
- 조직 및 사업 프로세스와의 통합 – 특히 기술 및 작업자 측면에서 부서 간 접점(hand-off point)
- 기업 인프라(작업 현장, 설비, 자산) – 아웃소싱 이후 더 이상 불필요한 부분과 잔여 인프라에 대한 영향
- 기업 내 서비스 부분에 대한 영향 – 기업 내 서비스 부분(회계, 인적자원, 재산 등) 자원 조달 및 프로세스에 주는 의미
- 기업 계약 관련 – 다량구매 협의, 리스, 보험 등
- IT 계약 관련 – 기존 계약 개정, 포함 및 종료
- 전환(conversion) 및 이관(transition) 요구사항 – 기술(시스템 통합, 방화벽 등), 인적자원(중복 분야, 사업이슈 전달 등), 이동, 지식 및 노하우 이관.

4장 블록 4: 아웃소싱 목표 달성을 위한 미래 설계 (ensure the results: design the future)

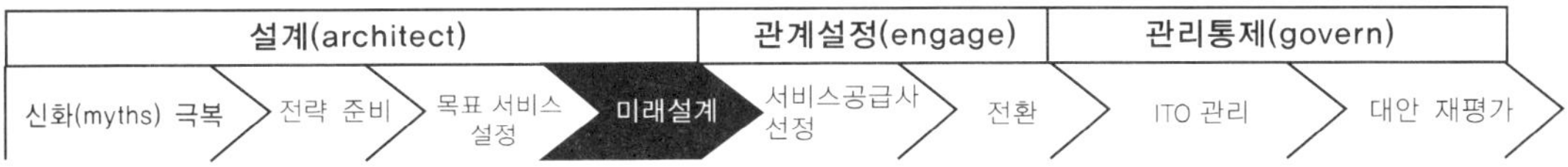

본 블록은 이전 블록에서 선정된 목표서비스를 사업적 차원에서 실현 가능한 프레임웍으로 전환하는 활동을 포함한다. 실현 가능한 프레임웍은 이전 단계에서 설정된 사항에 대한 세부적인 설계를 수행하여 향후 공급사 선정을 원만히 할 수 있는 활동을 지원한다. 이와 같은 활동과 이를 통하여 도출될 프레임웍이 없이 입찰에 임하게 된다면 결국 바람직한 아웃소싱 서비스나 제품을 선택하는 것이 어렵게 된다.

이 단계에 계약서 초안을 구체화하며 서비스수준 협약서를 확인하고 이를 문서화하게 된다. 문서화가 되지 않은 상태에서 입찰 시행은 고객사의 협상력을 떨어뜨리게 되며 궁극적으로 고객사의 가치 활동에 기여하는 아웃소싱 서비스를 구매할 수 없는 결과를 초래하게 된다. 이는 또한 공급사의 협상력을 높임으로 아웃소싱 효과를 반감시키게 된다.

이 블록은 다음과 같은 활동을 포함한다:

- 미래 협약에 대한 비전 정리(future arrangement vision);
- 계약서에 포함될 법적 책임, 권리, 상환 청구권(recourse)의 구체화;
- 서비스 내역의 구체화(specifications), 주요 성과 지표, 서비스수준 협약을 통한 예방 및 보상 체계, 보고 요구사항;
- 내부 보유 조직(retained organization) 및 계약 관리(contract management) 구체화.

이와 같은 내용이 구체화되지 못한 상태에서 아웃소싱을 추진한 조직의 경우 원래 추진 초기에 기대했던 사항과 실제 결과의 차이가 나타나고 이에 불만족을 제기하는 경우가 흔하다(특히 아웃소싱 추진 목적이 혁신적 기법 도입, 글로벌 전문성에 대한 접근성 향상, 최근 연구 개발 결과에 대한 접근 등인 경우 불만족이 많은 것으로 나타났다). **아웃소싱의 효과는 단지 아웃소싱을 추진함으로써 도출되는 것이 아니고 기대효과 도출을 위한 구체적 활동이 미리 디자인되어야 극대화 될 수 있다.**

아웃소싱을 추진하는 조직은 아웃소싱을 이상적 기대에 기반을 두어 수행하지 않도록 유의하여야 한다. 이상적 기대에 근거한 아웃소싱 추진이란 아웃소싱을 추진하기만하면 추진 자체가 기대 효과를 도출할 것이라는 생각에 근거한 추진이다. 또는 다른 조직이 추진한 것을 쉽게 모방할 수 있을 것이라는 생각에 근거한 추진을 말한다. 아웃소싱 추진 조직은 다른 조직과는 상이한 특성을 지니고 있으며 다른 조직이 성공적이도록 만든 요인을 모두 알 수도 없을 것이다(예를 들면, 성공적인 것으로 조사된 다른 아웃소싱 계약이 초기 고객을 유치하고 성공 사례를 도출하기 위해 공급사가 전략적으로 추진한 아웃소싱 거래이었을 수도 있음). 벤치마킹 사례는 대부분 대상 시장이 같지 않을 수 있으며, 조직 및 원가 구조가 다를 것이며, 설사 시장과 조직 및 원가 구조가 유사할 지라도 정보시스템 역사, 구조 및 아웃소싱 대상이 다를 수 있다.

그럼에도 불구하고, 아웃소싱 추진 시에 다양한 벤치마킹과 모방 전략이 채택된다. MIT 연구팀에 의하면 1985년부터 1990년까지 수행된 아웃소싱 계약 대부분이 코닥사(Kodak)의 아웃소싱 사례를 벤치마킹 하였으며 이를 촉진시켰음을 보여주고 있다. 코닥사 사례는 아웃소싱을 수행한 공급사가 분야별 전문 공급사 (IBM, DEC, Kodak 등)로 구성되었으며 계약 규모가 대규모(미화 5억불)라는 점에서 이전에 수행된 아웃소싱에 비하여 다른 기업들에게 눈에 띈 영향을 발휘하였다고 할 수 있다.

코닥 사례는 잠재적 아웃소싱 활용가능 기업에게 정당성을 부여하였으며 다른 기업의 모방을 촉발시켰다. 이는 코닥효과(Kodak effect)라는 용어를 탄생케 하였다. 그러나 코닥사가 아웃소싱을 통하여 원가절감을 이루었는지는 구체적으로 추산할 수 없다. 이 사례의 효과가 검증되지 않은 상태에서 여러 기업이 이를 추종하였으나 기대한 효과를 도출하였는지 또한 미지수이다. 코닥사가 아웃소싱을 결정하기 이전에 6 내지 9개월에 걸친 자체 조사를 수행하였고 아웃소싱 이후에는 아웃소싱을 성공적으로 추진하기 위하여 수년간에 걸친 리엔지니어링을 진행하였다고 한다. 그러나 이 역사적 의미를 지닌 아웃소싱 사례는 이후에 더 이상 논의되지 않았으며 몇몇 파트너와의 아웃소싱 추진은 그리 성공적이지 못한 것으로 알려지고 있다.

4.1 미래 협약 특성(attributes of future arrangement)의 비전화

협약 모델링(arrangement modelling)을 통하여 양사 관계, 거버넌스 관련 문서, 전체 아웃소싱 프레임워에 관한 미래 비전을 디자인하게 된다. 이와 같은 모델링 활동은 아웃소싱 시행 초기에 국한된 것이 아니라 아웃소싱 생명주기 전체에 걸쳐서 계속적인 구체화가 필요한 작업이며 새로운 정보와 요구 사항 변화에 따라 계속 보완되어야 한다.

비전을 구체화하기 위하여 고려해야할 디자인 구성 요인은 그림 4.1에 보는 바와 같다. 표 4.1은 각 요인을 세분화하여 디자인 프로세스로부터 도출되어야 하는 산출물과 이를 도출하기 위한 질문을 예시하고 있다. 표 4.2는 아웃소싱 베스트프렉티스로부터 도출된 주요 요인별 점검사항을 요약한 표이다. 각 수행 조직은 미래 협약 사항을 마련하기 위하여 향후 아웃소싱 공급사와의 합의를 통하여 도출하고자 하는 주요 항목 별 주요 점검사항을 제시하여야 한다. 이와 같은 활동이 실무자 차원에서는 약간 현실적이지 못한 활동으로 간주될 수도 있으나 실제 아웃소싱을 성공적으로 수행한 조직의 경우 이 단계를 통하여 계약상 점검항목을 도출하고 있다.

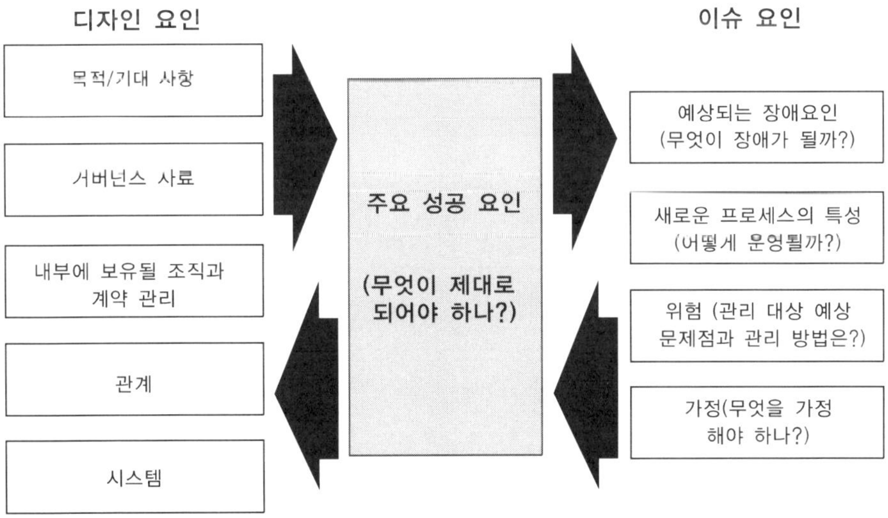

그림 4.1 미래 협약 디자인(arrangement design) 점검 도표

표 4.1 미래 협약서 작성을 위한 질문과 산출물 예

디자인 요소	질문 예	산출물 예
목표/ 기대 사항	조직이 아웃소싱을 통하여 성취하고자 하는 것은 무엇인가(기술력, 기술, 비용절감)?	• 아웃소싱 성공 측정치(measurements)
	수행조직은 비용한계치(cost threshold)를 확인하여 이를 외부 아웃소싱 공급사의 가격 결정의 근거로 활용할 수 있나(혹은 아웃소싱 추진을 거부할 근거를 가지고 있나?)	• 비용 한계치 (cost threshold)
거버넌스 관련 서류 (governing documents)	거래를 상호이해하기 위하여 활용될 주요 서류는 무엇인가?	• 개괄서: 계약서, SLA, 가격모델 • 주요 부속서류: 기준선(baselines), 보증서(guarantees) 등
	누가 이 서류를 작성하는 데 포함되어야할 것인가? 우리는 이를 작성하기 위한 기술력(skills)를 확보하고 있는가?	• 실무 작업반 확인
	얼마나 자주 관련 서류가 개정되어야하나?	
보유 조직(retained organization) 및 협약관리 (arrangement management)	기존 서비스를 아웃소싱 하거나 내부에 보유하게 된 합리적 근거는 무엇인가? 조직 내부에 보유될 분야는 무엇인가(서비스, 기술력, 인력 수)?	• 아웃소싱 기준 • 보유 조직의 구조 및 예산
	어떤 종류의 관계/계약 관리(기술력, 인원 수)를 기대하는가? 이들의 주요 활동은 무엇인가?	• 계약관리 조직의 구조 및 예산
관계 (relationship)	이상적인 관계의 비전은 무엇인가?	• 공유된 관계가치(value)
	얼마나 자주 또는 어떤 종류의 상호교류가 기대되는가? 어떠한 형태의 관리적 투자(형태, 예산)를 공급사에게 할 것인가?	• 파트너링 프로그램
	공급사에게 어떤 형태의 행동유형을 기대하는가? 이와 같은 행태를 어떻게 확인할 것인가? 공급사가 고객사 서비스 부분(account)을 어떻게 관리하기를 기대하나?	• 이상적 공급사 모델 • 잠재 공급사 목록 • 평가 기준 • 고객 추천관련 질문(customer reference questions)
시스템	공급사와 수행조직(고객사)사이의 통합 형태와 보안에 대한 요구사항은? 공급사가 활용하여야하는 시스템/하위시스템은(공급사 자체 소유 또는 고객사가 선호하는 시스템은?)?	• 통합 요구사항 • 보안 요구사항
주요성공요인 (무엇이 적절히 수행되어야 하나?)	아웃소싱 프로젝트에 반드시 관련되어야 하는 주요 관련자는?	• 주요 관련자 관리 계획
	마감일(deadline)이 철저히 지켜져야 하나?	• 이정표(milestones)
	어떤 기술력과 서비스를 공급사에게 기대하나? 무엇이 공급사가 필수적으로 제공해야 하는 역량이며 보유하기를 원하는(nice-to-have)역량인가?	• 필수 요구사항 (mandatory requirements)
장애(barriers) (무엇이 원활한 수행을 가로막는가?)	아웃소싱 시도를 방해하는 이슈는 무엇인가? 진행을 막을 의사결정은 무엇인가?	• 진행/포기 결정기준
위험 (관리되어야 할 위험은?)	활용자원에 대한 제약요인은(기술력, 자원 활용가능성 등)?	• 프로젝트 상황 계획 (contingency planning)
	고객이 원하는 것에 대하여 아직 확인되지 못한 사항은(베스트프렉티스, 가격, 기술 등)?	• 이슈 목록
가정 (가정은 무엇인가?)	계약기간동안 구조적 변화에 관하여 고객사가 예상하는 가정은(인수, 합병, 투자 철회, 재조직 등)? 신규 또는 변경된 시스템에 대하여 어떤 가정이 필요한가(용량, 운영 요원 등)?	• 계약 기간 동안 조직과 시스템 변화에 대한 가정 • 시나리오 계획

표 4.2 아웃소싱 베스트프랙티스 점검표

분야	점검 항목
관계 (공급사, 고객사)	• 상호 존경과 신뢰 • 상호 열성적 업무 수행의지 • 계속적인 개선 • 타사의 요구나 관심사항에 대한 선도적(proactive) 또는 반응적(reactive) • 정기적 또는 계속적인 관측과 평가 • 공개적 의사소통 • 관련 당사자와의 유연한 업무 처리 • 분명한 업무 프로토콜
공급사	• 공급사 선정 과정에서 한 약속 사항에 대한 이행 • 고객의 요구 사항을 선도적으로 확인하고 해결함 • 고객만족도 평가와 문제 해결 • 결과 보고에 있어서의 진실성 • 사업적 이슈를 해결할 수 있는 기회를 발견하기 위한 노력
고객사	• 공급사의 이익 확보 권리를 인정함 • 사업목표, 이슈, 운영방법에 대한 의사소통 • 서비스에 영향을 미치는 주요 이슈에 대하여 예고나 경고 • 신속한 지불(payment) • 정기적이며 효과적 계획 • 계획 과정에 공급사 참여 유도 • 고객사 자신의 의무 포기 지양
재무 관련	• 정기적으로 고객사의 지불 금액에 대한 가치와 경쟁력에 대하여 설명 • 고객사가 원가 구성요인을 평가하고 투명성을 유지 • 일반 기업의 추세 • 동일한 가격에 주요 성과지표가 향상되거나 동일한 성과지표를 성취하며 지불가격이 절감되고 있음을 제시
계약/서비스수준 협약	• 세밀한(air-tight)계약서(안전 확보), 성과에 기초한 SLA(성공에 대한 정의), 파트너에 기반을 둔 관계 확립 • 서비스를 부가하거나 제거할 수 있는 유연한 계약(chop and change) • 한 공급사에 한정하는 계약이 아니라 최고 또는 향상된 가치를 확보하기 위하여 계약 범위 밖의 서비스나 부가 서비스에 대하여 상이한 공급사 선정권 보장 • 정기적이며 의미 있는 보고 • 성과에 대한 균형성과적 접근(balanced scorecard) - 측정할 수 있는 모든 성과치 보다는 가시적으로 인지될 수 있는 수요 성과지표 중심 측정 • 핵심 분야에 대하여 고객 기대를 넘는 경우 인센티브와 기대 이하일 경우 소구권(recourse) • 결과나 산출물에 근거한 기대수준 설정(가능한 경우에만 규범적(prescriptive) 기대 설정) • 공정성을 목표 -파트너로서의 분위기를 유지하고 너무 적대적 분위기 지양
기술 분야	• 플랫폼, 하드웨어, 소프트웨어의 유연성 확보 • 신뢰성과 예측 가능한 서비스 • 하드웨어/소프트웨어의 당해 산업의 추세 적용(현재 수준) 또는 바로 이전 수준 • 수요와 공급의 일치(용량과 요구의 불일치 최소화) • 적당한 기술 (skills set) • 가치 부가적 서비스 제공, 글로벌 지식과 자원에 대한 접근성 확보

4.2 서비스수준협약(service level agreement)과 주요 성과지표 개발

성공적 서비스에 대한 정의라 할 수 있는 서비스 수준 협약은 고객사의 서비스에 대한 기대 수준을 정의하며 주요 성과기준을 설정한다. 서비스 수준협약서는 서비스 공급사와 고객사의 서비스에 대한 확약이라 할 수 있다. 공급사는 각 서비스를 협약된 성과수준에 맞추어 제공하게 되며 고객사는 정의된 서비스 수준 내에서 해당 서비스를 활용하게 된다. 이를 통하여 계약 당사자는 서비스 수준을 개별적 감정이 개제되지 않은 상태에서 검토하게 되며 객관적 성과 검토가 가능하게 된다.

서비스 협약서(service level agreement)를 작성함으로써 서비스 계약 준수 여부를 객관적으로 확인하기 위한 적절한 성과측정치를 규정하게 된다. 아웃소싱 활용 자체가 향상된 서비스를 제공하지는 못하며 아웃소싱 서비스에 대한 정의와 측정치에 대한 협약이 구체화되고 이에 근거한 실행이 향상된 서비스를 제공할 수 있다. 관리 도구로써 SLA는 내부 IT 서비스 제공부서에서도 활용될 수 있다. 그러나 보통 내부 제공부서에게 SLA를 요청하지 않는 것이 보통이며 이를 구체화하여 요구할 수 있다는 점이 아웃소싱 공급사가 가질 수 있는 상대적 경쟁우위라 할 수 있다. 내부에서 SLA를 작성하여 이를 근거로 서비스 성과를 관리하는 것은 그 의도와는 다르게 한 CIO가 표현을 빌자면 "마치 소꿉놀이와 같다"라 표현될 수 있다. 내부부서끼리 이를 구체화하여 협약의 형태로 작성하여 서로를 관리하기가 그만큼 어려우며 설사 이를 시행하더라도 유명무실하게 되기 쉽다.

그림 4.2에서 제시된 바와 같이 저자들이 오스트레일리아에서 수행한 연구에 의하면 60% 이상의 조직이 내부 SLA를 보유하지 않고 있는 것으로 조사되었으며 외부 서비스 공급사로부터 서비스를 공급받을 경우 11% 만이 SLA를 보유하지 않고 있음을 알 수 있었다. 내부 서비스 공급의 경우 서비스 측정의 어려움이 존재하고 이를 시도하는 것이 쉽지 않음을 알 수 있다. 한 연구에 의하면(Cullen et al., 2001) SLA는 IT서비스를 관리하기 위하여 활용되는 통제문서(governance documents) 중에서도 가장 활용하기 어려운 형태임을 보여주고 있다. 왜냐하면 SLA는 서비스 수준을 결정하고, 미래의 요구 사항을 예측해야하고, 서비스 요구사항의 변동을 반영하여야 하기 때문이다. 아웃소싱 계약에 따라 이를 정확히 유지해야하는 상황에서조차도 29%의 조직이 서비스 수준을 정의하는 데 어려운 문제를 경험하고 있는 것으로 조사되었다(Lacity and Willcocks, 2001). 단지 14%의 조직만이 별 어려움이 없다고 응답하고 있다.

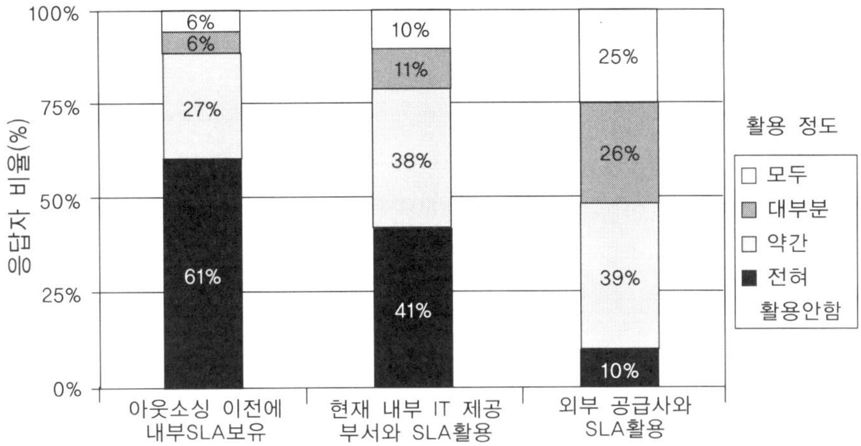

자료원: Cullen et al. (2001); 응답자 수 각각 227, 188, 199명

그림 4.2 SLA 활용 – 내부 부서 및 외부 계약 시

SLA는 일종의 계약 부속명세서(schedule)이고 법적 서류라 할 수 있다. 그러나 서비스 제공과 활용을 극대화하기 위해서 이는 법적인 용어보다는 서비스 용어로 작성되어 계약 당사자 사이의 이해와 활용성을 높일 필요가 있다. 계약서와 SLA 작성의 주요 포인트는 아래와 같다:

계약서(contract)는:

- 법적으로 작성되어야 한다:
  - 의무(obligations), 권리(rights), 책임(responsibility)
  - 보증(guarantee), 의무(liabilities), 청구권(recourse)
  - 계약 갱신과 종료 시 선택 대안(renewal and termination options)
- 완벽을 기하여야 하고 제한된 상황에서만(분명치 않은 상황) 활용됨
- 예상되는 문제점을 고려하여 작성되어야 함.

SLA(계약 부속명세서)는:

- 서비스를 상세히 기술하고
  - 요구사항 및 기대수준
  - 정의, KPI(Key Performance Index), 측정치

– 관계(relationships)

- 활용가능성을 염두에 두어야 하며 변화 반영 필요
- 성공을 위하여 작성되어야함

그림 4.3은 SLA체계를 제시하고 있으며 다음에서 SLA 범위와 서비스에 대한 정의, 성과 측정 분야, 보고 및 관리에 대하여 설명하고 있다.

1. 배경 및 SLA 목적
   1.1 배경
   1.2 목적
   1.3 고객 및 주요 관련자
   1.4 SLA 형식

2. 서비스 범위
   2.1 범위/책임 매트릭스
   2.2 서비스 상호의존 체계(interdependence) 및 책임
   2.3 잠재적 변형(선택적)
   2.4 가치부가 기회/ 서비스(선택적)

3. 서비스 상세 기술 – 서비스 별 기술
   3.1 개괄/기술/요구사항
   3.2 기본 요구사항
   3.3 목적/주요 성공요인

4. 성과측정 양식(regime)
   4.1 주요 성과지표(key performance indicator)
   4.2 서비스 요금 조정(보너스, 소구권(recourse))
   4.3 서비스 중단 및 확장 협의 요구권리 (선택적)

5. 보고
   5.1 성과 보고서
   5.2 운영보고서(사용량, 용량, 사용법 등)
   5.3 진행/상황 보고서(프로젝트, 변화, 개선 등)
   5.4 사고/예외 보고서

6. 관리체계(governance)
   6.1 구조
   6.2 역할 및 책임
   6.3 회의 및 검토
   6.4 평가, 검토 및 감사
   6.5 의사소통 체계
   6.6 관리 절차(문제 제기 단계적 절차, 변경 등)

7. 주요 용어 해설

부록

그림 4.3 SLA 개요 예

4.2.1 범위 내 및 밖(in and out of scope) 서비스에 대한 정의

2장에서 설명된 바와 같이 일단 목표서비스가 선정되면 선정된 서비스에 대한 분할(disaggregation)을 통하여 아웃소싱 대상 서비스(즉, 범위 내)와 내부에서 수행할 서비스(범위 외)로 구분하여야 한다. 이와 같이 범위 내 및 외 서비스의 총체적 분석을 통하여 서비스 전달을 위한 업무 프로세스가 결정된다. 표 4.3는 누가 무엇을 수행할지를 기술한 것이다.

각 서비스에 대한 책임이 명확히 할당되어 명확한 역할 분담이 이루어져야 하며 공동서비스 수행과 같은 역할 분담은 바람직하지 못하다. 공동 책임의 경우 상호 전가의 위험성이 증가하게 된다. 따라서 공동으로 서비스 제공을 책임져야 할 경우 주 책임자와 부 책임자를 명확히 하여 책임의 소재를 분명히 하여야 한다. 이는 중요한 문제가 아닌 것으로 취급되기도 하나 서비스 역할에 대한 분담이 아웃소싱의 출발점이라는 점을 잊어서는 안 된다. 초기에 책임 소재가 불명확한 경우 대부분의 경우 서비스 성과에 대한 상호 전가 문제가 오래 지속되는 경우가 흔하다.

표 4.3 범위 표(scope table) 예

서비스	SLA 참조번호	설명	범위 내	범위 밖
1. 전략적 서비스	#.#	• IT 비즈니스 부문 관리		X
		• IT전략		X
		• IT 표준 개발		X
2. 메인프레임 서비스 그룹	#.#	• 지정된 메인프레임에 대한 서비스 제공, 지원, 유지보수	X	
3. 재난복구계획 서비스 그룹	#.#	• 메인프레임 및 유닉스 서버에 대한 재난복구	X	
		• NT서버 및 LotusNotes서버 재난복구		X

4.2.2 범위 내(in-scope) 서비스 정의

일단 범위 내 서비스가 확인되면 공급사가 제공하기를 바라는 서비스에 대한 정의를 규정하는 작업이 시작된다. 고객 서비스 불만족의 가장 큰 요인은 공급사가 고객사 서비스 정의를 잘못 이해한 경우이다. 이러한 경우가 자주 발생하게 되는 원인은 서비스 정의를 대부분 내부 서비스 제공부서가 담당 수행하게 되는 데 이들은 대개 서비스 정의를 자세히 기술하지 않는 경향이 있기 때문이다. 내부조직의 경우 기존 서비스 전달 경험으로 인하여 많은 가정을 생략하여 기술하게 되어 사업적으로 서비스를 제공하여야 하는 공급사 차원에서 제공하여야 할 서비스의 정의를 상세히 기술하지 못하는 경우가 흔하다. 공급사 차원에서의 잘못된 해석은 대부분 의도적인 경우가 아니며 가격을 올리기 위한 의도적 시도라고 보기는 힘든 경우가 대부분이다.

이러한 이유 때문에 고객사는 아주 분명한 용어를 활용하여 양사가 공히 이해할 수 있는 서비스 정의를 작성하는 것이 매우 중요하다. 예를 들자면, 업무 시간에 대한 정의는 양사가 다른 정의를 사용할 수 있기 때문에 이를 규정하는 것이 쉽지만은 않다. 이해할 수 없이 서비스가 정의될 경우 범위 밖 서비스 요금을 부가하게 될 확률이 높게 된다. 계약 당사자 이외의 제3자가 독립적인 해석이 가능할 정도의 명확한 정의가 도출되어야 한다.

서비스 정의서는 운영절차 매뉴얼이 아니기 때문에 이를 수행하기 위한 업무 수행 방법에 대하여는 기술할 필요가 없다. 물론 프로세스를 정확히 기술할 필요가 있을 경우는 있을 수 있다. 서비스 정의가 매우 완벽하여야 하거나 광범위할 경우 또는 범위 밖 서비스 요금 부과 가능성이 있을 경우를 제외하고는 업무 수행 방법에 대한 기술은 피하는 것이 좋다. 매우 구체적으로 정확히 기술하는 것은 완벽한 정보를 보유할 수 있는 경우는 좋으나 그렇지 못할 경우는 좋은 대안이 아닐 수 있다. 그림 4.4는 콜 목록 기록(call logging) 서비스 정의(기술)의 예를 보여주고 있다.

계약사는 사건(incidents)을 목록화 해주는 시스템을 제공한다. 계약사는 고객에 대한 공급사 해당 요원의 전화 응답과 이에 대한 목록을 보유한다. 콜 목록의 범위는 아래 내용을 포함하나 이에 한정하지는 않는다.

1. 향후 참조가 가능한 중앙 데이터베이스에 사건(incidents)을 기록한다.

2. 아래 정보를 기록한다.
   - 유일한(unique) 발생사건 번호(incident number)
   - 사용자 이름
   - 사용자 유형(category), 부서, 위치
   - 발생사건 유형
   - 발생사건 내용
   - 사건 해결에 투입된 지역 및 담당자
   - 지금까지 해결을 위해 수행된 조치
   - 사건 상황(해결 중, 해결됨, 종결)
   - 사건 발생 일시: 보고 일시, 해결 일시, 종결 일시
   - 고객의 동의를 얻은 상세내용

3. 헬프데스크 매뉴얼 표에 사건의 우선순위를 부여한다. 우선순위는 고객사와 계약사 사이에 문제기록 시에 합의된다.

4. 전화 방문자에게 아래 사항을 통보한다.
   - 유일한 사건 번호
   - 사건 우선순위
   - 다음 절차
   - 다음 조치나 해결과 관련된 사항

5. 다른 사용자에게 현 사건이 영향을 미치는 경우 이를 알린다 - 관련 이슈와 해결에 걸리는 시간과 관련 사항 의사소통

6. 구체적으로 명시된 해결 시간 내에 해결되지 못한 사건에 대하여 고객사 CIO에게 통보

그림 4.4 콜목록 기록(call logging)서비스 정의 예

4.2.3 주요 성과 지표(key performance indicators)

KPI는 공급사의 서비스 제공 행위를 평가하고 이를 촉진시키기 위하여 고안된 것이다. 그러므로 KPI는 고객사가 알기를 원하는 지표보다는 공급사의 서비스 제공 활동을 반영하도록 디자인되는 것이 무엇보다 중요하다. 더 나아가서 아웃소싱과 관련된 주요 관련자 차원에서 서비스를 측정하는 측정치로 구성되어야 한다. 대부분의 기관들이 성과측정치를 단지 정보수집의 용이성에 근거하여 선택하는 경향이 있다. 이 경우에 고객사의 기대 사항과는 거리가 먼 측정치일 수도 있으며 주요 관련자의 기대사항을 반영하지 못할 수도 있다.

사례: 텔레커뮤니케이션 조직

한 텔레커뮤니케이션 기업이 처음으로 아웃소싱을 추진하고 있으나 내부 정보시스템 관련 KPI를 구비하지 못하고 있다. 이를 해결하기 위하여 사용자와 내부 정보통신 요원으로 구성된 실무 작업반이 구성되어 외부 공급사를 위한 KPI를 결정하고 있었다. 몇 개월의 작업결과 70개의 KPI가 결정되었다. 이렇게 많은 성과측정치가 채택된 이유는 아웃소싱에 대한 내부의 불안과 관리통제의 어려움을 해결하기 위한 조치의 일환이었다.

도출된 70개 KPI 별로 벌금점수(penality points)가 부여되었고 이를 근거로 관리 우선순위가 결정되었다. 이와 관련된 측정 및 보고시스템을 정착시키기 위하여 상당한 노력이 경주되었으나 아직도 관련 조직은 본 아웃소싱 계약이 성공적이었느냐를 KPI에 근거하여 판단하기 어려운 상황이다.

이는 적절치 못한 측정치를 선택하여 구성했기 때문이라 할 수 있다. 공급사는 이 성과치에 따라 아웃소싱 결과를 평가하면 아웃소싱 계약이 훌륭히 수행될 수 있다고 생각하나 고객사는 이에 대하여 불만족하고 있을 뿐 아니라 공급사를 경멸하기까지 하게 되었다.

이와 같은 경우에 고객만족도조사는 고객이 인지하는 좋은 서비스를 측정함으로써 KPI프레임웍에 포함되는 것이 좋다. 고객만족도 조사결과 고객의 반응이 그다지 좋지 못한데도 KPI는 좋은 결과를 보일 경우에는 KPI가 적절히 선정되지 못하여 적절한 분야를 측정하고 있지 못함을 의미할 수 있다. 이와 같은 결과를 야기할 수 있는 또 다른 요인은 고객에게 아웃소싱 계약 관련 사항에 대한 교육이 적절히 제공되지 못하여 계약된 서비스 수준 이상의 기대를 가지고 있기 때문일 수도 있다.

이와 같은 경우 책임은 궁극적으로 고객사에 있다고 할 수 있다. 자신이 원하는 사항에 대하여 분명히 정의할 책임이 고객사에 있기 때문이다. KPI를 설정하는 프로세스는 그러므로 주요 관련 고객의 요구 사항을 먼저 결정하는 활동부터 시작되어야 한다. 그림 4.5는 이 프로세스를 보여주고 있다.

질문	절차
주요관련자는 누구인가?	해당 서비스와 관련된 주요 관련자를 확인한다.
무엇을 중요시하나?	각 주요관련자에게 중요한 분야를 확인한다. • 문제해결의 정확성 • 사용가능성(availability) • 응답률(response rate) • 서비스 품질 • 해결 시간
원하는 것의 성취 여부 어떻게 알게 되나?	주요 관련자들이 원하는 측정치를 확인한다. • 문제해결의 정확성: 추가적 지원을 필요로 하는 문제의 비율(%) • 사용가능성: % 가동시간(uptime)/%다운타임 • 응답률: 요구/이슈 해결시간(turnaround time) • 서비스 품질: 서비스에 만족한 고객 비율 • 해결 시간: 문제해결에 걸린 평균시간

그림 4.5 : 주요 관련자가 중요하게 여기는 KPI 결정 절차

일단 주요관련자가 중요하게 여기는 서비스를 결정하고 나면 그들의 기대가 무엇에 의해 전달되고 만족되는지에 대하여 결정하여야 한다:

1. 아래와 같은 요건을 만족시키는 KPI를 구체적으로 명시한다:
   - 적절성(relevant) – 공급사의 통제 범위와 적합성이 있으며;
   - 쉽게 활용할 수 있는(available) – 체계적으로 수집된 데이터로부터 수집할 수 있으며;
   - 신뢰성 있는(reliable) – 차후에도 같은 절차를 통하여 측정될 수 있으며;
   - 단순하며 이해 가능한(simple and understandable) – 주요 관련자에게 쉽게 이해가 가능하며;

2. 아래를 포함하는 측정시스템을 디자인:
   - 원천 데이터 – 객관적이고 감사가 가능한 KPI정보의 원천이 확인되고;
   - 보고서 – 정보가 어떻게 표현되고 통합되는지가 구체화되고;

3. 재무 인센티브 시스템 디자인:
   - 환불/할인(rebate) – KPI에 미달하는 성과의 경우는 재무적 환불이나 계약 파기;
   - 보너스 – 구체적인 목표 KPI를 뛰어넘는 성과에 대하여 보너스를 지불하는;

표 4.4는 성과측정시스템을 개발하는 8단계를 구체적으로 설명하고 있다. 표 4.5는 현장 지원서비스에 대한 KPI 예를 보여주고 있다. 이렇게 개발된 KPI시스템은 곧바로 활용되기보다는 일정기간 동안 현장에서 검증되어야 한다. 각 KPI에 대한 현재 성과를 측정함으로써 기준선(baseline)을 설정할 수 있다. 이를 활용하여 KPI의 기준선을 제시하고 공급사를 평가할 수 있으며 유사시에 KPI를 측정하기 위한 다른 방안을 발견할 수 있다. 아래 사례는 적절한 사전 테스트의 중요성을 알려주는 사례이다.

사례: 정부 기관

헬프데스크 아웃소싱은 문제 해결 시간을 획기적으로 줄일 수 있었으며 결과적으로 이는 여타 정보서비스 아웃소싱을 촉발시키는 계기가 되었다. 그러나 이와 같은 아웃소싱이 실제 성과의 증가를 의미하지 않았다. 헬프데스크 운영자는 문제가 해결될 때까지 관련 전화 내용을 기록하지 않았고 문제해결 후에 문제해결 서비스 성과 치에 맞추어 해결 성과를 기록하는 비정상적인 성과보고를 하게 되었다.

이는 아래와 같은 두 가지 요인에 의하여 발생되었다: 먼저 비용을 절약하기 위하여 자동화된 시스템이 설치되지 못하여 전화문의를 목록화하는 것이 운영자의 전적인 책임 하에 수기식 기록에 의해 진행되었다. 두 번째 요인은 공급사는 전화문의에 대한 문제해결시간에 근거하여 인센티브를 주었다. 이는 결국 문의 전화 입력 시간을 늦춤으로서 문제 해결 시간을 줄인 것처럼 성과를 왜곡하게 함으로써 성과관리의 정확성을 떨어뜨렸다.

이와 같은 내용은 계약이 체결된 이후 일 년이나 지나서 한 감사요원에 의해 발견되었다. 헬프데스크 요원들은 전화문의 사항을 컴퓨터에 입력하기보다는 수기로 기록을 보관하고 이를 문제해결 이후에 해결 시간에 맞추어 문의시간을 조작함으로써 성과를 조작할 수 있었다. 이와 같은 절차는 베스트프렉티스와는 거리가 먼 업무처리였던 것이다.

표 4.4 KPI개발 절차

단계	행동
1. 범위 파라미터(parameters) 결정	a) 범위 내 서비스 확인 b) 공급사의 통제 범위(span) 정의 c) 공급사의 통제범위가 서비스 제공 프로세스의 처음부터 끝까지를 담당하지 않을 경우 프로세스 중단점(break)을 정의한다.
2. 각 서비스에 대하여 주요 관련자 정의	a) 각 서비스에 대하여 누가 관련되어 있는지를 확인한다. b) 각 관련자가 무엇을 원하는지, 공급사가 무엇을 제공해야한다고 생각하는지를 확인한다.
3. 주요 성공요인 확인	a) 각 SLA 별 서비스 품질을 결정하는 주요 요인을 결정한다. b) 각 SLA 별 주요 관련자로부터 최소한의 희망수준과 서비스 실패 수준을 결정한다. c) SLA 주요관련자에게 무엇이 기대를 뛰어넘는 만족을 결정하는지를 확인한다.
4. 각 주요관련자에게 적합한 성과측정치 생성. 이 측정치는 다음과 같은 특성을 보유해야 한다.	a) 언제나 활용가능(available)(원천 데이터가 비용 효과적 방법으로 획득 가능함) b) 단순하고 이해 가능함(해석의 불명확성 최소화) c) 적합함(주요성공요인과 관련됨) d) 신뢰성 있는(오차 및 측정을 방해하는 공급사의 통제 불가능한 변수 최소화) e) 완전함(합하여 100%) f) 실행가능(성과 상승을 위한 행위가 확인 가능)
5. 한계치(thresholds) 결정	a) 최소한의 성과 치를 설정 b) 목표 성과 치를 설정 c) 목표 미달성에 대한 영향, 행동/권리 결정
6. 측정 및 보고시스템 디자인	a) 추세와 분야별 성과보고서 프로토타입 구축 b) 성과 데이터를 어떻게 어디에서 추출할 것인가를 확인
7. 성과시스템 현장 확인(walkthrough)	a) 현재 측정치(기준선) 확보 b) 기대되는 행태 예측 c) 기대되지 않는 행태 예측
8. 수행시스템 구축	a) 책임소재 할당 b) 성과 검토 프로그램 디자인 c) 결과 의사소통 계획 개발 d) 피드백 디자인/계속적인 개선 절차 디자인

표 4.5 KPI 예(부분)

서비스 분야	KPI	서비스 수준
현장 지원 서비스	현장 지원 접점의 활용도(availability) - 주요서비스	주요 요구 100%에 대하여 30분 이내의 지원 서비스 활용 가능
	현장 지원 접점의 활용도 - 여타 서비스	• 서비스 요구의 80%에 대하여 1시간 이내의 서비스 지원 • 나머지 20%에 대하여 4시간 이내의 지원 서비스
	설비 배치 이전	• 48시간 이내에 95% 이상 • 72시간 이내에 100%
	SOE 설비 설치	• 48시간 이내 95% 이상 • 72시간 이내 100%

주요 관련자들이 그들이 인지하는 가치를 분명히 기술하기 위하여 균형점수카드 접근법을 고려해 볼 수 있다. 이는 그림 4.6에서 제시된 바와 같이 일련의 KPI를 활용하여 광범위한 성공측정치로 구성된다. 서비스 품질(대부분 SLA 항목)이 주요 구성요소이나 이와 더불어 다양한 차원을 구성하는 KPI로 구성될 수 있다. 표 4.6은 구체적인 예를 제시하고 있다(상세한 정보는 Willcocks and Greaser(2001)의 Delivering IT and E-Business Value 참조).

서비스(service)	관계(relationship)
• 품질 • 일관성(지역, 고객)	• 가치 • 응답(responsiveness) • 선도적 처리(proactivity)
가격(price)	**전략(strategy)**
• 기준선(baseline)에 대한 과거 이력 • 경쟁력(competitiveness) • 투명성(transparency) • TCO(총 소유비용)	• 목표 달성도 • 혁신성 • 사업에 대한 공헌 • 사회 공헌

그림 4.6 균형 점수카드

표 4.6 균형점수카드 측정치

분야	설명	측정치 예
서비스	서비스 품질로써 KPI는 서비스 전달의 성공 여부를 표시하는 최소한의 측정치	• 정확도 – 데이터 입력, 보고서 • 활용가능성 – 운영시간/다운 시간, 포기율(abandon rate) • 완벽성(completeness) – 데이터, 업무, 보고서 • 효율성 – 처리율, 양 • 응답률 – 서비스 시도(initiation), 처리소요시간 (turnaround time), 해결률(resolution rate) • 적시성(timeliness) – 마감시간
가격	가격/원가 KPI는 지불 가격에 대한 가치를 표현	• 기준선 대비 과거 추세 – 원가 절감 추세, 원가 대비 서비스 개선 추이 • 경쟁력 – 현 시장 가격대비 • 투명성(수요 단위 또는 투입단위 별 원가) – 원가 요인 별 • TCO – 전체 IT 원가에 대한 공헌
관계	관계의 건전성을 측정하는 것으로 서비스나 가격 이슈에 대한 선행 지표	• 서비스 – 불필요한 의뢰, 획득한 보너스, 시장 표준에 비교한 최상위 서비스, 만족한 고객 • 재무 – 재무 목표 성취 • 의사소통 – 자주적, 개방적, 진실한 의사소통 • 필요 만족 행태 – 다른 파트너에 대한 선도적 또는 반응적 • 창의적 해결책 – 우수한 해결책을 탐색 • 이해의 충돌(conflict) – 문제해결에 집중하여 초기에 갈등 해결 • 공정성 – 당사자에게 공정 • 시간 – 시간과 관리에 집중 • 외부 관계 – 양사는 계약 이외의 민감한 사안에 대한 토의 지양 • 산업모델 – 동 산업에서 모델을 제시함 • 즐거움 – 즐거운 관계와 상호 존중 • 기술적 리더십 – 기술 선도력 유지함
전략	합의서를 뛰어넘는 상위 측정치	• ITO 목적을 성취 – 통계적, 인식 차원 • 사업에 공헌 – 서비스 제공에 대한 비용지불관계 이상의 목적을 성취하고 이 관계를 통하여 시장에 새로운 서비스나 제품을 제공하거나 공동의 연구개발 활동을 시도하거나 지식의 이전을 시도함 • 시회 공헌 – 산업 개발, 연구, 환경정화 등

4.2.4 할인/보너스(rebate/bonus) 체계

벌금(penalty)과 보상(reward) 체계는 공급사로 하여금 고객의 기대를 뛰어넘는 서비스를 제공하도록 유도할 수 있다. 물론 서비스에 대한 가격은 제공된 서비스 품질에 따라서 조정되어야 하며[1] 최근에는 벌금(penalty)대신에 할인(rebate)라는 용어가 사용되는 추세이다(Cullen et al., 2001). 공급사들은 계약서에 인센티브 조항을 삽입하려는 적극적인 움직임이 있다.

KPI는 최소한의 기준이 되는 표준으로 서비스 실패 시에 활용할 수 있는 소구권으로 활용된다. 모든 KPI가 벌금 조항을 필요로 하지는 않으며 KPI의 중요도에 따라 벌금 조항 유무가 결정될 수 있다. 많은 조직들이 PI(performance indicator)과 구별될 수 있는 KPI를 구성하고 오직 KPI에 대해서만 벌금 및 인센티브 조항을 첨부하고 있다. 또한 필요 시에는 주요 관련자(stakeholder)에게 중요한 측정치를 설정하거나 이차적(second-tier)측정치를 활용하는 경우도 있다. 매우 어려운 KPI를 달성한 경우에는 보상(reward)을 주거나 계약 연장을 줌으로써 달성에 대한 인센티브를 부여할 수도 있다.

보상과 더불어 향상된 서비스 수준은 사업적 효과 창출로 이어져야 한다. 그러나 사업적 효과를 측정하기 위해서는 공급사의 서비스 제공행위와의 직접적 관련성을 파악하여야 한다. 실무적으로는 보상(reward) 항목은 목표 KPI 자체가 고객사의 가치에 공헌하는 소수의 서비스에 대하여 설정되고 공급사가 KPI 하한치를 달성하였을 경우에 적용된다. 예로는 헬프데스크 전화문의 감소, 응용시스템 변화 요구에 대한 작업 미처리 분(backlog) 감소, 데스크탑 설치 시간 감소, 고객만족도 향상 등이다.

벌금(penality) 조항의 궁극적인 목적은 벌금을 부과하는 것이 일차적 목표가 되어서는 안 되며 공급사의 행태를 변화시켜서 최소한의 서비스 기대수준을 확보하자는 데 있다. 기존 벌금 조항을 보완하여 향후 성과가 우수할 경우 기존 발생된 벌금을 돌려주는(claw back)형태의 벌금 조항을 활용할 수도 있다. 보상(reward) 조항도 마찬가지로 공급사 목표 달성을 유도하기 위한 것이다. 때로는 이 항목과 관련하여 비정상적인 행태가 발생하기도 한다.

---

[1] 여기서 벌금(penality)은 불충분한 서비스에 대한 재무적 보상을 의미한다. 이는 법률 용어로서 법정에서는 전혀 다른 의미로 사용되기 때문에 이 용어 대신에 할인(rebate)을 사용한다.

사례: 지역 은행

정보기술 아웃소싱 서비스 관리는 소규모 지역은행의 재무부서에 위임되었다. 아웃소싱 된 이후에 아웃소싱 서비스는 서비스 이슈라기보다는 구매의 이슈로 간주되었다. 재무부서는 정보기술에 대한 경험은 없으나 구매 관계로부터 가치를 뽑아내는 방법은 알고 있었다. 따라서 페널티를 고려한 예산을 책정하고 이를 활용하여 정보기술 비용을 절감함으로써 빈틈없는 재무관리 능력을 보여주려 하였다. 페널티를 발생시키는 서비스 이슈를 해결하는 프로세스를 개발하고자 하는 노력을 하지 않았다.

사실 계약관리자는 그의 임금에 해당하는 페널티를 부과하려는 개인적 목표를 설정하였다. 시간이 흐름에 따라서 이 은행은 아웃소싱 서비스가 서비스 품질을 통제하지 못한다고 판단하여 정보기술 서비스를 다시 내부로 전환하였다.

계약에 대하여 계약 당사자 간의 형평성을 중시하는 고객의 경우 자신들 책임에 대한 페널티 조항도 포함시킨다(예를 들면, 늦은 승인 즉 고객사의 잘못으로 인한 페널티). 정보기술 아웃소싱 서비스 성공이 고객사와 공급사의 파트너십에 의하여 달성될 경우는 적극 고려해볼만 하다.

인센티브와 페널티는 다양한 방법으로 적용된다. 표 4.7은 페널티와 인센티브 지급에 관한 세 가지 접근법을 보여준다. 표 4.8은 퍼센트 기준 할인(rebate)접근법의 예이다. 여기에서는 월별 KPI 달성을 충족하지 못할 경우 위험(at-risk)고정액 대비 퍼센트에 해당하는 할인을 받게 된다.

몇몇 기관은 연속하여 표준 이하의 KPI를 달성할 경우 페널티 체계를 상승시키는 접근법을 활용하기도 한다. 이에 관한 예는 표 4.9에서 제시되고 있다.

표 4.7 KPI 보너스/할인 접근법

접근법	설명
고정액(fixed amount)	공급사가 각 서비스 수준을 충족시키지 못한 경우(목표 달성의 경우) 일정액의 벌금(보상)을 부과한다. 이 경우 서비스 수준별로 상이한 벌금이나 보상체계가 설정될 수 있다. 설정 기준은 각 서비스 수준이 사업에 미치는 영향에 따라서 결정될 수 있다
퍼센트(percent)	위험(at-risk)금액 비율만큼 벌금/보상 체계가 결정된다. 이 경우 상이한 서비스 수준에 따라 상이한 금액(사업에 대한 영향 정도에 따른)의 퍼센트가 벌금/보상으로 책정된다.
포인트(points)	공급사는 수행성과에 따라서 점수 즉 포인트를 부여 받게 된다. 이 경우 서비스수준을 달성할 경우 양(positive)의 포인트를, 미달할 경우 음(negative)의 포인트를 받게 된다. 상이한 서비스는 상이한 포인트를 부여받게 되며 포인트 책정은 각 서비스가 사업에 미치는 영향에 따라서 설정된다.
전체 서비스를 평가하는 일자에 각 접근법에 따라 계산된 점수를 계산하게 된다. 이를 위하여 KPI체계가 확립되어있고 서비스간의 상호관계가 설정되어있으면 매우 유용한 결과를 도출할 수 있다.	

각각의 접근법에 의하여 계산된 벌금/보상은 기간별로 정산 과정을 거치게 된다. 지불시기는 아래와 같은 두 가지 유형으로 구분될 수 있다:

1. 대차대조표(balance sheet)접근법 – 공급사 서비스가 양호한 기간과 그렇지 못한 기간의 벌금과 보상이 통합적으로 고려되어야 할 경우에 적합한 접근법이다. 이는 3개월 내지 6개월 마다 모든 벌금액과 보상액을 계산하여 이를 비교하여 차액을 계산하여 차후에 서비스대가에 반영하는 기법이다. 이는 고객도 벌금을 지불하는 경우(예를 들어 고객사가 서비스 수행을 위한 승인을 늦게 하는 경우)거나 공급사가 자사의 부실한 서비스를 차기에 보상할 수 있는 경우(clawback)에 매우 유용한 기법이다.
2. 송장별 조정법(per–invoice adjustment) – 지불 기간마다 총 조정액에 대한 지불이 이루어지는 기법이다. 대부분의 경우 매월 서비스에 대한 송장(invoice)이 발급되고 이에 대한 지급이 이루어지는 기법이다.

표 4.8 할인 체계 – 퍼센트 방법

SLA 참조	서비스 라인별 KPI	서비스 라인 비중치	전체 SLA 비중치
4.2.1	**헬프데스크와 지원서비스**		
1	전화 응답 시간	20%	4%
2	최상서비스(first level)지원 전화해결 비율	20%	4%
3	사용자 만족도 서베이 등급	10%	2%
4	전화해결시간	20%	4%
5	전화응답시간	20%	4%
6	전화 업데이트 빈도	10%	2%
		100%	**20%**
4.2.2	**데스크탑 및 지원**		
1	장치 장서 이전	50%	5%
2	ESOE장치 설치	50%	5%
		100%	**10%**
4.2.3	**데이터 네트워크**		
1	네트웍 인프라 활용가능성(availability)	70%	14%
2	신뢰성(reliability)	30%	6%
		100%	**20%**
4.2.4	**컴퓨터 룸 운영**		
1	활용가능성	70%	17%
2	신뢰성	30%	8%
		100%	**25%**
4.2.5	**응용시스템**		
1	사용가능성 – 주요시스템	30%	8%
2	사용가능성 – 여타 시스템	15%	4%
3	변화지원(전달서비스)	10%	3%
4	실행 성과(implementation performance)	25%	5%
5	신뢰성	20%	5%
		100%	**25%**
		총계	100%

표 4.9 할인 할증(rebate escalation) 체계

서비스 분야	KPI	서비스 수준	서비스수준 달성 실패에 대한 SFA(Service Fee Adjustment) – 월별 순차적 적용 비율		
현장 지원 서비스	현장 지원(contact)의 활용가능성 – 주요	주요 요청사항에 대하여 30분 이내에 100%지원	20%	30%	40%
	현장 지원(contact)의 활용가능성 – 여타	여타 지원 서비스 80%에 대하여 1시간 이내 서비스 제공	5%	10%	15%
		여타 지원 서비스 20%에 대하여 4시간 이내 서비스 지원	5%	10%	15%

4.2.5 부실한 SLA성과에 대한 서비스 종료(termination)

고객사는 공급사의 부실한 서비스에 대한 조치로 서비스 중단을 요청할 권리가 있다. 이는 아래와 같은 두 가지 경우에 발생한다:

- 서비스 실패가 매우 중요한 사안이며 향후 동일한 사례 발생 확률이 매우 높은 경우; 혹은
- 한개 이상의 주요 KPI에 대하여 장기간에 걸친 부실한 성과(3 내지 6개월 연속).

이러한 바람직하지 못한 상태를 처리하기 위하여 SLA계약 항목에 고객사가 일정한 부실 기간이나 상황 이후에 서비스 종결이나 협상 방안을 구체적으로 명시해야 한다. 고객사는 해당 서비스에 대해서만 서비스 종결을 원하거나 해당 서비스가 매우 중요하여서 여타의 서비스 제공에 심대한 영향을 미치는 경우 전체 계약을 종결하는 권리를 명시할 수도 있다.

이와 같은 고객사의 권리 및 계약 조항 명시화는 설사 실제 이러한 상황이 전개되지 않은 경우에도 매우 강력한 효과를 발휘할 수 있다. 탄약이 장전된 총은 발사하지 않더라도 설득의 효과를 지닐 수 있다! 이를 통하여 고객사는 강력한 협상력을 가질 수 있으며 향후 다른 형태의 해결책을 제시하거나 서비스 포트폴리오를 변형시키지 않으면서 아웃소싱 협약을 개선시킬 수 있다. 이에 대한 사례는 그림 4.7에서 볼 수 있다.

> 본 협약을 종료할 수 있는 여타의 권리와 더불어 고객은 자신의 결정에 근거하여 한 개 이상의 서비스에 대하여 아래와 같은 상황이 발생할 경우 협약 종결을 시행할 수 있다.
> 공급사가:
>
> (a) 최소한 연속 3개월 이상 월별 SFA(Service Fee Adjustment) 100%를 발생시켰을 경우; 혹은
> (b) 향후 12개월 중 5개월 이상 각 월별 SFA가 100% 이였을 경우; 혹은
> (c) 연속 3개월 이상 SLA에 정의된 서비스 수준에 미달하였을 경우.

그림 4.7 KPI실패에 대한 계약종결 조항 예

4.2.6 보고(reporting)

아웃소싱 추진 조직 내의 관련자들은 각기 다양한 정보를 요구할 수도 있다. 보고서 종류는 아래와 같다:

1. 성과보고서 – 각 KPI별 합의된 최소 표준, 실재 성취 수준, 표준과 성취 수준의 차이, 차이에 따른 벌금/보상
2. 운영보고서 – 운영상 현재 상황을 보여주는 주요 통계자료, 예를 들면 업무투입량(workload), 처리량, 업무 수행 시간 등
3. 진행보고서(progress report) – 진행 업무, 프로젝트, 계속적인 개선 목록 등

표 4.10은 SLA 관련 보고서 및 보고 요구사항의 예를 보여준다.

표 4.10 보고 요구사항(부분 예)

보고서		빈도	형식과 내용
성과보고서	1. KPI	월별	
운영보고서	2. 접근 관리(access) a) 접근 요구 및 리셋(reset) 횟수	월별	현재 기간 및 6개월 추세
	b) 보안 미 준수	월별	현재 기간 및 6개월 추세
	3. 용량	분기별	용량 추세, 성장 예상치, 권고안
	4. 문제	월별	문제이 심각도에 따른 보고된 횟수 및 정정 횟수, 6개월 추세
진행보고서	5. 프로젝트	월별	• 프로젝트 명 • 승인 날짜, 시작 및 종결 시점 • % 완성도, 완성 필요 시간 • 예산 비용, 현재까지 발생 비용, 완성까지 예상 비용 • 프로젝트를 구성하는 항목 • 실행을 필요로 하는 항목

4.2.7 관계관리(relationship management)

SLA 관련하여 공급사와 고객사의 관계는 아래 항목으로 구성된다:

- 관계 구조
- 역할과 책임
- 회의

관계관리 구조는 SLA를 관리하기 위한 조직도로 매우 단순한 형태라 할 수 있다(그림 4.8 참조).

그림 4.8 관계구조 예

고객사와 공급사의 각 관리자의 책임은 표 4.11에 나타난 바와 같다. 이 표는 관계 관리의 역할을 분명히 제시해주고 수행하여야 할 통제기능을 설명해 주고 있다. 아래 사례는 관계 관리의 역할과 책임을 보여주고 있다.

표 4.11 관계 관리내의 역할과 책임

고객사 역할	책임
중역	고객사와 공급사 사이의 전략적 파트너십 전체에 대한 책임
CIO	양 사 간의 전반적 사업관계
계약 관리자	양 사 간의 협의 사항에 대한 성과를 확인
IT 관리자	계약 관리자를 지원하며 일상적인 운영과 기술 문제에 대한 책임

공급사(계약사) 역할	책임
관리 중역	양 사 간의 방향지시 및 사업적 관계에 대한 책임
사업관리자(account)	양 사 간의 전략적 파트너십
고객 관리자	계약과 SLA의 요구사항을 전달하기 위한 기술력과 자원을 제공
서비스 관리자	공급사의 접점(contact point)로서 운영수준에서 고객관리의 접점이며 아래 사항에 대한 책임을 짐: 1. SLA관련 서비스 전달 추적 2. 정기적 검토회의를 포함하여 정기적인 의사소통 지원 3. 서비스 전달과 관련 있는 공급사의 관련 부분을 포함한 전체 업무범위 4. 지정된 고객요원에게 활용가능한 문서와 의사소통의 '정보저장소'를 유지

사례: 보험회사

아웃소싱서비스를 받은 고객사(이 경우 보험회사)는 예년에 비하여 비용이 500% 늘어난 것을 발견하게 되었다. 간단한 분석결과 관계관리 즉 관계에 관한 통제 미비가 이러한 문제를 야기하였음을 알게 되었다. 아웃소싱과 관련하여 누 기관 누구도 상대방 조직의 누구와 만나서 협의할 수 있는지 즉 관계관리가 공식화되지 못하였음을 발견하였다. 고객사의 사용자는 공급사의 직원에게 계약 내용 이상의 서비스제공을 요구하였으며 공급사 직원은 이에 대하여 거절하지 못하는 상황이었다. 공급사 직원도 제공 가능한 서비스를 신속히 찾아내어 고객사에 전달할 경우에도 고객사 직원은 비용이 초래됨에도 불구하고 거절하지 않는 상황에서 아웃소싱 비용 상승은 당연한 결과였다. 이를 통제하기 위한 관계 관리가 전무했다고 할 수 있다.

계약촉진요원(facilitator)의 역할은 이와 같은 상황의 발생을 조절하는 것이다. 공급사와 고객사의 협약을 성공적으로 관리하기 위하여 수많은 회의가 필요한 것이 사실이다. 회의 횟수와 참석자의 조직 내에서의 위치는 아래 상황에 따라 달라질 수 있다:

- 협약의 성숙도;
- KPI에 대한 성취도;
- 계약 규모;
- 재계약 가능성 정도;
- 양사의 사업 영역의 변화 정도;
- 서비스에 대한 제안된 변화 정도;
- 진행 중인 프로젝트의 성격이나 숫자, 중요도.

SLA 회의 일정 예는 표 4.12에 제시되고 있다. 최소한 아래 사항을 고려하여야 한다:

- 사업 계획 사이클과 관련된 전략 계획 회의;
- 성과보고 시점에 맞추어진 성과관련 회의;
- 기간 별 송장 금액이 변동되거나 상호 토의가 필요한 경우 송장 발송 이전 회의;
- 운영 회의.

이와 더불어 정기적인 파트너십 강화를 위한 작업반 회의나 성과개선 회의를 갖는 것이 바람직하다. 계약 성격과 관계없이 필요 시에는 이슈해결이라기보다는 파트너의 신뢰를 향상시키기 위한 회의가 필요하다. 회의를 적절히 하지 않는 경우 상호의사 소통을 충분히 하지 못할 수 있다.

표 4.12 회의 일정 예

횟수	회의 유형	참가자	주제
연차	1. 균형점수카드 검토	고객사 • CIO • 계약 공급사 • account 관리자 • 고객관리자	• 균성성과카드 점검
	2. 파트너링	고객사	• 파트너링 가치 평가

	가치회의	• CIO • 계약관리자 **공급사** • account 관리자 • 고객관리자	
반기별	1. 중역관계 회의	**고객사** • 중역 • CIO **공급사** • 관리담당 중역 • account 관리자 • 고객관리자	• 미래 전략 • 전체성과 점검
	2. 파트너링 워크숍	**고객사** • 중역 • CIO • 계약관리자 **공급사** • 관리담당 중역 • account관리자 • 고객관리자	• 공유된 목적, 비전, 가치개발 • 파트너링 원칙 개발 • 사업기회 개발
	3. 협의 (agreement) 평가회의	**고객사** • CIO • 계약관리자 • IT 관리자 **공급사** • account 관리자 • 고객관리자 • 서비스관리자	• 감사발견자료 검토 • 차이분석 • 문서 개편 및 평가 • TCO추적 • 원가 및 SLA벤치마킹
	4. IT전략 회의	**고객사** • CIO • 계약관리자 • IT관리자 **공급사** • 고객관리자 • 서비스 관리자 • 기술전문가	• 차후년도 IT전략계획
분기별	1. SLA/계약 점검회의	**고객사** • CIO • 계약 • IT관리자 **공급사** • account 관리자 • 고객관리자	• KPI 및 SFA평가 • 차이분석 • 합의 일정 계획 • 개선 기회발견, 기술 혁신, 서버/응용시스템 통합 • 자산관리, 장비등록, 문서화 및 일정에 대한 갱신

		• 서비스 관리자	• 기준선대비 SLA평가
	2. 기술 포럼	**고객사** • IT관리자 • 사업단위 관리자(필요시) **공급사** • 서비스관리자 • 사업 IT 및 기술전문가	• 신제품 및 신기술 발표 • 기술 시도(trial)관련된 토의
	3. 용량 계획 회의	**고객사** • 계약 • IT관리자 **공급사** • 고객관리자 • 서비스관리자 • 용량계획전문가	• 분기별 용량 계획 보고서 평가 및 제안
월별	1. 월별 서비스 점검	**고객사** • CIO • 계약 • IT관리자 **공급사** • account관리자 • 고객관리자 • 서비스관리자	• SLA에 제시된 보고서 발표 • 지난달 월별 보고서 및 성과 점검 • 향후 월별 계획 • 투입요원 변동 및 이동 • 향후 프로젝트
	2. 송장발송전 회의	**고객사** • 고객사CIO • 계약 • IT관리자 **공급사** • account 관리자 • 고객관리자 • 서비스관리자	• 제시된 송장 점검 • SFA보고서 점검

4.2.8 용어해설(glossary)

용어해설은 SLA와 관련된 단어의 의미를 설명해 준다. 관련 용어에 대해서 SLA계약서 본문에서 설명하기보다는 용어해설 부분에서 설명해 줌으로써 독자가 쉽게 필요에 따라서 의미나 정의를 찾아볼 수 있다. SLA본문에 사용된 단어 중에 용어해설 부분에 설명된 단어는 대문자로 표시함으로써 독자가 자의적인 해석을 피하고 정확한 의미나 정의에 따라서 해석될 수 있다.

자주 SLA와 계약서에 공통으로 활용된 용어가 있을 수 있다. 이 경우에 일반적으로 계약서에서 정의된 의미가 우선순위를 가지고 있다. 왜냐하면 계약서가 다른 서류에 비하여 해석상 우선순위를 가진 문서로 간주되기 때문이다. 그러나 SLA 관련 문서가 다양한 관련자가 가장 많이 참조하는 문서인 만큼 모든 SLA관련 정의는 SLA문서에 포함되어 정의되어야 한다. 만약에 계약서에 SLA의 용어를 사용하여야 하는 경우에는 SLA에서 정의되었음을 명시할 것을 권한다(예를 들면, '이 용어의 정의는 SLA합의서의 정의 참조바람'). 용어정의의 예는 표 4.13에 제시되었다.

표 4.13 용어 정의 예

용어	정의
권한이 부여된 요구 (authorized request)	고객 헬프데스크, IT운영, 고객제품관리자, 또는 고객협약관리자에 의해 서비스 요구를 할 수 있다고 인정된 고객사 종업원으로부터의 요구사항
핵심시간(core hour)	오전 8시 30분부터 오후 5시(동부시간), 월요일부터 금요일, 공휴일 제외
수준 1문제 (level 1 problem)	2개 이상의 중요 업무나 사용자에게 영향을 미침, 주요 기능에 영향을 미침
수준 2 문제	2개 이상의 주요업무의 수행을 저해하여 수준 1 문제로 확산될 가능성이 있는 문제
수준 3 문제	1개의 중요 업무나 다수의 사용자에게 영향을 미침
수준 4 문제	1개 이상의 중요 업무이나 1 사용자에게 영향을 미침
수준 5 문제	중요 업무나 사용자에게 영향을 미치지 않는 업무
NSM	Network and Systems Management
문제응답시간 (problem response time)	공급사에게 문제를 통보하고 문제에 작업이 시작된 때까지의 시간
해결시간 (resolution time)	고객서비스 센터에 보고된 시간부터 서비스가 다시 정상적으로 운영된 데까지 걸린 시간
해결됨(resolved)	문제가 해결되어 사업 추진에 문제가 되지 않고 사용자에게 문재해결 결제를 받음. 그러나 문제 발생에 대한 추가 분석은 필요함
서비스 변화 창 (service change window)	일요일 오전 6시부터 11시(동부)

4.3 가격 모델 구축(formulate the pricing model)

정보기술 아웃소싱 계약의 가격모델은 완전 고정가격(fixed price)부터 완전 변동가격(variable price) 또는 이 중간의 형태를 갖게 된다. 초기 모델은 고정가격모델이 대부분이었으나 근래에 와서는 다양한 선택이 가능해졌으며 창의적 가격 책정 사례까지 등장하고 있다. 초기에 고정가격 계약도 진정한 의미의 고정은 아니었다고 할 수 있다. 이 경우 대부분 실제 처리량(volume)이 실제 계약 규모를 뛰어넘는 경우 추가분에 대해서는 추가적 요금 지불이 일반화되었기 때문이다.

어떠한 가격모델을 선택해야 하느냐는 무엇보다도 다음 요인을 고려하여 결정하여야 한다:

- 서비스 수요/사용 예측;
- 제공될 서비스 원가(cost) 예측
- 고객사의 재무적 유연성(IT예산이 고정인지 변동인지 등)

추진 조직은 내부의 재무적 요구사항, 입찰 및 지불프로세스를 고려하여 공급사의 가격 책정 방법을 결정하여야 한다. 대부분 공급사는 가격책정 방법에 있어서 상당한 유연성을 발휘할 수 있다. 표 4.14는 3가지 접근법을 제시하고 있다.

수행기관이 어떤 가격모델을 선택하느냐에 관계없이 선택된 안의 실행가능성을 결정하기 위해서 입찰 시 세부 원가 구성(detailed cost breakdown)을 입찰 공급사에게 요구하여야 한다. 대부분 공급사들은 탑다운(top-down) 접근법을(먼저 입찰에서 이기기 위한 가격을 결정하고 이를 기준으로 구성 원가를 탐색하는 방법) 바탐업(bottom-up)방법(원가 구성요인에 대한 원가의 총계를 구한 후에 이에 적정한 이익률을 더하여 가격을 구성)접근법보다 선호한다. 특히 공급사 영업사원에 대한 인센티브가 매출액(revenue)기준에 의하여 산정될 경우는 이익(profit)기준 인센티브 산정 시보다 더욱 탑다운 접근법에 의해 아웃소싱 가격을 산정하여 입찰에 응하게 된다. 공급사가 제시한 가격에 대한 자세한 원가 구성 정보 없이 그 입찰 가격에 대한 합리적 판단을 내릴 수 없기 때문에 이러한 정보를 공급사에게 요구하여 판단하여야 할 것이다.

표 4.14 가격 모델 접근법(price model approach)

유형	설명	찬성(pro)	반대(con)	조직의 주안점
고정가격 (fixed price)	고정된 서비스 범위 내에서 총액 일괄(lump sum)지급	일정 서비스 양 내에서는 예상 가능한 비용 산출	범위 밖 서비스 요금 청구가 가능하며 각 원가 요인을 추적하기 힘든 단점	고정 비용 내에서 요구 사항을 억제하게 되며 기본 요구 내에서 서비스 제공 범위를 제한
변동가격 (variable price)	거래 단위(시간, 전화통화량, 사용자) 및 요금률에 따른 요금 부과	수요에 따른 비용 부과, 서비스 범위나 서비스 양을 변화하기 용이함	서비스 공급이 무한정이라는 가정을 고려하여(특히 사용자 차원에서) 요구량을 통제	가격이 사용량에 비례하기 때문에 수요 통제에 집중
원가 플러스/오픈장부 (cost plus/open book)	실제 발생 비용에 이익률과 관리 비용을 부가한 가격 지불	원가(비용)에 대한 지식을 활용	공급사 원가와 효율성에 대한 광범위한 감사와 벤치마킹	공급사의 원가요인과 효율성에 대한 상세한 이해에 집중, 공급사는 자체적으로 원가를 절감해야 하는 동기를 갖지 않음

공급사의 입찰 관련 정보를 확보함으로써 안정적인 의사결정을 할 수 있을 뿐 아니라 만약에 공급사가 제시한 가격이 예상외로 낮거나 높을 경우 무언가 상호간 이해의 문제가 있음을 알 수 있고 이를 사전에 조정할 수 있다. 우리 경험으로는 입찰 시에 가장 낮은 가격을 제시한 업체의 경우 실제로는 고객사의 요구사항을 정확히 이해하지 못하여 낮은 가격을 제시하고 계약 체결 후에 고객의 요구사항을 정확히 이해하고 이를 반영하여 다시 원가 산정을 한 경우 가장 높은 원가구성을 가진 업체일 경우가 많았다. 원가가 높다는 것은 향후 높은 가격을 청구할 수 있는 소지를 가지고 있다는 것이다. 종종 고객사는 초기에 예상했던 가격보다 훨씬 상회하는 가격을 지불하는 경우를 볼 수 있다.

4.4 계약서 초안 작성

계약서는 계약 당사자인 공급사와 고객사의 상호 통제 및 관리(governance)프레임웍의 중심이다. 좋은 계약서는 공정하면서도 포괄적인 조건을 포함해야한다. 계약서의 주요한 혜택은 이를 작성하는 과정에서 양사가 책임, 기대, 의사소통 프로토콜을 결정하도록 유도하는 프로세스를 경험하게 된다는 데 있다.

계약 관련 최근 추세는 계약 당사자에게 매우 중대한 계약의 경우 선행 투자 경우가 흔하다는 점이다. 이를 통하여 신뢰에 기반을 둔 파트너십 관계를 형성하고자 함이다. 그러나 이와 같은 전략은 다년간의 공동 작업을 통하여 신뢰가 형성되지 못한 경우에는 매우 위험한 전략이라 할 수 있다. 계약 초기에 모든 잠재적 문제가 확인되기는 어렵기 때문에 계약 초기에 건전한 관리 통제구조(governance framework)를 개발하려는 노력을 가볍게 여겨서는 안 된다. 모든 사업관계는 상호 다른 해석과 기대치 차이를 경험하게 되어있기 때문에 계약 통제권, 책임과 같은 계약 관련 이슈가 발생될 경우 강력한 협상력을 확보한 당사자가 유리한 위치를 차지하게 된다는 점이다. 아웃소싱 추진 기관이 공급사에 비하여 우월한 위치를 차지하지 못할 경우 공급사의 자애로운 결정에 과도하게 의존하게 될 것이다.

표준 정보기술 아웃소싱 계약서란 존재하지 않는다고 생각하는 편이 좋을 것이다. 단지 표준 제목만 있을 뿐이다. 각 아웃소싱 계약은 자체 이슈와 역동성을 지니고 있기 때문이다. 대부분 추진 기관들이 특성이 다른 아웃소싱 계약을 추진함에 있어서 다른 기관의 아웃소싱 계약서를 여기저기 조합하여 활용하는 경우가 많은데 이는 매우 바람직하지 못하며 설사 이렇게 초기 계약서를 작성하였을 지라도 아웃소싱 계약의 특성상 항시 조건과 베스트프렉티스가 변화하기 때문에 표준에 의존하는 것은 매우 위험한 접근법이라 할 수 있다. 예를 들어 5년 전의 계약서는 현재 계약서와는 거의 다른 견해를 반영해야 했다는 점을 고려하여야 한다.

사례: 정부기관

도로건설과 건축을 통하여 국민에게 서비스를 제공하는 정부기관의 경우 IT인프라 아웃소싱이 비용이나 기술 측면에서 좋은 대안으로 결정되었다. 이에 따라 입찰 요구서와 계약요구사항을 포함한 제안요구서가 발송되었다. 이 요구서의 상당 부분이 이 기관이 추진하는 업무 중에 발견될 고고학 유물과 관련된 양사의 권리와 책임에 관한 사항이었다. 물론 이와 같은 사항이 이 기관의 특성상 필요한 사항인 것은 인정하나 아웃소싱 계약과 관련하여 그렇게 중대한 사항인가에 대해서는 의문의 여지가 많았다. 이와 같은 제안 요구서는 고객사 자체가 이 제안요구서를 작성하는 데에 심혈을 기울이지 않았음을 보여주는 증거라 할 수 있다.

이 사례는 ICI사가 발송한 상세 계약서를 포함한 입찰참여요구서(5년간의 데이터센터 아웃소싱)와 비교할 때에 ICI사 추진 팀이 아웃소싱 계약 및 추진을 위하여 얼마나 많은 준비 활동을 하였는지를 보여주고 있다. 이는 내부의 서비스 원가와 서비스 수준에 대한 완벽한 이해를 바탕으로 공급사에게 요구하여야 할 기대수준을 정확히 제시할 수 있음을 의미하여 공급사에게도 적절한 이익들 보장할 수 있는 합리적 입찰 요구서라 할 수 있다.

대부분의 정보기술 아웃소싱 계약서는 공급사가 제공하는 표준계약서를 사용하기보다는 고객사에 의해 작성되는 것으로 밝혀졌다(Cullen et al., 2001). 이는 매우 현명한 행태라 할 수 있다. 이를 고객사가 작성함으로써 이 과정에서 고객사는 합리적 기대수준을 책정할 수 있으며 주요한 계약 이슈에 대한 다양한 선택 안을 추정하여 공급사와 협상에 임할 수 있기 때문이다(그림 4.9는 90개 이상의 이슈를 제시하고 있다). 공급사 표준계약서는 공급사가 선호하는 형식이기 때문에 고객의 요구사항을 반영하기 힘들며 더욱이 고객사의 권리를 포함하기 힘든 경우가 대부분이다.

계약 개요(recital) 서명인(signatories)	
파트	**구성 항목**
파트1: 일반 조항	1. 해석 2. 계약서에 사용된 정의 3. 최초 계약 조건 4. 계약 차후 조건(subsequent terms) 5. 관리통제 법칙(governing law) 6. 계약 및 우선순위 7. 사전 조건(현장실사 등) 8. 조항의 중요성(severity) 9. 계약의 일반적 조치(conduct) 10. 파트너링 11. 고용과 파트너십에 대한 협상 12. 고객사 이름 및 로고 사용 13. 매체 및 홍보 14. 독점(반독점) 15. 면제(waivers) 16. 보증, 허가, 면책(indemnity) 17. 부채(liability) 18. 부담 없는 계약 당사자(contractor not to encumber itself) 19. 무조건적인 재무적 부담(unconditional financial undertaking) 20. 보험 21. 업무 관련 건강 및 안전보험 22. 산업개발(industry development) 23. 제3자 보관(escrow) 항목 24. 배당(assignment), 채무 조정(novation) 25. 지적재산권 26. 비밀보장과 공개 27. 이해관계 충돌 28. 동의와 이전(transfer) 29. 불가항력 사항(force majeure) 30. 예외적인 사건, 이유 있는 지연, 책임 해제연장 31. 고객사의 요구에 의한 서비스 일시 중단 32. 고객사 개입권 33. 서비스 중단 통보 34. 이견 해결 35. 변경과 차이 36. 통보
파트2: 서비스 관련 상세	37. 대표자 임명 38. 서비스 범위 39. 고객의 의무 40. 계약사 의무 41. SLA관련 서비스 제공 42. 자원 투입 43. 성과 보증 44. 응용 가능한 표준 및 정책 45. 주계약자 46. 하청 47. 대행자로서 계약사 48. 제3자 계약관리 49. 성과 증진 50. 벤치마킹 51. 기술 개선(refreshment) 52. 지정된 계약 인력 53. 인력 이미지, 해고, 자격요건 등 54. 임시파견(secondments) 55. 고객사 사업장 접근

	56. 상호 접촉 요구사항 및 접근 57. 레코드 및 서류 유지 보관 요건 58. 데이터 소유권, 통합성, 보호 59. 감사권, 레코드 및 접근 60. 결점 정정 61. 바이러스
파트3: 재무 관련 상세	62. 가격/서비스 요금 63. 범위 밖 서비스에 대한 요금 64. 이익 공유 65. SLA관련 성과에 대한 서비스 요금 조정(보너스 및 삭감) 66. 발생 비용에 대한 지불 67. 비용에 대한 상한 68. 계약사에 의해 발생된 손상에 대한 차감(offset) 69. 요금 청구(invoicing) 70. 지불 71. GST, 세금 및 관세
파트4: 시작(start-up)관련 상세	72. 시작 시 계약사 의무 73. 시작 시 고객사 의무 74. 시작/이전 계획 75. 단절(cutover)/승인 증명서 76. 이관 및 자산 매각 77. 이관 및 직원의 임시직 화 78. 제3자 라이선스 및 계약 이관 79. 개발될 문서
파트5: 종결 관련 상세	80. 고객의 파기에 의한 서비스 중단 81. 계약사 파기에 의한 서비스 중단 82. 계약파기 금지 명령(injunction) 83. 계약파기 없는 서비스 중단 84. 부분 서비스 중단 85. 계정 및 금액 회수 청산(settlement) 86. 자산 재 이관/자산 구매 87. 인권 재 이관/고용제안 88. 계약 종결 중의 계약사 서비스 의무 89. 계약사에 의한 계약종결 지원 90. 계약사의 계약 종결 이후의 서비스 제공 91. 계약 종결 이후의 대표성 중단 92. 계약 후 관련 조항
부속서류(schedules)	a. 계약 세부사항 b. SLA c. 가격/서비스 요금 d. 서비스/사업/관리 계획 e. 계약사 구매항목(자산, 인력, 라이선스 등) f. 고용 제안 g. 고객사 보유 자산, 라이선스 등 h. 계약사 관리 제3자 계약/라이선스 I. 무조건적인 재무적 부담(undertaking) j. 성과 보장 k. 하청 l. 하청 계약서 m. 인력 리스트 n. 비빌 보장 합의서 o. 제3자 보증(escrow) 합의서 p. 파트너링 합의서 q. 시작(start-up)계획 r. 자원 계획 s. 계약종결 계획

그림 4.9 계약서 아웃라인 예

고객사가 계약서 초안을 작성할 때에 표준 제목(headings)부터 작성하기를 권한다. 표준 제목에서부터 시작함으로써 각 제목 내에서 선택될 수 있는 다양한 선택 대안이 무엇인가를 결정하게 된다. 이를 통하여 고객사는 다양한 대안을 제시하고 결정하는 프로세스를 거치게 된다. 이는 단지 당사가 사인하기 위한 계약서류를 만든다는 것 이상을 의미한다. 계약서의 주요 제목은 그림 4.9를 참조할 수 있다.

이 책에 모든 계약서 작성에 관한 광범위한 논의는 제시되지 않고 있지만 각 고객사는 자신이 추구하는 항목의 법률적 사업적 의미를 구체화하기 위하여 전문가와 법률가를 활용하여야 할 것이다. 또한 이러한 사항이 이해하기 쉽고 관리에 도움이 될 수 있는 지침이 될 수 있도록 작성되어야 할 것이다.

사례: 연방 기관(federal agency)

아웃소싱 관리를 위한 서류(계약서, SLA 및 첨부서류)가 매우 복잡하고 작성이 부실하여 계약관리자가 이를 이해하는 데만 1년 이상이 걸렸다. 이는 계약 및 업무의 효율적 진행을 힘들게 하였다. 이로 인하여 초기 관리자가 전환 보직 배치되었고 새 관리자가 배치되었으나 그 또한 이를 이해하는 데에 1년 이상의 기간이 필요하였다.

몇 년간의 재작성을 통하여 이 계약서가 이해될 수 있을 때까지 아무도 계약을 효율적으로 추진, 관리하기 힘든 상황이었다.

위 사례에서 알 수 있듯이 계약서 작성은 먼저 사업 차원에서 작성되어야 하며 이후에 법률적 측면이 검토되어야 한다. 법률전문가는 법률 용어로 전환하는 지원을 하게 된다. 법률적 사항이 우선되어서 사업 추진의 효과성, 효율성이 훼손되어서는 안 된다는 점을 명심하여야 한다.

계약 당사자로서 추진기관이 이전에 어떤 계약 사항 관련하여 어려움을 겪었는지를 아는 것은 향후 계약서 작성에 도움이 될 수 있다. 표 4.15는 저자들이 진행한 설문에 제시된 계약서 항목에 대하여 어떤 항목이 계약서에 포함되었는지, 계약서에 빠져있는지, 포함되었으나 불충분하게 기술되었던 항목은 무엇인지를 보여주고 있다. 이 설문 결과는 각 분야별 불충분하게 작성된 비율을 퍼센트로 나타내고 있다. 대부분의 기관이 성과측정 및 인센티브 분야가 충실치 못하게 작성되고 있음을 알 수 있다.

표 4.15 계약서에 빠져있거나 불충분하게 기술된 항목

계약 조항	응답자 %	계약 조항	응답자 %
성과 보장(guarantee)	44%	지불 제한 사항	9%
벤치마킹	44%	부분 계약 종결	9%
SLA에 따른 서비스 제공	35%	자산 재 이전(transfer-back)	9%
성과 증진(improvement)	35%	상호 이해 충돌	7%
범위 밖 서비스에 대한 지불	35%	자산 이전 및 판매	7%
공급사 의무(obligation)	30%	제3자 라이선스 이전	7%
기술(refreshement)/활용(exploitation)	26%	자발적 계약 종결	7%
자원 투입(commitment)	26%	환수 가능 기금(money recoverable)	7%
문서화 유지보수	22%	제3자 기탁금(escrow)	6%
시작 기간(start-up)동안 문서화	22%	배정 및 경개(novation)	6%
파트너링	20%	불가항력 사항(force majeure)	6%
하청	20%	레코드 접근 및 감사권	6%
표준 및 정책 활용	20%	바이러스	6%
이익 공유(gainsharing)	20%	서비스 요금	6%
초기 공급사 의무(obligation)	20%	청구(invoicing)	6%
보증(guarantee), 담보(warranty), 배상(indemnities)	19%	인력 이관 및 임시파견	6%
부채 최고치(liability cap)	17%	공급사에 의한 계약 파기	6%
제3자 계약 관리	17%	서비스 종결 시 서비스 제공사항	6%
이전 및 이양계획 (migration and handover)	17%	계약 종결 시 서비스 의무	4%
시작시기의 고객사 의무	17%	초기 계약 조건	4%
지적재산권	15%	차후 계약 조건	4%
서비스 요금 조정	15%	기밀 및 공개 사항	4%
재 협상	13%	2000년 문제 해결방안	4%
산업개발	13%	제3자 계약의 이전	4%
인원 재 이관(transfer-back)	13%	고객의 파기에 의한 계약	4%
이견 해결	11%	계약종료 시 필요 지원	4%
서비스 요금 변동	11%	계약종료 후 필요서비스	2%
독점권(exclusivity)	9%	사실열거(recital)	2%
개정과 변경	9%	무조건적인 재무적 부담(undertaking)	2%
합당한 지연에 대한 시간 연장	9%	고객을 위한 대행자로서의 공급사	2%
고객사 의무	9%	동의 및 이전	2%
지정된 공급사 직원	9%	대표자 지정	2%
임시파견(secondments)	9%	보험	0%
서비스 자원 계획	9%	발생 비용 환불(reimbursement)	0%
데이터 소유권 및 보안	9%	지불(payment)	0%

자료원: *Cullen et al.*, (2001), 응답자 수 54기관

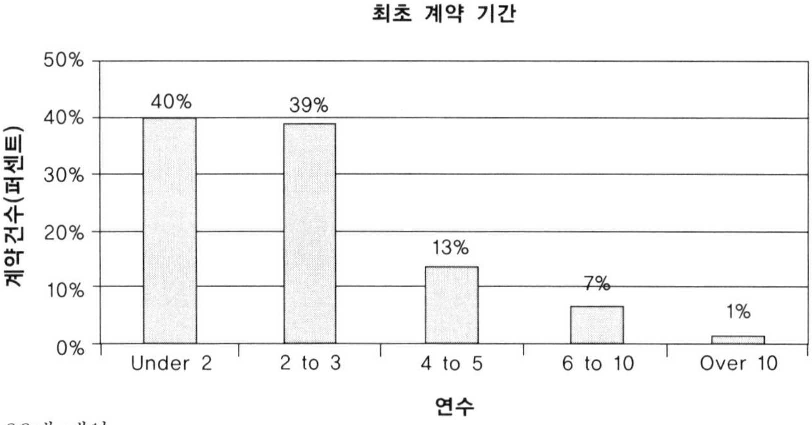

90개 계약

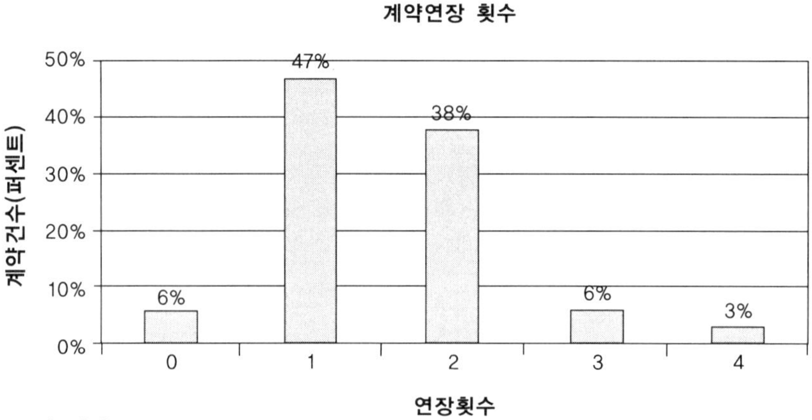

70개 계약

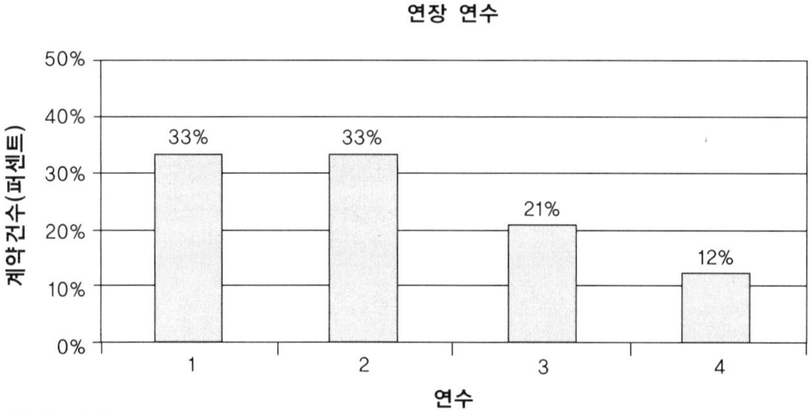

32개 계약

자료원: Cullen, et al.(2001)

그림 4.10 계약 기간 및 연장에 대한 선택 현황

계약기간과 연장 연수에 대한 조사결과는 음미해볼 가치가 있다. 5년 이상 장기계약보다는 초기에 관리가능한 단기계약과 계약 연장 계약 형태로 전환되고 있다. 그림 4.10에서 볼 수 있는 바와 같이 초기 계약기간은 주로 3년 미만이 대다수이다. 대부분 계약이 1년 내지 2년 계약 연장 조건을 포함하고 있다. 이는 결국 최대 연장 시 7년까지의 계약 연장이 가능하나 이를 초기에 확정하기보다는 연장 조건을 만족시켰을 경우 장기계약의 형태를 갖게 되는 조건부 장기계약이라 할 수 있다. 대부분 아웃소싱 추진 조직이 장래 서비스 수요에 대하여 확신할 수 없는 상황에서 한 번의 장기계약보다는 계약연장을 통한 수요나 상황변화에 유연하게 대처할 수 있는 구조를 계약서에 포함시킨 결과라 할 수 있다.

4.5 관계행동(relationship behavior) 모델화

계약서와 SLA는 매우 중요한 역할을 하나 상대적으로 아웃소싱 추진을 위한 당사자들의 행동을 유발하기에는 추상적인 면이 있다. 실제로 아웃소싱 당사자들의 행동에 영향을 미치는 요인은 계약에 관련된 사람들이 선택하게 되는 내재된 가치와 행동양식이다(물론 부실한 계약서는 부실한 관계 관리를 초래하는 것은 당연하지만).

사례: 제조업자

아웃소싱 고객사는 소프트웨어 라이선스 이전 관련 비용은 당사가 부담한다는 계약 조항에 동의하였다. 초기 30번째 이전까지는 큰 부담이 되지 않았으나 이후 10개의 이전은 5개년 계약으로부터 기대한 비용절감을 보장하지 못할 정도로 고객사에게 부담을 주었다. 공급사는 이 조항은 표준 계약 사항으로서 공급사가 당 계약으로부터 이익을 확보하기 위해서는 양보하기 힘든 계약 조항이라고 해명하였으나 이로 인하여 고객사는 공급사에 대한 불신을 갖게 되었으며 잔여 계약 기간 동안 양사는 불분명한 계약 조항에 대하여 상대방을 공격하는 상황으로 우호적 관계를 유지하지 못하였다.

반면에 아웃소싱에 대한 경험이 있거나 성숙한 조직은 계약 기간 동안에 관계 관리를 원활히 하기 위한 행동모델 즉, '관계가치 합의서(relationship values charter)'를 협약서의 형태로 포함시킨다. (그림 4.11 참조) 이는 계약서에 첨부되는 부속서류로서 최소한 1년에 한 번씩 양사의 주관적 평가를 위한 관계 관리 기법이다.

계획 단계에서 공급사가 지향해야할 가치에 대한 행동을 모델링함으로써 아웃소싱 계약의 가장 어려운 부분의 하나인 두 조직사이의 문화의 적합성을 검토하고 가치를 공유할 수 있는지를 평가하게 된다(Cullen et al., 2001).

관계 가치 헌장(Relationship Values Charter)

아웃소싱이 원활히 수행되기 위해서는 양사는 파트너십 관계를 구축하고 이를 운영하는 관계를 구축, 추진해야한다는 점을 알아야 한다.

양사는 법적 관계는 계약서에 의하여 통제되어야 함에도 불구하고 모든 이슈에 대하여 계약서에 근거한 업무 수행보다는 합당한 협력 프로세스가 실행되어야 함을 동의하게 된다. 이와 같은 목적을 달성하기 위하여 두 사 사이의 관계를 운영하기 위한 공동의 목적을 정하고 이를 가치합의서(charter of values)에 정의하여 정기적 검토와 상위수준의 성과측정을 위하여 활용하기를 원한다.

가치

1. 가치	설명
2. 서비스 기대사항	우리는 서비스요금 조정(service fee adjustment)을 원하지 않으며 제공되는 서비스는 일관성과 최고의 기준을 달성하며, 시장 표준에 필적하여 사용자를 만족시킬 것이다.
3. 재무	우리는 재무적 목표를 달성하며: • 고객사는 시간이 흐름에 따라서 경쟁력 있는 비용절감을 확보하게 되며 • 공급사는 적정한 이윤을 확보한다.
4. 의사소통	우리는 상호 자주, 개방적으로, 진솔한 의사소통을 한다.
5. 요구 사항 만족	상호 적극적이며 신속한 응대를 통하여 시간절약과 관리적 집중을 높여준다.
6. 지속적인 개선	우리는 지속적으로 개선안을 탐색, 도출한다.
7. 이해의 충돌 (conflict)	이해의 충돌은 매우 자연스런 현상이며 초기에 이를 해결하도록 한다.
8. 공평성(fairness)	모든 관련자에게 공평성을 유지한다.
9. 외부 관계	우리는 통합적 관계를 유지하여 본 관계 이외의 개인과 민감한 사안을 협의하지 않는다.
10. 산업모델	우리의 관계를 산업 내에서 바람직한 모델로 자리 잡도록 상호 노력한다.
11. 즐기기(enjoyment)	즐겁게 업무를 수행하며 상호 존경을 표한다.
12. 가치 부과	우리는 단지 서비스와 금전을 교환하는 관계가 아니라 서로의 가치를 창출하는 관계를 유지한다.
13. 유연한 업무 처리	서비스 가치전달 과정(value chain)이 사용자에게 매우 유연하게 통합된 형태로 전달되도록 노력한다.
14. 기술적 리더십	서비스를 제공함에 있어서 기술적 선도력을 유지한다.

가치 점수화(scoring the values)

아래의 평가표를 활용하여 최소한 분기에 한번 씩 상대에 대한 관계를 평가함을 동의한다.

구분	1 수용불가	2 우려할 만함	3 보통	4 만족함	5 기대를 뛰어넘는 만족
1. 서비스 기대					
2. 재무					
3. 의사소통					
4. 필요 충족					
5. 창의적 해결책					
6. 의견 충돌					
7. 공평성					
8. 외부 관계					
9. 산업 모델					
10. 즐김					
11. 가치부가					
12. 유연한 업무처리					
13. 기술적 리더십					

상대방에 대한 관계를 평가하였으므로, 각 사는 상대방에게 다음 사항을 제시한다:

- 각 점수에 대한 합리적 설명
- 왜 그와 같은 점수를 받았는지를 설명하고 향후 개선 사항
- 제안할 수 있는 해결책

그림 4.11 관계 가치 합의서(relationship value charter) 예

4.6 미래 관리체계(future management) 계획

아웃소싱 활용이 정보기술 관리에 들이는 노력을 감소시킨다고 생각해서는 안 되며 단지 다른 유형의 관리를 하게 된다는 것으로 이해되어야 한다. 예를 들어 IT 관리자는 서비스 전달이나 서비스 및 정보기술 인원에 대한 관리보다는 전략적이며 실행차원의 관리에 집중하게 된다. 표 4.16은 정보기술 아웃소싱이 정보기술 관리 활동에 미치는 영향을 보여주고 있다.

표 4.16 정보기술 아웃소싱이 IT관리 활동에 미치는 영향

활동	영향
인가(approving)	계획, 비용, 권고안과 행동 방안에 대한 공식적 인가 및 산출물에 대한 결제 요구가 증가. 공급사는 적절한 허가를 받은 후 작업을 시작하게 되며 고객사는 산출물에 대한 결제를 원할 것이다.
감사(auditing)	감사(합치(compliance), 타당성인증, 비용에 대한 가치)가 아래와 같은 상황에서 더욱 광범위해져야 하며 자주 행해지게 된다: • 고객사의 책임은 회피될 수 없으며; • 자율적인 통제와 물리적 근접성이 사라지게 되며; • 외부 공급사는 이익에 근거하여 서비스를 제공하게 된다.
평가(evaluating)	계획, 비용, 권고안, 행동, 산출물에 대한 평가의 필요성이 증가되며 이전과는 달리 재작업 시 추가적인 비용이 발생될 수 있다.
협상(negotiating)	이전의 내부 요원의 경우 협상이 불필요하였으나 이제는 비용을 발생시키며 설득과 협상이 필요하게 된다. 대부분의 아웃소싱 계약의 경우 직접인건비 계약 이외의 사항에 대하여는 공급사 직원에게 직접 지시를 통한 업무 수행이 불가능하다.
수행(performing)	고객사의 의견을 반영하여야 하나 근본적으로 공급사의 영역이 되어버리고 이에 대한 책임은 고객사의 부담이 된다. 결국 공급사는 고객사의 대행기관(agent)이 된다.
계획(planning)	계획은 아웃소싱 환경에서 매우 중요한 업무가 된다. 이는 쓰레기가 투입되면 쓰레기 밖에 나오지 않는다(garbage-in garbage-out)는 패러다임이라 할 수 있다.
정보 확보 (staying informed)	고객사는 공급사와 같은 수준의 정보를 확보하고 있어야 한다. 이를 통하여 공급사의 다양한 측면 평가가 가능하기 때문이다. 항시 필요한 정보를 확보하고 이를 활용하여야 하기 때문에 실제로 아웃소싱 이전보다 더 많은 정보를 획득 관리하여야 한다.

아웃소싱 추진 이전에 미래 IT 조직과 공급사 관리 전략이 마련되어 있다면 계약 추진에 있어서 우위를 차지할 수 있다. 무엇을 수행하여야 하며 누가 이를 수행할 것인가를 결정하는 시점은 계약이 이루어지고 모든 인원의 이관이 끝난 시점이 아니라는 점이다. 기다리고 보자는 식의 전략은 정보기술 아웃소싱이 IT 관리를 공급사에게 넘긴다는 매우 위험한 가정에 근거하고 있다. 이와 같은 전략은 대다수 추진 조직의 비용관리를 불가능하게하며 정보기술 관련 인원의 퇴사 및 이동, 불충분한 공급사 관리, 부실한 정보기술 계획을 초래하는 경우가 허다하다.

사례: 보험사

미국의 한 주(state) 내에서 운영 중인 보험회사가 정보기술 회사와 전략적 협력체계를 구축하고 아웃소싱을 추진하였다. 이사회는 이제는 더 이상 정보기술 부서 및 기능을 내부에 유지할 필요가 없을 것으로 간주하였다. 이에 따라서 모든 인력, 프로세스, 기술, 전략을 공급사에게 이관하였다.

이관 이후에 CIO는 공급사를 관리하고 정보기술 활용을 관리할 관리기능이 없어졌음을 인식하게 되었다. 이 문제를 해결하기 위하여 관리기능에 대한 조사를 실시하여 기본적으로 필요한 관리 수준을 확인하고 놀라게 되었다. 관리 기능이 없어진 것이 아니라 새로운 관리 활동이 필요함을 뒤늦게 알게되었다. 이를 이사회에 제안하였으나 부결되었다. 이사회는 공급사에게 당 계약에 대하여 책임지도록 요구하였다.

아웃소싱 활용 5년 후에 정보기술 전략이 존재하지 않고 비용은 시장가격에 비하여 높게 지불되어야 하는 상황이 전개되었다. 고객사는 CIO를 해고하고 당사 내부 정보기술 조직을 다시 조직하게 되었다.

추진 조직이 자신의 책임을 어떻게 구조화하느냐는 미래의 프로세스에 영향을 미치게 된다. 이는 서비스를 어떻게 정의할 것인가, 공급사와의 입찰, 아웃소싱 사업추진 시원가, 장기적인 성공여부에 영향을 미치게 된다.

이 단계에서 개발, 제시되어야 하는 전략은 두개의 상호 연관된 전략이다:

- 내부에 보유된(retained)조직 전략.
- 계약 관리 전략.

자세한 내용은 블록 7-결과도출: ITO 관리-을 참고하고 이 단계에서는 전략적 방향 결정에 집중하게 된다.

4.6.1 보유 조직(retained organization) 전략

보유 조직이란 아웃소싱 계약 이후에도 고객사 내부에 보유해야하는 조직으로 이는 계약을 관리하고, 서비스 범위 밖의 업무를 수행하고, 조직 내 관련 기관과의 접촉 창구 기능을 수행하고, 고객사와 공급사의 매개 역할을 수행하며 제삼자와의 연결 기능을 수행하게 된다.

보유조직 관련 전략 문서는:

1. 아웃소싱 이후에 고객사가 수행해야하는 보유 서비스, 기능, 업무 프로세스;
2. 고객사 내부 및 외부 조직과의 접합 점으로서 조직 구조;
3. 보유 조직의 역할과 책임;
4. 새로운 업무 스킬에 대한 투자를 포함한 추가 비용을 포함하고 있다.

대부분 아웃소싱 추진 조직은 아웃소싱 추진 이후에 자체 정보기술 조직 즉 보유조직을 너무 축소하였음을 알게 된다. 겉으로 보기엔 양사(고객사, 공급사)가 중복적인 기술적 스킬을 보유하는 것이 비합리적으로 보일 수 있으나 아래와 같은 기능에 대하여는 공급사만의 기술만으로는 충분한 서비스가 불가능할 수 있다:

- 사업에 지대한 영향을 미치고 사업 추진의 중요한 추진동인(enabler)인 경우(예 정보기술 전략);
- 고객사에 대한 긴밀한 지식이 요구되며 관련 스킬로부터 최고의 가치를 도출해야 하는 경우(예 사업 분석); 혹은
- 고객사의 이익 확보를 위하여 가격 및 해결책에 대한 다양한 선택 대안 존재하고 이에 대한 고객의 의사결정이 요구되는 경우.

4.6.2 계약 관리 전략(contract management strategy)

최근에는 예전에 비하여 계약 성격의 변화로 계약관리자의 책임 정도가 높아졌다. 최근의 계약은:

- 범위가 확대되고;
- 고객에 대한 영향이 크고;
- 공급사가 부담해야하는 책임이 증가되고;
- 자산과 직원의 이관을 포함하고;
- 관계의 파트너적 성격이 강해지고;
- 주 및 부계약자 사이 또한 제3자 공급사와의 복잡한 관계를 포함하게 되었다.

이와 같은 계약 상 성격변화는 전통적인 관리자의 관리책임이 높아졌음을 의미한다. 오늘날 계약을 관리하기 위해서는 가치를 도출하고 위험을 최소화하기 위하여 전략 및 운영차원에서의 역할이 요구된다.

1. 구조 및 책임
   1.1 보유 조직
   1.2 계약관리 네트워크

2. 계획된 상위 흐름도
   2.1 작업 프로세스
   2.2 정보 흐름

3. 계약 관리네트워크 활동
   3.1 보고 및 추직관리
   - 비용
   - 서비스
   - 전략적 목적

   3.2 지불
   - 지불청구서 수령
   - 서비스 요금 조정(벌금 및 보상)

   3.3 계약 통제
   - 문서화 및 레코드 작성
   - 승인과 결제
   - 계약 및 SLA차이
   - 위험 관리
   - 문제/이슈 확인

- 논쟁 해결
- 서비스 지속 계획
- 계약 종료

3.4 감사
- 비용
- 서비스 품질 및 통제
- 계약 합치(compliance)

3.5 KPI보고 검토
- 서비스 공급사
- 내부 효과 및 효율

3.6 계획 및 예측
- 수요 및 용량 요구사항
- 요구 사항 및 사업 요구사항 변화
- 계속적인 개선
- 서비스에 대한 이동, 추가, 변화

3.7 회의
- 운영
- 검토
- 전략계획

4. 계약 당사자 간 핵심 프로토콜
   4.1 의사소통
   4.2 위임/승인
   4.3 변화(variation)
   4.4 요청

5. 주요 날짜 및 일정
   5.1 상위 시간표
   5.2 고객사 조직 일정
   5.3 공급사 일정
   5.4 계약 부서 일정

부록 - 직무 상세

그림 4.12 계약관리 전략 개요

본 블록에서 고객사는 최소한의 계약 전략을 개발해야 한다. 그림 4.12는 계획과정을 지원하는 계약관리전략을 개괄적으로 소개하고 있다. 이 장에서는 아웃소싱을 전략적으로 활용하여 성공적인 결과를 도출하기 위하여 수행하여야 할 사전 준비 작업에 대한 감을 잡도록 하여야 한다. 아직 우리는 공급사를 어떻게 선택하고 어떻게 협상해야 하는지에 대하여는 토의하지 않았다. '어떻게'에 관한 사항은 다음 블록에서 살펴보게 된다.

2 부

관계설정 단계
(engage phase)

5장 블록 5 – 사업 파트너선정(commercial mating): 서비스 공급사 선택

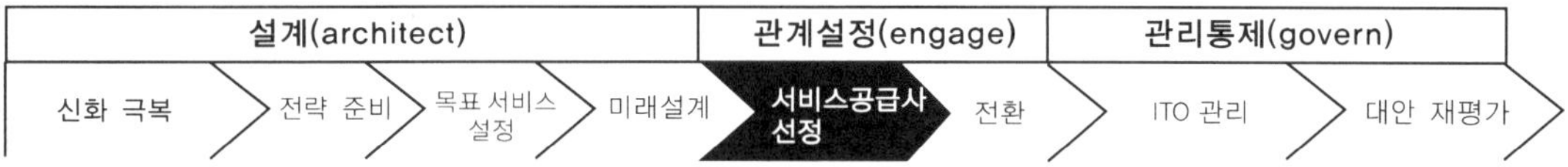

향후 다년간 파트너로 지내야하는 서비스 공급사를 선택하는 것은 마치 결혼에 비유할 수 있다. 단지 이 경우 결혼과 상이한 점은 고객사가 일방적으로 공급사를 선택할 권리를 가지고 있다는 점이다. 열성적이며 사려 깊은 공급사 선택 프로세스(process)를 통하여 고객사는 자신의 요구사항을 잘 만족시켜 줄 최상의 공급사를 선택하게 된다. 그러나 이 단계 이후부터는 선택된 파트너가 고객사를 통제하고 관리하는 데 참여한다는 점을 명심해야 한다.

공급사 선택을 위하여 활용되는 경쟁적 선발 프로세스로 입찰방법이 가장 널리 활용된다. 이 접근법을 통하여 참여 공급사들은 고객사에게 비용대비 가장 가치 있는 서비스 제공이라는 일종의 경쟁압력에 직면하여 이를 해결하기 위한 해결책을 강구해야 한다. 고객사는 이를 통하여 공급사들이 지니고 있는 다양한 역량(capabilities)과 솔루션(solutions)에 대한 정보를 획득함과 동시에 다양한 정보에 근거한 의사결정 역량을 확보하고 향후 성숙된 관리 역량을 학습할 수 있는 기회를 가질 수 있다.

물론, 때에 따라서는 가장 적합한 공급사와 고객사가 직접 협상을 통한 접근법을 활용하기도 한다. 다음과 같은 경우에는 직접 협상 접근법이 적절할 수도 있다:

- 유일한 공급사 존재 – 공급사를 입찰, 평가하는 접근법이 불가할 경우.
- 고객사가 이미 정보에 근거한 판단 역량을 확보한 경우 – 적절한 시장 가격을 고객

사가 판단할 수 있으며, 서비스, 기술, KPI 등에 관한 산업 표준을 이해하고 있어서 최상의 거래를 확보하기 위한 입찰과정이 적합하지 않을 경우.

- 고객사가 자신의 필요를 정확히 이해하고, 계약서, SLA, 가격모델을 신속히 작성할 수 있을 경우.
- 신속히 처리하는 것이 비용이나 대안을 평가하는 것보다 더 중요할 경우. 그러나 준비가 불충분하거나 자신에게 불리한 결정을 내리면서까지 신속함을 추구해서는 안 됨에 유의해야한다.
- 고객사가 아웃소싱 관리에 상당한 경험이 있는 경우 – 고객사가 공급사나 협약을 전문가 수준에서 관리할 수 있는 경우.

그러나 대부분의 경우 경쟁 입찰 프로세스가 적당하며 Lacity와 Willcocks(2001)의 연구에 의하면 비 경쟁입찰의 경우 혼재된 아웃소싱 추진 효과가 나타나고 있으며 이는 비경쟁입찰 추진 자체가 아웃소싱 성공에 영향을 미치지 못한다는 것을 의미한다.

표 5.1은 고객사가 아웃소싱 추진 시 공급사 선택을 위한 체크 포인트를 제시하고 있다.

표 5.1 공급사 선택전략 체크리스트

1. 성공적인 선발 프로세스를 어떻게 정의할 것인가?
- 이 프로세스의 주요성공요인은?
- 이 성공요인을 확보하는 데 장애와 위험은? 이를 어떻게 회피하거나 경감할 수 있나?
- 추진 이전에 필요한 가정은?

2. 시장에 접근하는 방법은?
- 일 단계 또는 다단계 접근법? RFI를 활용한 시장 탐색은 필요한가? EOI(Expression Of Interests)를 통한 리스트 작성은? 경쟁적 협상을 위해 BAFO(Best And Final Offer)를 활용할 것인가?
- 공개, 비공개로 진행할 것인가? 공개일 경우 입찰 정보를 발표하는 방법? 비공개일 경우 관련 업체 선정 방법은?
- 가격과 관련 입찰을 따로 제시하는 two-envelope방법을 활용할 것인가?

3. 입찰자에게 제공할 정보는?
- 제안 요구서에 SLA 및 계약서 초안을 포함시킬 것인가?
- 운영다이어그램, 데이터 및 통계자료를 제공할 것인가? 시간관련 내용을 제공해야하나?
- 미래 전략 및 계획 관련 어떤 사항을 제공할 것인가?
- 평가 기준 및 가중치는 제시할 것인가?
- 입찰 참여자를 경쟁자들에게 공개할 것인가?

4. **최선의 응찰을 확보하기 위해서 어떻게 입찰과정을 촉진시킬 것인가?**
   - 시장 즉 입찰자들에게 무엇을 의사소통해야하며 언제 할 것인가?
   - 시장에 어떻게 소개할 것인가? 언제?
   - 평가를 수월하게 하기위해 미리 정해진 포맷을 제시할 것인가?
   - 우리의 운영상황을 잘 아는 입찰자를 어떻게 참여시킬 것인가? 현장 방문? 데이터 룸을 만들 것인가? 주요 관련자 인터뷰를 허락할 것인가?
   - 질문, 응답 기회를 어떻게 진행할 것인가? 결과를 입찰자에게 배포할 것인가?

5. **선발프로세스에 대한 답변 전략은?**
   - 선발 프로세스에 대한 성실성(probity)을 확보하기 위한 법칙은 준비되었나?
   - 이해관계 충돌을 표명하고 이를 관리하기 위한 방법은?
   - 성실성 검증을 위한 감사나 권고를 해줄 전문가가 필요한가? 무슨 역할을 언제 기대할 것인가?
   - 독립적으로 성실성을 검증할 검토회의를 수행할 것인가? 이는 언제 할 것인가?

6. **우리에게 적합한 공급사를 선발했는지를 어떻게 확인할 것인가?**
   - 평가기준과 가중치는 무엇인가?
   - 이를 평가하기 위하여 사용될 기법은? 인터뷰? 현장방문? 고객사 추천? 현장 실사?
   - 평가 팀은 전략, 기술, 사업, 재무 평가가 가능한 적합한 인원으로 구성되었나?
   - 평가 팀은 이 업무에 전념?
   - 평가 이전에 필요한 교육은?
   - 평가를 위한 공간을 활용할 것인가? 각자 독립적 평가 장소?
   - 최종 승인은 누가할 것인가?

7. **최종 결과에 대하여 어떻게 통보할 것인가?**
   - 선택된 공급사를 계약체결 이전에 통보할 것인가?
   - 탈락자에게 어떻게 통보할 것인가? 언제?
   - 탈락자에게 사후 설명(debrief)를 할 것인가? 누가 할 것인가?

5.1 공급사 선택프로세스는 첫 번째 블록이 아니다. - 공급사 선택이전에 ITO기반이 확립되었는지를 확인하라.

우리는 지금부터 관계설정(engagement)단계에 들어서고 있다는 점을 명심해야 한다. 이 단계는 ITO생명주기에서 매우 중요한 단계이나 이전 기반다지기 단계(foundation phase)에서 부실하게 수행되거나 신속한 수행만을 위하여 생략된 활동들이 있다면 이는 향후 성공적 수행에 심대한 역효과를 발생시킬 수 있다. 충실한 설계활동(architecting) 없이 건물이 안전하게 구축되기 힘든 것과 마찬가지 이다.

관계설정 단계부터 아웃소싱을 추진하는 것은(대부분의 경우 이 단계부터 시작하는 경우가 허다함) 마치 디자인이나 설계도 없이 건축을 시작하여 건물이 온전히 지어지기를 바라는 것과 같다. 그림 5.1은 디자인 단계에서 고객사가 수행한 활동과 이 활동의 완벽한 정도를 추적하여 적합한 활동을 수행한 경우와 그렇지 못한 경우에 ITO생명주기 전체를 통하여 발생되는 비용과 노력(effort)을 도식화하여 보여주고 있다. 그림에서 보는 바와 같이 잘못된 행로(flawed path)를 거쳐 디자인 활동이 이루어진 경우 취약하게 수행된 활동이 향후 심대한 영향을 미침을 보여주고 있다.

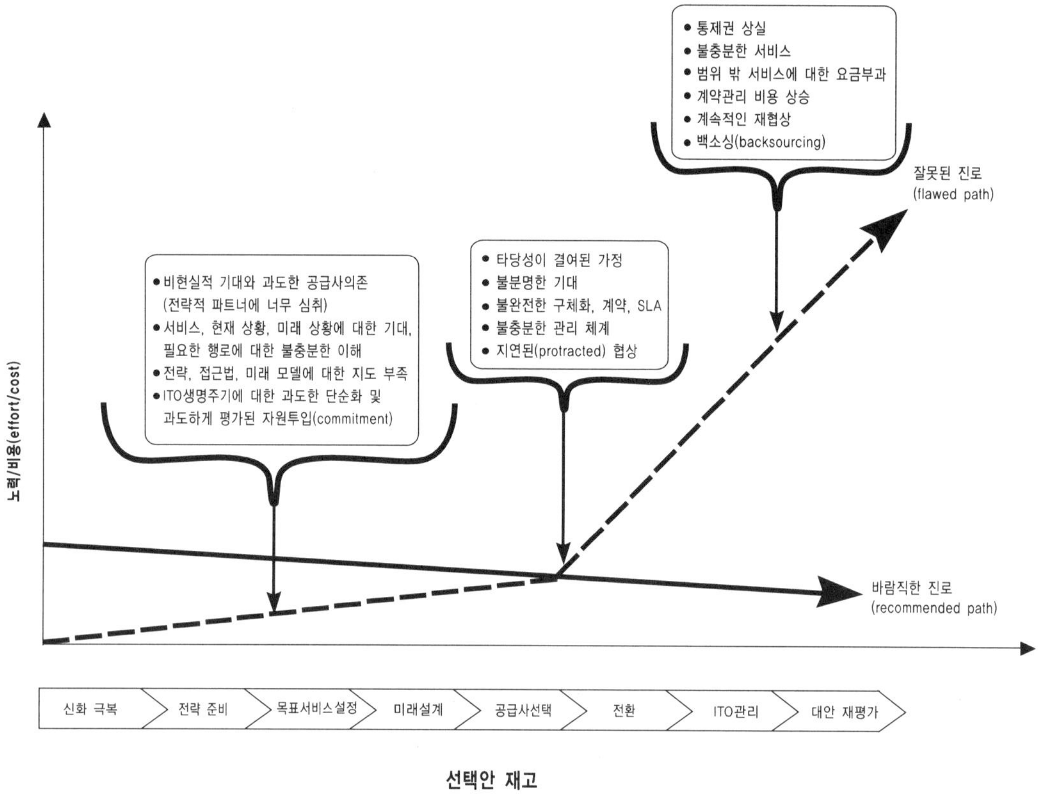

그림 5.1 생명주기 동안의 비용 상승효과

불행하게도 대부분 아웃소싱 수행은 공급사 선발 블록부터 시작되는 경우가 많고 설사 아키텍트 단계(초기 4개 블록)를 수행하더라도 제한된 범위만을 수행하는 경우가 많다. 입찰에 많은 노력을 투입한 경우에도 공급사 참여가 부진하여 아웃소싱 추진부터 전략을 재고해야하는 경우도 발생하게 된다. 공급사 참여가 부진한 상황은 다음과 같은 경우 발생한다:

- 시장 상황을 이해하지 못한 경우 – 시장의 공급사가 보다 매력적인 기회를 제공하는 입찰에 참여하여 추가적 자원을 투입하기 힘든 경우;
- 제안서에 공급사에게 호의적이지 못한 계약을 제시한 경우 – 시장이 성숙되고 규모의 경제가 이미 형성되어 공급사가 불리한 거래를 수행할 의향이 없고 가격 프리미엄이 제시되지 않은 경우
- 모든 공급사가 고객사의 사업을 매력적으로 생각할 것으로 간주 – 공급사가 입찰에 응할 것인가 포기할 것인가를 판단함에 있어서 매우 성숙한 의사결정을 할 수 있고 이를 통하여 자신에게 합당한 고객사만을 선택하는 경우. 이 경우 고객사는 공급사들 즉, 시장에 자신의 아웃소싱에 대한 신중한 결정과 특성을 홍보할 필요가 있다. 공급사가 받게 되는 제안 요구의 20%만이 진정한 파트너를 구하는 것이었음을 저자들의 경험을 통하여 알게 되었다.
- 공급사가 의미 있는 시장으로 생각하지 않는 경우 – 특히 기존 서비스 공급사가 있는 경우나 내부 조직도 아웃소싱 입찰에 참여하는 경우
- 고객의 기대 사항이 명확하지 못한 경우 – 예를 들면 어떤 서비스를 원하는 지, 향후 및 현재 서비스 수준에 대한 기대치가 없고, 가격에 대한 부정확성, 미래 아웃소싱 생명주기에 대한 계획 부재 등으로 인하여 공급사의 추가적인 노력이 상당히 필요하여 이를 수행하기 위한 위험 수준이 높고 원가 상의 이익이 존재하지 않을 경우

아키텍트 단계와 공급사 선발을 포함하는 관계설정 단계는 고객사의 영향력이 공급사 영향력에 비하여 매우 큰 단계이다. 이 단계가 지나고 나면 고객사의 협상력은 차츰 줄어들게 된다. 더구나 공급사가 선정되면 제안된 내용에 대한 당사자 간의 차이는 협의의 대상이 된다. 이 단계에서 추진 조직 즉, 고객사는 시간과 비용 상의 제약조건이 현실화되며 협의가 채결된 이후에는 이전 단계와는 달리 비용대비 효과를 고려한 대안 제시, 평가, 변경이 더 이상 불가능한 상황 즉, 유사 독점적인 상황(quasi-monopolistic situation)에서 공급사와 협의해야 한다.

그림 5.2는 아웃소싱 생명주기를 거쳐 변화하는 협상력(bargaining power)을 보여준다. 그림에서 볼 수 있는 바와 같이 고객사가 관계설정(engage)단계에 최선의 협상력을 확보하지 않을 경우 차후 단계에서 공급사가 지닌 협상력 이상을 확보하기 힘들다.

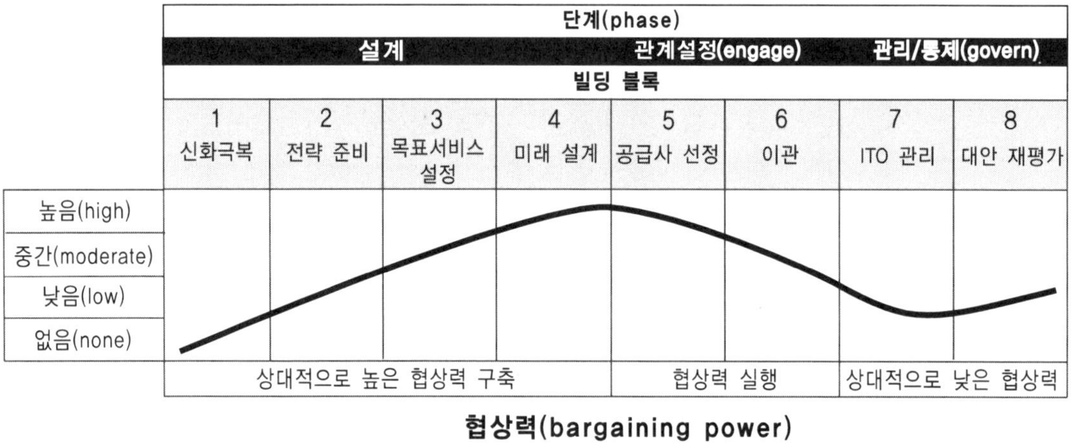

그림 5.2 아웃소싱 생명주기 동안 고객사 협상력 추이

공급자 선발 프로세스 이전에 고객사는 최소한 다음과 같은 프로세스를 수행해야한다:

- 고객사에게 필요한 정보 수집(관련 공급사에 관한 정보, 시장 상황, ITO 베스트프렉티스 등).
- 전체 아웃소싱생명주기를 고려한 아웃소싱 수행접근법 및 전략적 대안.
- 아웃소싱 대상 서비스 목표 설정, 예를 들면 프로파일(서비스, 비용 대차대조표, 인력, 사업 관계, 주요 관련자, 서비스 관리 등)
- 가능한 범위 내에서 협약(agreement) 디자인(계약서, SLA, 보유 조직(retained organization), 계약관리 기능 등)
- 계약기간에 불확실성이 높은 이슈나 서비스 수요에 영향(impact)을 미치는 요인 구체화(예를 들면, 기업의 변화(리스트럭처링, 사업부 폐쇄, 인수/합병), 신규 시스템 실행, 인프라 재구축 등). 고객사는 확실히 예상되는 이슈와 그렇지 못한 이슈를 구별하고 이에 대한 영향을 구체화해야 한다. 구체화된 이슈에 대해서 공급사는 고객사를 지원할 준비를 할 것이기 때문이다.

> **사례: 주 정부**
>
> 주 정부는 기술 활용 선도자로서의 명성(reputation)을 주도하기 위하여 정보기술인프라 아웃소싱을 제안하는 대신에 공급사에게 교육 및 연구센터를 주에 설치하고 관련 산업개발 프로그램 시행을 요구하였다.
>
> 계약이 성사된 이후에 아웃소싱 계약을 협상하고 SLA를 마무리 짓는 데 거의 2년이라는 시간이 걸렸다. 그동안 주 정부의 인프라요구사항은 상당히 변하게 되었고 계약은 이를 반영하기 위하여 재협상 과정을 거쳐야 했다.
>
> 재협상 결과는 공급사의 서비스 범위 변경과 이로 인한 이익 축소를 가져왔으며 이는 결국 산업개발 프로그램을 축소할 수밖에 없는 결과로 귀착되었다. 고객사와 공급사는 합리적인 결과를 도출하기 위하여 추가적인 노력을 경주하여야 하였다.

5.2 단계별 경쟁입찰 (gating and refining via staged competitive tendering)

일반적으로 직접 협상을 수행할 정도의 역량을 확보하지 못한 조직의 경우에는 단계적 경쟁 입찰이 좋은 대안이 될 수 있다. 단계별 경쟁을 통한 입찰을 통하여 고객이 원하는 효과 도출을 증진시킬 수 있다. 단계별 입찰을 통하여 그리 좋은 효과를 보지 못하는 경우 이는 관계설정(engage)과정을 극히 단순하게 생각하는 관리조직이나 구매 관리자의 잘못된 관행 때문이었다.

경쟁 입찰을 통한 공급사 선발과정은 필요에 따라서 몇 단계를 거칠 수 있으며 거쳐야 할 단계의 수는 다음과 같은 상황을 고려하여 결정할 수 있다:

- 아웃소싱 시장에 대한 고객사의 지식 – 대부분 학습 중에 있는 경우에 탐색적 프로세스를 필요로 한다.
- 시장의 서비스 제공 안정성 – 단기 위주의 제품/서비스 생명주기를 특징으로 하는 경우 추진 조직은 시장 관련 지식을 자주 갱신하고 탐색해야 한다.

- 신규 서비스 제공 기업의 시장 진입(influx) 정도 – 이의 정도에 따라서 시장의 역동성에 따른 기회를 제공받을 수 있다.
- 잠재적 공급자 수 – 비용 효과적 선발 절차를 위하여 일부 공급사를 미리 제외할 수도 있다.

표 5.2 일반적인 입찰 단계

단계	언제 사용	공급사로부터 구해야할 점	공급사에게 제공해야할 것	공급사 응답 기간
ROI (registration of interest)	• 시장에 대한 친숙도 높이기 • 입찰에 관심 있는 공급사 결정 • 다음 단계를 위한 리스트작성	• 일반적 사업데이터 (서비스, 규모, 고객사 등) • 범위와 관련된 경험 내용	• 공급사 유형에 대한 요구사항 (역량, 지역적 범위 등)	1–2주
RFI (request for information)	• 총 시장 역량 평가 • 잠재적 입찰자에 대한 자세한 정보 수집 • 다음 단계를 위한 리스트 작성	• 구체적 사업정보 및 건전성 • 범위 관련 상세 경험	• 필요 역량 • 서비스 범위 • 지역 범위 • 자원	2–3주
EOI (expression of interest)	• 요구사항에 구체적으로 적합한 선택안 탐색 • 제시 가능가격 확인 • 다음 단계를 위한 리스트 작성	• 범위 관련 결과 및 구체적 경험 • 제시 가능 가격 • 당 계약 관련 접근법 • 잠재적 하청기업 • 추천	• 구체적 요구사항 • 가능한 가격 모델	3–4주
RFT/RFP/RFO /RFQ (request for tender/ proposal/offer /quotation)	• 요구사항이 구체화된 후 • 우선 협상 대상자를 선택하기 위하여	• 구체적 서비스 제공 접근법-계획, 인력, 자산, 하청기업 등 • 추천서 • 협약서 가안으로부터 도출된 협상 항목 • 구체적이며 확정된 가격	• 계약서 가안 • SLA 가안 • 가격모델 가안	4–8주
BAFO (best and final offer)	• 최종 업체 경합 • 경쟁적 상황 하에서 마지막 협상 진행 중	• 마지막 입찰을 위한 모든 사항	• 최종 계약 및 SLA • 최종 가격모델	2–3주

- 추진 조직(고객사)이 자신이 원하는 바를 인지하고 있는 정도 – 여러 대안이나 선택안 탐색 정도에 영향을 미친다.
- 이전 단계에서의 해당 아웃소싱 프로젝트에 관한 입찰의 완전성과 경쟁정도 – 이전 입찰에 대한 공급자들의 반응에 따라서 추가적 단계가 필요할 수도 또는 필요 없을 수도 있다.

일반적 입찰 단계와 단계별 소요기간에 관한 내용이 표 5.2에 제시되고 있다. 다단계 입찰프로세스는 각 단계별 최소한 노력으로 잠재적 공급사를 걸러냄으로써 아웃소싱 추진 조직이 상세한 평가를 할 수 있을 정도의 입찰업체 숫자를 유지하는 것이 목적이다. 이를 통하여 평가에 필요한 관련된 노력을 집중하고자 하는 것이 근본적 목적이지 최저 비용을 확보하는 것이 주요 목적이 아님을 명심해야 한다. 이와 같은 노력 집중을 통하여 고객사에게 최상의 가치를 제공할 수 있는 공급 대상을 가려내는 것이 목적이다.

공급사에게는 입찰비용이 상당한 부담으로 작용할 수도 있으며 특히 자사가 고객사의 첫 번째 선택대상이 아님을 느낄 경우에는 입찰 참여를 포기할 수도 있을 것이다. 우리 조사에 의하면 입찰 비용은 총 아웃소싱 비용의 0.4%에서 2.5%에 이르는 것으로 밝혀졌다. 입찰비용이 과도한 경우에는 공급사 참여를 유도하기 위하여 2003년에 이루어진 영국국세청(Inland Revenue)아웃소싱 추진 사례의 경우 약 8백만 파운드를 입찰 비용으로 참여 공급사에게 지원한 경우도 있다.

아웃소싱 관련 참여자들은 이와 같은 단계적 선별과정과 준비 작업을 통하여 바람직한 결과들 확보할 수 있으며 이에 따른 효과는:

- 사전 자격요긴과 점진적 입찰자 선발 목록을 확보할 수 있다.
- 최종 선발 가능성이 없는 경우 공급사의 경우도 처음부터 엄청난 양의 제안서를 작성할 필요가 없고 평가 팀의 경우에도 현실적으로 가능성이 낮은 제안서까지 평가하는 무리를 할 필요가 없어진다.
- 시장 참여자로 하여금 참여 동기를 부여할 수 있다. – 단계적 입찰을 하지 않은 경우 한 번의 입찰과정으로 모든 것을 결정함으로써 시장의 참여자 모두에게 엄청난 비용을 발생시키게 되나 단계적 입찰을 통하여 선발 가능성이 희박한 단계에서 사전에 탈락시킴으로써 가능성이 있는 업체만 참여하게 된다.
- 단계적 응찰로 비용을 절감 – 최종 선발에 참여한 업체만이 입찰까지 총 필요비용이

발생

- 입찰 과정에서 중간에 입찰 참여 포기를 할 수 있기 때문에 비용 절감
- 단계별 입찰 과정을 통하여 고객사는 대안을 탐색할 수 있으며 서비스 요구사항을 필요에 따라 변화시킬 수 있다.

5.3 올바른 견해 확보(the right perspectives) – 평가팀 (evaluation team)

평가팀은 다음과 같은 기능을 수행하게 된다:

- 평가 전략과 입찰 평가를 위한 기준 개발;
- 평가 전략에 따라 입찰서류를 평가하고 사업사례(business case)를 준비;
- 기술적, 재무적, 고객 및 계약차원의 성격을 정의하고 현장실사(due diligence)를 수행;
- 평가를 수행하여 평가 팀의 선호에 따라서 권고안을 추진조직에 제안.

평가 팀에 포함된 각 개인들은 가장 적합한 공급사를 선택하는데 막대한 영향을 미치게 된다. 평가에 영향을 미치는 것은 각 평가자들이 가지고 있는 독특한 경험과 인식 그리고 가치관이다. 만약에 그들의 결정이 잘못될 경우 수행조직은 수년간 돌이킬 수 없는 결과를 초래할 수 있다.

따라서 전 장에서 지적한 바와 같이 광범위하고 다기능(cross-functional)적 역량을 가진 평가 팀을 구성하는 것이 매우 중요하며 이 단계에서 아래와 같은 스킬 집합과 견해를 가진 팀이 필요하다:

- 고객에 관한 지식 – 고객의 요구와 인식에 관한 전문가.
- 서비스 – 아웃소싱 범위에 속하는 서비스와 이와 관련된 범위에 포함되지 않은 서비스와의 상호 상관관계.
- 기술 – 기술 선택 대안과 통합요구에 관한 전문가.
- 조직 관리 – 조직 내 사업과 정치에 관한 전문가.

- 계약관리 – 아웃소싱 협약과 계약 관리 전문가.
- 공급사 선발과 구매 – 구매 프로세스와 공정성(probity) 전문가.
- 법률 – 계약 전문가.
- 재무 – 가격 책정, 민감도 분석(sensitivity analysis), 회계 및 현장실사(due diligence) 전문가.
- 인적 자원 – 인력 이관, 중복 업무 및 일반 인적자원 관리 전문가.
- 독립적 자문 – 아웃소싱, 베스트프랙티스, 산업 및 시장, 사업계약 관련 전문가.

5.4 결정 요인(decisive factors) 선택–기준(criteria)

전체 입찰 경쟁 프로세스의 효과성을 증진시키기 위하여 제안요구서를 작성하여 이를 입찰참여자에게 발송하기 이전에 평가 방안을 결정하는 것이 매우 중요하다. 수행 조직이 평가기준을 설정하기 이전에 공급사에게 제안 관련(정보요구서, 입찰, 마지막 결정(offer) 등) 요구서를 발송하면 잘못된 요구를 할 확률이 매우 높아진다. 아웃소싱 결정을 하기 위하여 입찰자의 정보를 받을 때까지 평가 방법이나 기준을 결정하지 않은 경우 추진 조직은:

- 주요 데이터를 빠뜨리고 이는 결국 제안자들이 자신의 가정에 근거하여 제안서를 작성하여 고객사가 기대치 않은 제안을 하게 되며;
- 적합한 정보를 요구하지 않아 결국 계속적인 정보 요구를 초래하여 추진 시간을 늦추게 되며;
- 상대적으로 중요치 않은 분야를 강조하여 제안 사항이 중요치 않은 부분에 집중케 하고;
- 조직적인 요구서 작성이 되지 못하여 입찰자가 효율적으로 입찰에 응할 수 없게 되어 결국은 평가 팀이 효과적으로 평가에 임하지 못하게 된다.

아래 사례는 이와 같은 상황이 발생된 한 은행의 사례를 보여주고 있다.

사례: 은행

한 은행이 공개적 입찰과정의 하나로 상당한 양이 되는 관심 표명서(EOI(expression of interest))를 공급사들에게 발송하였다. 이 서류는 은행의 운영 관련 데이터를 포함하고 있으며 필요 정보를 공급사에게 요구하고 있다. 14개 업체로부터 매우 다양한 형태의 서류를 접수하여 평가한 결과 구조적평가 방법론을 활용하여야 평가 마감시간을 지킬 수 있음을 알게 되었다. 11명의 정보기술 요원으로 구성된 평가팀은 이전에 이와 같은 아웃소싱 거래를 평가해본 경험이 없었기 때문에 구조적 평가팀 활용이 더욱 중요하게 되었다.

이 방법론을 활용하여 평가한 결과 평가에 필요한 정보의 약 30%만이 EOI에서 요구했었다는 사실을 알게 되었다. 이에 따라서 평가 관련 어떤 결정도 할 수 없는 상황이 되었다. 시장에서 추진 조직의 신뢰성을 잃어버리지 않기 위하여 이 단계에 참여한 공급업체 14개 업체 모두에게 RFQ(request for quotation)단계에 참여할 수 있도록 조치하였다. 이와 같은 조치는 결국 평가기간을 2개월 지연시키고 20만 불의 추가적 예산 편성을 초래하였다. 14개 참여 업체가 부담한 비용은 차치하고도 결국 사업자 선정에서 탈락될 나머지 13개 업체가 RFQ단계에서 투입한 비용은 상당하다 할 수 있다.

입찰 가격이 평가의 유일한 판단 기준일 경우에 평가 프로세스는 매우 간단할 수 있다. 그러나 아웃소싱을 통하여 창출하려는 가치와 투자한 비용 즉 '가치 대비 비용'이 평가 기준일 경우는 입찰 평가 프로세스는 매우 복잡해진다. 왜냐하면 가치(value)가 객관적으로 정의되기 어려운 측면을 지니고 있으며 또한 가치를 평가하는 사람의 주관적 인식에 따라 평가결과가 다를 수 있기 때문이다. 그러므로 추진 조직은 먼저 가치를 평가할 수 있는 방안을 개발하여야한다. 이는 서비스에 대한 경험, 특수 분야에 대한 지식, 스킬과 기술의 범위, 유연성(flexibility), 대응성(responsiveness), 계속적인 개선과 같은 항목으로 구성될 수 있다.

가치 대비 비용 평가기준을 활용할 경우 3가지 선발 기준이 제시될 수 있는데:

- 의무사항(mandatory) – 평가 대상이 되기 위하여 필수적으로 통과해야 할 기준.
- 질적(qualitative) 차원 – 비용 대비 가치방정식에서 가치에 대한 평가 부분.

• 비용(cost) – 비용 대비 가치방정식에서 비용에 대한 평가 부분.

평가의무 사항은 추가적인 평가 대상이 되기 위하여 필수적으로 갖추어야할 요건을 평가하는 단계이다. 이 기준은 매우 중요한 요건으로서 이 기준이 만족되지 못한 경우는 가치나 비용측명에서 아무리 월등하여도 고려 대상이 될 수 없다. 이 평가기준은 통과 대 탈락 기준을 활용하거나 최소 요건(minimum) 점수를 활용할 수 있다.

실무적으로 활용되는 의무사항 평가기준은:

• 품질 인증(accreditation)(예 ISO);
• 추진 조직이 요구한 장소에서 서비스를 제공하고 있는 사업장 유무;
• 재무적 건전성(viability);
• 제안 요구에 대한 모든 사항 수행 가능성(full response).

의무 평가 기준을 통과한 입찰자는 다음 단계 평가 과정을 거치게 된다 – 세부 질적 평가기준(detailed qualitative criteria)에 근거한 평가. 이는 가격과 관련되지 않는 가치 평가에 해당하는 평가기준의 충족정도를 평가하게 된다. 이에 대한 연구 조사는 그리 충분히 되어있지 못한 상황이나 그림 5.3에서 제시된 내용이 참고가 될 수 있다.

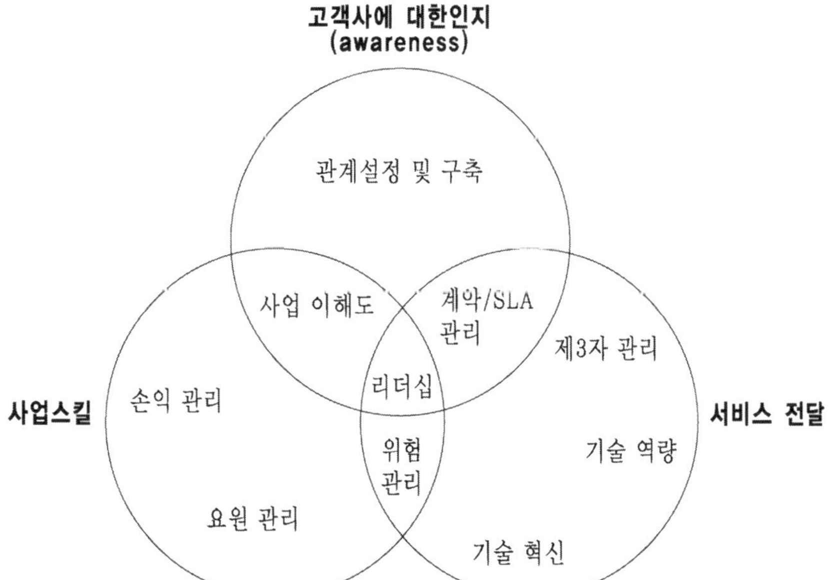

그림 5.3 공급사 필요 역량

표 5.3 질적 평가기준 리스트

기준 구성항목	설명
일반 역량	서비스 및 지역적 성격, 사업상 강점, 제안사항에 대한 추진 역량
구체적 경험	서비스, 산업, 해당 협약과 관련된 세부적 스킬 경험
기술적 접근법	공급사가 제안한 세부 기술적 해결책, 통합 정도, 유연성, 혁신성
인력 접근법	조직구조, 능력, 유지가능성을 포괄하는 투입인력에 관한 해결책(심도, 상황 고려, 보유 전략 등)
위험관리 접근법	계약 및 SLA에 대한 적합도, 위험/보상에 대한 공유전략, 변동, 의견 충돌에 대한 위험 최소화 전략
전환(transition) 접근법	각 관련자의 광범위한 계획 및 역할, 인력과 자산의 절감(take-up), 운영차질의 최소화를 포함하는 세부 이동관련 문제해결책
서비스 현장(account) 관리접근법	파트너링, 보고, 계속적인 개선을 포함하는 관계관리 해결책
재무 접근법	(가격 제외)가격구조, 민감도 분석, 원가절감 정책, 인센티브 관련 구체적 재무 해결책

각 추진 조직은 역량별 중요성과 이를 해석하는 세부 기준이 다를 수는 있기 때문에 각 평가차원별 평가기준이나 가중치는 추진 조직에 따라 다르게 설정되어야 할 것이다. 지난 장에서 저자들이 계약서 관련하여 주요 제목만을 제시한 것과 마찬가지로 표 5.3에서 평가 기준에 대한 주요 항목과 각 항목에 대한 정의만을 제시하고자 하고 각 추진 조직은 이에 근거하여 자신의 상황에 맞는 평가 차원과 가중치를 부여한 평가표를 만들어내는 것이 바람직하다.

평가팀이 질적 평가기준 별로 평가가중치를 부여하는 것이 관행이며 이는 기계적인 단일 과정이라기보다는 이를 도출하기 위한 상호 의견 제시와 절충 과정이라 할 수 있다. 그러므로 다양한 의견을 개진하는 평가팀이 가장 최상의 평가기준과 가중치를 도출할 수 있을 것이다. 평가팀원이 다양한 경험과 가치를 지닌 전문가로 구성되고 이에 근거한 다양한 의견이 개진되어야 성공적인 결과를 도출할 수 있다. 이를 도출하기 위한 기준으로 표 5.4에서 제시된 체계를 활용할 수 있을 것이다.

표 5.4 가중치가 부여된 질적 평가기준 예

평가 기준	하위 기준 가중치	전체 가중치
1. 서비스 제공사 일반 역량		
1.1 서비스 포트폴리오 및 분야별 시장 점유율	10%	1.5%
1.2 인적 자원 관리 접근법	15%	2.3%
1.3 재무적 강점 및 역량(viability)	30%	4.5%
1.4 서비스 제공 지역	15%	2.3%
1.5 사업 강점	5%	0.8%
1.6 주요 고객 및 하청기업 의존정도	5%	0.8%
1.7 고객에 가치 부가 역량	10%	1.5%
1.8 해당 아웃소싱 사업 수행 역량	10%	1.5%
서비스 공급사 퍼센트 총합	**100%**	**15%**
2. 서비스 공급사의 경험		
2.1 아웃소싱 대상 서비스(in scope) 관련 경험 및 서비스 범위	25%	7.5%
2.2 유사 아웃소싱 서비스 경험	10%	3.0%
2.3 동종 산업 관련 경험	10%	3.0%
2.4 유사 조직 관련 경험	5%	1.5%
2.5 고객사에 대한 주요 업적	5%	1.5%
2.6 향후 필요 서비스에 대한 공급사의 서비스 범위 및 심도	5%	1.5%
2.7 고객 추천	30%	9.0%
2.8 주계약자로서의 경험	10%	3.0%
서비스 공급사 경험 퍼센트 총합	**100%**	**30%**
3. 기술적 접근법		
3.1 제안 해결책의 기술적 적합성	35%	7.0%
3.2 기존 시스템과의 통합 접근법의 적절성	25%	5.0%
3.3 기술 개선(refresh)을 위한 접근법	10%	2.0%
3.4 요구 사항 변동 충족 역량	15%	3.0%
3.5 관련 표준 충족도	5%	1.0%
3.6 제안된 이노베이션	10%	2.0%
기술적 접근법의 총 퍼센트	**100%**	**20%**
4. 인력 충원 접근법		
4.1 하청 계약을 포함한 운영 구조	25%	3.8%
4.2 구성 팀의 자격 및 경험	35%	5.3%
4.3 직무 이직율(turnover), 보유 및 교체 전략	20%	3.0%
4.4 주요 인력 인터뷰	20%	3.0%
인력 충원 접근법의 총 퍼센트	**100%**	**15%**
5. 위험관리 접근법		
5.1 계약 및 서비스수준협약 변화 처리	30%	3.0%
5.2 리스크 및 보상 접근법에 대한 공유 정도	10%	1.0%
5.3 서비스 연속성 관리 및 재난복구 협약	15%	1.5%
5.4 변동 접근법(variation approach)	10%	1.0%
5.5 의견충돌 해결책	5%	0.5%
5.6 계약 종료 및 중단 접근법	30%	3.0%
위험 관리 접근법 기준의 총 퍼센트	**100%**	**10%**

항목	비중	총 비중
6. 이관 접근법(transition approach)		
6.1 동원전략(mobilization strategy)	15%	1.5%
6.2 이관 계획 및 시간표	30%	3.0%
6.3 인력 이관 기회(필요 시)	15%	1.5%
6.4 자산 구매 접근법(필요 시)	10%	1.0%
6.5 관련사의 제안된 역할 및 책임	20%	2.0%
6.6 서비스 중단(disruption)최소화	10%	1.0%
인관 접근법 기준 총 퍼센트	**100%**	**10%**
7. 서비스 현장(account)관리 접근법		
7.1 관리 구조 및 인력	15%	2.3%
7.2 파트너쉽 관계관리 접근법	20%	3.0%
7.3 보고 및 청구(billing)시스템	10%	1.5%
7.4 서비스 개선 계획	20%	3.0%
7.5 고객 만족도 평가법	10%	1.5%
7.6 관련 지식 이전 기법	5%	0.8%
7.7 벤치마킹법	20%	3.0%
현장 관리 기준의 총 퍼센트	**100%**	**15%**
8. 재무 접근법 평가		
8.1 가격 책정 구조	10%	1.5%
8.2 원가 절감 접근법	30%	4.5%
8.3 가격 민감도(sensitivity)	30%	4.5%
8.4 벌금/보상 구조	10%	1.5%
8.5 서비스 종결 변화(termination change)	20%	3.0%
재무 평가 기준에 대한 총 퍼센트	**100%**	**15.0%**
총 퍼센트	**100%**	**100.0%**

다단계 입찰의 경우 몇몇 평가기준은 재사용될 수 있을 것이다. 이 때 가중치는 필요에 따라 변경될 수도 있다. 일단 평가기준과 가중치가 정해지면 입찰자에게 요구할 각 단계별 필요정보를 선택하는 절차를 수행한다. 이전에 강조한 바와 같이 평가기준을 설정하기 이전에 단계별 평가를 위한 필요 정보를 미리 결정하는 것이 시간과 노력을 효과적으로 활용할 수 있다. 이러한 과정은 고객사에게나 공급사에게 모두 가장 필요한 노력을 경주하게 하는 상황을 만들어준다.

5.5 공평성과 진실성(fairness/probity) 공표

선발 전략에서 가장 중요한 점은 진실성(probity)에 관한 문제이다. 진실성이란 입찰자 및 관련 단체에게 입찰 프로세스의 공정함과 정직성을 제공하는 것과 관련된다. 이는 다양한 입찰자들의 참여를 유도하고 이들로 하여금 필요한 투자를 하도록 유도하는 효과가 있다. 진실성이 결여될 경우 현재 선발프로세스 자체를 위험한 지경에 이르게 할 뿐 아니라 향후선발 기회도 위험에 빠지게 할 수 있다.

1. 진실성 원칙
   1.1 목적
   1.2 일반적 규칙

2. 진행 규정(code of conduct)

3. 이해의 충돌
   3.1 선언(declarations)
   3.2 발표(disclosing)과 관리 절차

4. 비밀 보장
   4.1 합의
   4.2 절차

5. 보안
   5.1 입찰
   5.2 조직 정보 및 문서화
   5.3 데이터 룸(data room)
   5.4 현장 방문

6. 기록 작성
   6.1 참가 기록, 설명 회의록, 인터뷰, 현장 방문, 행사 후 보고(debriefing) 등
   6.2 수령 프로세스, 기록 및 입찰 시인(acknowledging bids)
   6.3 Q & A 기록

7. 평가 프로세스
   7.1 입찰 전략
   7.2 평가기준 설정, 공개정도, 잠재적 변경 관리
   7.3 현장 실사(due diligence)
   7.4 통부
   7.5 Q&A프로세스 정보 공개

8. 승인
   8.1 평가 기준
   8.2 선발 추천

9. 선정 후 보고(debriefing)
   9.1 공개된 정보
   9.2 승인된 인원

그림 5.4 진실성 계획 개요(probity plan outline)

진실성을 통하여 잠재적 입찰자들은 입찰과정에서 모든 입찰기업이 전문가로 대우 받을 것이며 일부 입찰자가 우월적 위치를 점하지 않으며 모든 정보가 모두에게 공평하게(parity) 제공될 것이라는 확신을 가질 수 있어야 한다. 아웃소싱 추진 기관이 이를 성실히 지키지 못할 경우 향후 상당한 대가(소송, 재입찰, 홍보 등)를 치르게 된다. 아웃소싱 추진 기관이 적절한 절차를 거치고 있는지 분명히 규정된 진실성 확보 절차를 가지고 있는 지를 확인하기 위하여 독립적인 감사가 필요할 수도 있다. 그림 5.4는 이를 보여주고 있다.

진실성을 확보하기 위해서 이에 따른 비용이 발생하기 마련이다. 특히 진실성이 사업적 논리를 무시하였을 경우에 문제가 발생될 수 있으며 아래 사례가 이를 잘 보여주고 있다.

사례: 정부 부서

정부 각 부서의 사무공간 관리 담당 부서가 다단계 입찰 절차 진행하고 있다. 현재 ROI, EOI단계를 마치고 RFT단계를 진행시키고 있다. 각 단계 마감은 정해진 날짜 오후 2시까지 봉인된 함에 제출하도록 되어있다. 진실성 관리자가 이를 수거하여 평가가 진행되는 사무실에 전달하였다.

다양한 방법과 노력을 통하여 초기 25개 ROI참여 기업 중에 RFT단계에 3개 기업이 초청되었다. 이 단계에서 입찰에 5분 늦은 업체가 최종 입찰에 참여할 수 없는 조치가 취해졌다.

아웃소싱 추진 기관은 진실성 담당자에게 해당 업체의 참여를 강력히 요구하지 못하였다. 최종 두 업체 중에서 한 업체를 선발 하였으나 아직도 최상의 업체가 5분 늦게 입찰서류를 제출하여 이를 탈락시킨 것이 최선의 업체를 뽑지 못한 결과를 가져왔다고 생각하고 있다.

5.6 시장 패키지(market package) 준비

시장패키지란 아웃소싱 추진 고객이 잠재적 입찰자들을 위하여 시장에 공개한 정보를 말한다. 이 서류에 포함된 정보의 품질과 명확성이 입찰 참여한 기업의 제안(offers)의 질을 결정하게 된다. 쓰레기가 투입될 경우 여기서 양질의 산출물이 나올 수 없다(garbage in, garbage out). 시장 패키지, 특히 아웃소싱 관리서류(계약서, SLA, 가격모델 등)가 최종 본에 가깝게 작성되었을 경우 추진 기관(고객사)이 원하는 서비스를 확보하고 협상력을 높일 수 있다. 이를 통하여 우연성(chance)과 공급사의 기회주의적(opportunistic) 행태를 방지할 수 있기 때문이다.

기존에 고객사가 제시하는 시장패키지는 고객이 원하는 바를 구체적으로 기술한 관련 문서의 집합이라기보다는 제안요구에 대한 간단한 배경 설명과 요구사항에 대한 설명을 위주로 작성된 요구서를 의미한다. 이러한 상황에서 서비스 공급사도 정확한 요구사항을 이해하기 힘들고 차후에 평가자들도 평가 기준을 도출하기 힘들게 된다. 이는 새를 잡기 위하여 한방의 총알을 활용하는 것이 아니라 산탄총을 사용하는 사냥에 비유될 수 있다.

이를 해결하기 위한 방안은 시장패키지가 한 파트에서는 공급사 즉 입찰자가 알아야하는 정보를 제공하고 나머지 파트에서는 추진 조직의 의사결정을 위하여 필요한 정보를 자세히 기술하는 방법이다:

- 파트 1: 입찰 참여 기업을 위한 정보로서 이는 배경 정보, 입찰 조건(제안서 제출 관련), 현재 서비스 관련 정보, 공급사가 가격을 설정하기 위하여 필요한 서류와 SLA 및 계약서를 포함한다.
- 파트 2: 응답 체계로서 이는 공급사 응답 체계와 입찰자의 공식적 입찰가격(quotation) 제출에 관한 사항을 포함한다. 응답자(입찰참여 기업)에게 요구한 질문은 선발 전략에서 개발되어 제시된 기준에 기반하여 개발된다. 이를 통하여 입찰 참여기업은 향후 평가 시에 활용될 항목을 이해하고 각 항목에 대하여 높은 점수를 받기위한 정확한 정보를 기준으로 제안서를 작성하게 된다. 그림 5.5는 시장패키지의 파트 1과 2를 설명하고 있다.

파트 1: 입찰 서류(tender document)	파트 2: 응답 체계(response framework)
1. 시장패키지 구조 2. 배경 2.1 선발 프로세스 목적 2.2 요구되는 서비스 개관 2.3 조직 개관 2.4 서비스 환경 3. 지시 사항 3.1 추진 시간표 3.2 응답 조건 3.3 평가 프로세스 3.4 설명회(briefing) 3.5 통보 및 질의 절차 3.6 계약 담당자 3.7 비밀보장(confidentiality) 3.8 서류 소유권 3.9 진실성(probity) 3.10 입찰 프로세스 관련 고객사 권리 4. 현재 수행되는 서비스 4.1 서비스 프로파일 4.2 관리 프로파일 4.3 인력 프로파일 4.4 대차대조표 4.5 현 계약/ 관계 체계 4.6 주요 관련자 프로파일 5. 미래 요구사항 5.1 확정된 미래 요구사항 5.2 잠재적 미래 요구사항 **첨부** 계약서 서비스수준 협의서(SLA) 운영 및 기술 데이타	1. 감사의 말(acknowledgment) 2. 기업 소개 3. 평가기준 1 3.1 하위 평가기준 1, 질문 및 정보요구사항 3.2 하위 평가기준 2, 질문 및 정보요구사항 3.3 하위 평가기준 3, 질문 및 정보요구사항 4. 평가기준 2 4.1 하위 평가기준 1, 질문 및 정보요구사항 4.2 하위 평가기준 2, 질문 및 정보요구사항 4.3 하위 평가기준 3, 질문 및 정보요구사항 · · · · 5. 평가기준 N 5.1 하위 평가기준 1, 질문 및 정보요구사항 5.2 하위 평가기준 2, 질문 및 정보요구사 5.3 하위 평가기준 3, 질문 및 정보요구사항 6. 계약서 및 SLA 제안 6.1 계약서 관련 제안사항 6.2 SLA관련 제안사항 7. 가격 모델 7.1 고정 가격 7.2 변동 가격 7.3 요율표(schedule of rates)

그림 5.5 시장패키지 아웃라인(outline)

표 5.5 입찰 촉진 대안(bid facilitation options)

유형	설명
설명회(briefing)	공급사는 추진 조직을 만나서 정보를 획득할 수 있는 기회를 갖기를 원한다. 이 경우에 다음과 같은 정보에 관한 설명을 청취하게 된다: • 추진 조직에 관한 배경정보, 역사, 미래 전략 • 아웃소싱 추진 이유, 주요 요구사항에 대한 논의, 공급사에 대한 기대 사항 • 주요 관련자에 대한 소개 및 그들의 주요 기대 사항 • 시장 패키지에 대한 개관, 평가기준, 주요 일자, 선발 프로세스관련 향후 주요 단계 • 시장 패키지에서 설명되기 힘든 목표, 이슈와 같은 사항에 대한 정보
질의응답(Q & A)	공급사는 입찰 기간 동안 항상 다양한 질문 사항을 발견하게 된다. 이에 대처하기 위해서는 문서화된 질의응답 절차를 활용한다. 시장 패키지에 관한 정보를 발송하여 이를 입찰 참여자와 공유하여야 한다. 사적인 정보는 질의응답의 대상이 아니다.
현장 방문 (site visit)	서류로 관련 정보가 잘 전달되지 못할 경우에 입찰 참여자들은 현장방문 기회를 가질 수 있다. 수행 기관의 대표자 2명이 참여하여 입찰 기업이 충분한 정보를 얻을 수 있도록 지원한다.
워크숍	이는 다양한 형태로 진행될 수 있다(브레인스토밍, 아이디어 창출, 문제해결, 조직 운영에 대한 소개 등). 이를 통하여 공급사의 해결안을 고객사에 맞출 수 있는 기회를 갖게 된다. 다양한 문제를 제시하고 이에 대한 견해를 교환하는 것은 충분히 가치 있는 활동이다.
데이터 룸 (data rooms)	시장패키지에 모든 정보를 포함시키는 것이 불가능하고 바람직하지 않은 경우가 발생할 경우 적합한 방안이다. 이 경우 사무실에 필요 시에 관련 정보와 정보를 탐색할 수 있는 모니터를 설치하고 이를 활용하도록 지원. 이 경우 입찰자 모두에게 활용할 수 있는 기회가 주어진다. 미리 시간을 예약하여 활용하나 허가 없이는 관련 자료를 복사하거나 이동할 수 없는 것이 보통이다.
발견/현장실사 (discovery/ due diligence)	시장패키지 정보를 확인할 수 있는 기회를 입찰사에게 부여하고 관련 의사소통기회를 부여. 현장 실사를 통하여 제안요구서의 중요한 가정을 규명하고 이를 통하여 공급사의 자격요건 및 위험을 최소화한다. 공급사의 현장 실사는 다음을 포함할 수 있다: • 기존 서비스협약, 계약서, 하청계약, 서비스 공급사 협약서, 리스 협약, 장비, 유지보수 현황 및 향후 공급사가 책임을 맡아야 하는 부분에 대한 검토 • 자산 재고 검토, 소유권 상태와 시장가치를 확인 • 서비스 정의, KPI, 기준원가(baseline cost), 용량, 업무량(loads), 업무 미처리량(backlogs) 검토 • 컨피규레이션, 시스템소프트웨어, 문서화, 보안, 변화관리 확인 • 응용시스템 조직, 표준, 정책 및 절차 검토 • 동일한 조건으로 이관될 요원에 대한 확인 • 관리자, 사용자, 주요 관련자 인터뷰 • 통합테스트 및 진단

5.7 공급사 선정-ITO는 경매(auction)가 아니다.

성공적인 ITO가 어떤 희생을 치르더라고 최저가격을 확보하는 것으로 잘못 이해되는 경우가 허다하다 - 성공적 아웃소싱 계약은 유지가능(sustainable)한 해결책을 제공하는 공정한(fair)계약을 체결하되 이를 제공할 수 있는 역량 있는 공급사(superior)로부터 저렴한 가격(the lowest price)을 확보하는 것이라 할 수 있다. 이는 한번 하고 끝나는 경매라기보다는 향후 계약 당사자에게 경제적 및 전략적 결과를 초래하는 계속적인 관계(ongoing relationship)이다. 이를 고려하여 현명하게 공급사를 선택한 기업은 성공 확률을 높일 수 있으나 그렇지 않을 경우 성공하기란 지극히 어려운 거래라 할 수 있다. 아래 사례에서 보듯이 가장 저렴한 가격이 가장 가치 있는 거래가 아니라는 점을 명심하기 바란다.

사례: 소매 유통기업

소매유통 회사의 정보기술 부서가 최근에 구매 경력이 있는 관리자를 영입하였다. 그녀의 신념은 일반 상품과 같이 시장에서 표준화된 형태의 제품이나 서비스는 아웃소싱 되는 것이 바람직하며 기업은 대신에 운영사업부의 사업 가치를 창출하는 데 집중하는 것이 현명하다고 생각하고 있다.

그녀는 표준화된 상품형 IT서비스를 아웃소싱 대상으로 생각하여 데이터센터 아웃소싱을 고려하고 이에 대한 관심이 있는 공급사에게 RFT 참여 비용 500불을 부과하여 참여토록 하였다. 특히 이와 같은 서비스는 차별화하기 힘들다는 가정하에 가장 저렴한 서비스 공급사를 채택해야 한다는 전략을 수립하였다. 이에 따라서 가장 저렴한 가격을 제시한 공급사가 선정되었으며 제안 가격이 다른 입찰 경쟁자보다 30% 저렴한 가격을 제안한 업체가 선정되었다.

계약 체결 후 일이 정상적으로 진행되지 않기 시작하였다. 서비스 제공 상의 변동이 심하여 이를 관리할 인력이 투입되었으나 목표 서비스 수준은 거의 성취되지 못하고 있었으며 계약 시 제공하기로 약속했던 자원도 사용 제한을 하는 상황에 이르게 되었다. 이를 해결하기 위하여 고객사는 아웃소싱 계약 이전 서비스 수준을 확보하기 위하여 전문가를 고용하여야만 했다. 일 년이 가지 못하여 총 비용이 입찰 시 가장 높은 가격을 제시한 업체의 비용을 상회하게 되었으며 내부 요원은 아웃소싱 추진의 원래 목표였던 운영업무 가치 창출은커녕 그때그때 발생하는 문제를 해결하기에 급급하게 되었다.

5.7.1 입찰 평가를 위한 점수화(scoring bids)

입찰 내용을 비교하는 것이 경쟁적 평가 절차의 초기 활동이다. 정보요구 사항에 대한 공급사의 반응 즉, 입찰을 평가하는 과정은 매우 지루한 과정이나 가장 중요한 프로세스라 할 수 있다. 이는 분명한 결론을 도출하기 위한 확실한 이해가 필요한 과정으로서 제안 상의 문제점, 감성적 기술, 불분명한 주장을 고객사가 원하는 실제적 해결책(pragmatic solution)과 구분하는 역량을 요구한다. 그러므로 평가 팀이 최종 점수를 부여하기 이전에 몇 번에 걸친 평가와 명확화 과정을 거쳐야 한다. 일반적으로 평가 절차는 한 번의 회의를 통한 결론의 형식을 거치는 것이 보통이나 이는 매우 위험한 프로세스이다.

입찰 시 질적 평가기준을 평가하기 위해서는 다음과 같은 두 가지 방안을 활용할 수 있다:

1. 우선순위 결정법(ranking method) - 각각의 입찰은 각 평가기준 별로 가장 우수한 업체부터 가장 열등한 업체로 구분된다. 예를 들어, 5개의 입찰 경쟁자가 있는 경우, 각각은 평가기준 별 순위를 1등부터 5등으로 부여받게 된다.
2. 점수법(scoring method) - 각각 업체는 평가기준별로 점수를 부여받는다. 점수시스템은 다음 예와 같이 설정될 수 있다:

   0 응답없거나 전혀 적용되지 못함
   1 부실한 응답, 위험이 매우 큼
   2 대부분의 요구사항을 만족하나 주의를 요함
   3 요구사항을 만족하여 문제 없을 것으로 예상
   4 다른 입찰자에 비해 월등한 제안

입찰 평가 시 점수화는 공식적 평가의 일부분임을 명심해야 하며 이 이외에 탐색정보(intelligence information)를 활용하여 이를 보완하여야 한다. 보완방안은 표 5.6에 제시되고 있다.

표 5.6 평가 프로세스에 활용 가능한 대안

기법	설명
발표 (presentations)	시장 패키지나 입찰은 모두 서류를 기반으로 한 의사소통 방안이나 발표회를 통하여 공급사가 '자신의 언어로' 자사의 제안 내용을 표현함으로써 비언어적 표현을 활용한 의사소통을 평가에 활용할 수 있다.
인터뷰	제안사의 고객요구에 대한 이해도, 자신이 작성한 내용에 대한 이해도, 다양한 질문에 대한 의견을 청취할 수 있다. 주요 참여 인력을 직접 만나서 그들의 역량을 확인할 수도 있다. 아웃소싱의 성공여부는 조직 자체보다는 참여 인력간의 관계(relationship)가 더 큰 상관관계가 있으므로 이를 통하여 적합한 사람과의 관계가 가능한지를 탐색할 수 있다.
워크숍	관련 당사자들이 함께 팀워크를 발휘할 수 있는지 문제를 해결할 수 있는지를 확인할 수 있다. 특히 상호 의존성이 높은 경우 이를 통하여 견해를 교환하고 문제를 풀어보는 경험은 시간과 자원을 투입하여 워크숍 기회를 갖는 것이 이를 통한 문제해결의 효과성을 검증할 수 있는 기회를 만들 수 있다.
현장 방문 (site visits)	공급사의 운영 현장을 방문함으로써 그들이 현재 사업을 운영하는 방식에 대하여 이해할 수 있는 기회를 갖게 된다. 공급사의 현재 고객 현장을 방문함으로써 공급사의 고객사 관계관리 현황을 파악할 수 있다.

5.7.2 아웃소싱 고객사의 총비용(cost) 결정

ITO 총비용 대비 가치(value for money) 방정식의 총비용(money) 부분은 (1) 제시된 가격(quoted price)과 (2) 관련비용(costs)으로 구성된다. 완전 고정가격(fixed price) 계약을 제외한 다른 형태의 계약 가격은 상이한 상황을 반영한 상이한 원가체계를 갖게 된다. 주요한 가정이 변하게 되면 이는 비용과 가격에 영향을 미치게 된다. 주요 가정은 시간에 따라서 변하게 되며 이는 공급사 필요사항과 위험요인에 영향을 주어 비용과 가격에 궁극적으로 영향을 미치게 된다. 이를 해결하기 위해서는 최상, 최악, 기대되는 수요에 근거한 시나리오를 가정하여 각 상황별 입찰가를 산출하는 것이 바람직하다. 적절한 입찰가격을 평가하기 위해서는 다양한 민감도 분석이 필요하게 된다.

ITO 총비용(total cost)은 공급사가 제시한 가격과 거래 비용 및 관리 비용을 합한 금액이다. 각 입찰 건은 각기 다른 전환(transition), 관리, 거래 종결(termination)관련 비용을 가정하기 때문에 총비용을 산정하기위하여 각각에 대한 예상비용이 산정되어야 할 것이다. 표 5.7은 고려해야할 각 비용 요인을 제시하고 있다.

표 5.7 ITO 총비용

원가	설명
가격(price)	가격은 하나의 숫자로 제시되기보다는 일정 범위로 주어지는 경우가 많다. 고정 가격과 변동 가격 요인을 동시에 가질 수 있다.
전환 비용(cost)	이 비용은 ITO협약을 운영으로 전환하는 데 소요되는 비용으로 다음 항목으로 구성된다: • 공급사에 의해 부과된 이전 비(transition fee) – 고객사는 이 비용이 어떻게 지불될 것인가에 대한 의견을 표명해야 한다(계약 시 한 번에 또는 아웃소싱 기간에 걸쳐서 비용 지불). • 장비구매비용, 순 세금(net of tax) – 실제 수령 현금 액은 장부 상 가격과 적정한 시장 현가의 차이에 고객사가 해당 자산에 지불해야 하는 세금의 합 • 이관 팀 관련 비용 – 각 공급사는 이관방법에 따라서 고객사의 요구사항 달라짐과 이에 따른 비용의 차이도 나타남을 알게 된다. 관련 이관이 적정히 이루어졌는지를 입증하는 데 드는 비용도 포함된다. • 인력 비용(personnel costs) – 퇴직 비용, 전직알선(outplacement)비용, 노조법정소송비용 등이 인력 이관 비용을 구성한다. 이는 공급사로 이전하는 인력 수와 조건에 따라 달라질 수 있다.
보유 비용 (retained costs)	아웃소싱과 관련하여 범위 내(in scope)에 관련된 모든 비용이 공급사에게 이전되거나 제거되는 것이 아니다. 공급사의 제안에 따라서 아웃소싱 추진 조직이 보유해야 하는 매몰(sunk)비용이 있게 된다. 예는: • 장비 리스비용 – 공급사에게 이전되지 않거나 계약 상 이전될 수 없는 비용 • 중복자원 – 장비, 소프트웨어, 서비스등 공급사에게 이전되지 못하는 자원관련 • 보유인력비 – 공급사가 요구하지 않아 내부에 보유하게 될 인력 관련 비용
계속 발생되는 관리 비용	각 공급사의 제안에 따라서 상이한 관리 자원이 필요하게 되고 이는 이에 따른 관리 비용이 발생된다: • 아웃소싱 이전과는 다른 관리 상황에서 필요한 상이한 스길(협상, 계약관리, 성과측정, 해결책 무색) 관련 비용 • 현 직원의 교육 훈련 비용 • 기타 스킬(요금 청구 및 관리, 관리 운영 비 등) 관련 비용 • 공급사 감사 비용 등

5.7.3 최상의 비용 대비 가치(value for money) 산정을 통한 최상의 입찰자 선정

일단 입찰이 평가되고 가격 범위가 결정되면 아웃소싱 추진조직은 선호하는 공급사를 선정할 수 있다. 가격만을 가지고 공급사를 결정하는 것보다는 '비용 대비 가치' 특성을 고려하여 공급사를 선정하는 것이 업계의 상례가 되고 있다. 이는 아웃소싱 추진 조직들의 경험에 의하면 입찰 시의 최소 비용이 향후 아웃소싱 추진 시 총비용의 최소화를 의미하지 않기 때문이다. 사실 대부분의 경우 입찰 시 최소 가격이 최대 비용 발생을 초래하는 것이 더 흔한 사례였다.

이와 같은 경험은 추진 조직이 단지 최소 가격을 제시한 업체나 최고 품질을 제시하는 업체를 선택하지 않는 다는 것을 의미한다. 대신에 비용대비 최고의 가치를 제공하는 업체를 선택하게 된다(그림 5.6 참조). 이는 최대 허용 비용(대부분의 경우 내부의 기준사례(in-house base case))과 최소 품질기준(품질 차원에서 최소한의 허용 기준)을 활용하여 결정된다. 입찰사는 먼저 이 범위를 만족시켜야 하고 최선의 비용 대비 가치를 제시한 공급사의 입찰은 가격의 순 현재가(net present value) 대비 품질 점수(qualitative score)를 산출하여 결정할 수 있다.

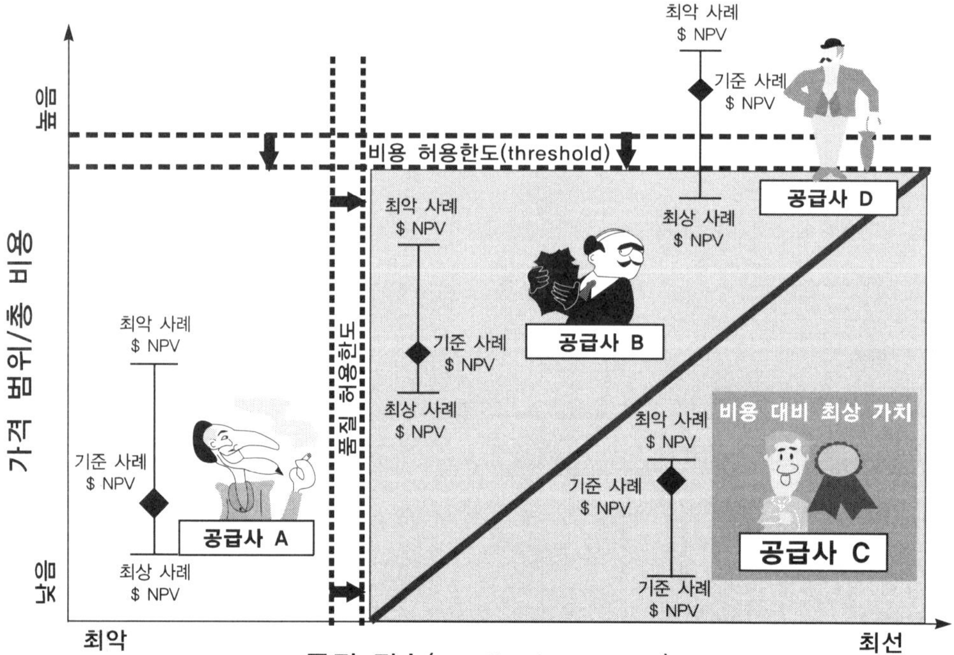

그림 5.6 최선의 비용 대비 가치 결정

그림 5.6은 4개 공급사의 입찰 제안(A, B, C, D 사)을 평가하는 프로세스를 보여주고 있다. A사는 최소 품질기준을 만족시키지 못하여 평가에서 탈락한다. 공급사 D는 가격이 너무 높고 B사는 다방면에서 기본 조건을 충족시키나 공급사 C안이 여러 조건을 최상으로 만족시키고 있다. 그러나 이 경우에도 최종 결정을 내리기 전에 본 제안에 대한 가정을 다시 한 번 검토할 필요가 있으며 향후 계약 시 협상의 근거로 활용되어야 한다.

5.8 현장 실사(due diligence investigations)

입찰 평가를 포함한 여타 평가 기법은 단지 개념적 차원에서 가장 적합한 ITO해결책 선택을 지원해준다. 제안서에서 제시한 내용의 현실적 타당성과 실행가능성은 실제 검증이 필요하다. 아직 현실적 타당성 검증이 끝나지 않은 이론적 타당성 검증단계까지만 이르렀다는 점을 명심해야 한다. 대부분 이 단계에서 고객사는 입찰사의 주장에 근거하여 현실적 타당성을 검토하는 것이 보통이다. 현장실사를 통해서 이론적 검증이 현실적 실현 가능성으로 검증되어야 한다. 현장실사는 입찰에서 최상 업체로 선정된 공급사를 대상으로 계약 체결 이전에 세부적이며 심도 있는 분석을 수행하는 과정이다(또는 BAFO단계에 선정된 업체). 현장 실사를 통하여 위험 관리 분야를 구체화하게 되며 이 시기에 입찰 시에 제안한 내용을 실제로 확인하게 된다.

현장실사를 통하여 공급사가 과연 유지 가능한(sustainable) 조직인지, 입찰 시에 소개한 소식과 실제 상황은 일치하는지, 약속한 서비스를 제안한 가격으로 수행할 수 있는지를 점검하게 된다. 현장실사 기간 중에 중요한 이슈에 대하여 양사가 분명히 해결해야 하는 경우가 발생하는 것이 보통이며 이를 해결한 후에 계약을 체결하게 된다. 이를 통하여 고객사만이 유리한 입장을 취하게 되는 것이 아니라 공급사도 불완전한 정보에 근거하여 제시된 제안이나, 고객 자산에 대하여 과도한 지불가격을 책정한 것을 조정하거나, 고객사가 산정한 과도한 비용(cost)산정에 대한 조정을 통하여, 입찰 시에 과도한 가격 경쟁으로 인해 과소평가된 부분을 조정할 수 있는 기회를 갖게 된다. 이는 공급사에게도 자신의 가치를 재평가하여 반영할 수 있는 기회가 된다는 점을 이해해야 한다.

실제 아웃소싱 수행 이전에 수행해야 하는 5가지 형태의 현장 실사 기법이 있다:

1. 가격(price) 검토.
2. 해결책(solution) 검토.
3. 공급사(company) 검토.
4. 고객 추천(customer references) 검토.
5. 계약 관련(contractual) 검토.

5.8.1 가격 검토

최저 가격을 입찰 시에 제시한 경우 대부분 이는 의도적인 즉, 아웃소싱 수주를 위한 전략으로 이해하여야 한다. 그러나 실제로 이는 의도적이기보다는 원가 항목을 간과하거나, 빼먹거나, 불충분한 정보, 요구 사항에 대한 과도한 단순화, 불충분한 지식에 기인한 경우도 많다. 추진 고객사는 이와 같은 상황이 발견되었을 경우 두 가지 방안이 있을 수 있다:

(1) 이를 액면 그대로 받아들이고 공급사가 '승자의 저주(winner's curse)'라는 상황을 자신이 감당하도록 하는 것이다. 그러나 이 경우 공급사의 서비스 품질이나 전달 상의 문제를 최소화하기 위해 고객사가 관리체계를 강화해야하는 문제점이 발생할 수 있다. 혹은 (2) 현장 실사를 통하여 공급사가 활용한 가정이나 가격의 현실성을 점검하고 미리 조정하는 것이다.

가격관련 현장 실사는 아래와 같은 항목에 대한 서비스 제공을 위한 직접비용(direct cost)을 평가한다:

- 계약을 위해 제시된 인력의 적절성(인력 수 및 스킬 수준).
- 감가상가의 적정성 및 신규 도입(refresh)의 적정성.
- 라이선스 및 유지보수 비용.
- 지역적으로 분산된 경우 업무 추진 관련 출장비.
- 재구성(reconfiguration), 네트워크 설치 등을 포함한 실행 비용(implementation costs).

5.8.2 해결책(solution) 검토

입찰 시 제출된 제안서류에 근거하여 검토된 해결안은 성격 상 이론적인 해결책으로 아직 현실적 타당성을 검증하지 못하였다고 할 수 있다. 제안된 해결안이 유사한 조직이나 환경 하에서 테스트되지 못한 경우는 더욱 그러하다. 이를 방지하고 현실적 타당성을 확보하기 위해서 현장실사를 수행할 수 있으며 이는 시스템통합테스트, 시스템 현장조사(walkthrough), 현장 방문을 통하여 제안된 해결안이 추진 조직에서 제안한 데로 운영될 수 있는지를 확인하는 과정이 필요하다.

현장실사를 통한 해결책 검토는 제안의 기술적 실현가능성과 서비스 전달의 현실성을 테스트하게 된다. 이는 다음과 같은 사항을 점검하게 된다:

- 도구(tools), 시스템 및 기술 인프라스트럭처.
- 운영 및 변경(change)관리, 오류(fault) 수정절차 및 프로세스.
- 인력 및 관리 절차.
- 기술 및 조직적 인터페이스 및 통합.
- 보안, 재난 복구 및 상황대처 계획(contingency planning), 시스템 및 인프라.
- 보고 및 요금시스템(billing systems).

다음 사례는 현장 실사 과정에서 발견될 수 있는 해결책 검토에 따른 변경 예를 보여주고 있다.

사례: 광산업

글로벌 사업을 수행하고 있는 한 광신 회시는 아웃소싱 공급사를 선정함에 있어서 기술적 해결책에 근거하여 선발하였다. 이 기술은 추진 조직에게는 전략적 도약을 의미하기 때문에 현장실사를 통한 타당성을 검증한 후에 계약을 체결하기로 하였다. 현장 실사 결과 당 공급사는 관련 기술을 아웃소싱 해당 지역에서 설치 운영해본 경험이 없었다. 구체적으로 이 회사는 미국 내에서만 이를 운영해본 경험이 있으며 해당 팀은 이미 2년간 기존 업무 수행 때문에 다른 추가적 업무를 수행하기 힘든 상태였다.

미국담당 팀은 아웃소싱 고객사와 만나서 해당 프로젝트 실행과 관리에 대하여 토의하기로 하였다. 고객사의 신뢰를 확보하기 위하여 공급사의 지역 본부 담당자들도 참여토록 조치하였다. 몇 번에 걸친 워크숍 결과 추진 조직은 제안된 기술적 해결책의 유용성에 대하여는 더욱 확신을 갖게 되었으나 이를 전달할 담당 팀의 역량에 대해서는 확신하지 못하는 상황이었다. 고심 결과 본 계약은 패키지 아웃소싱 계약에서 해당 해결책을 지원하는 소프트웨어를 구매하여 내부에서 운영하는 형태로 변경되었다. 고객사는 이를 운영할 내부 팀을 새로 구성하고 이를 학습하여 운영하도록 하였다.

5.8.3 공급사(company)검토

공급사에 대한 기업차원에서의 특성을 분석하는 것은 매우 중요하며 기본적인 사항이라 할 수 있다. 추진 조직은 브랜드 이미지가 곧 재무적 건전성일 것이라는 가정의 진실성을 검토해야 한다. 브랜드는 대부분 이미지 마케팅의 결과인 경우가 많다. ITO를 위한 상대 기업에 대한 조사는 인수 합병을 위한 조사와는 다르나 유사성을 가지고 있으며 인수 합병 시 활용하는 소유구조, 중역에 대한 역량 조사, 상세한 재무 분석, 미래 예측, 고객 및 하청업자와의 관계 등을 조사할 수 있다. 아래와 같은 사항에 대하여 공급사의 건전성을 조사하게 된다:

- 기업 프로파일 – 설립일, 역사, 서비스/제품, 기업 구조, 자산 구조(capital structure), 주주구성, 사업 분야.
- 이사 및 주요 중역 – 조직도, 개인 이력(profile), 관련자와의 거래(related party transactions).
- 수익(revenue) – 시장 규모, 회전율(서비스, 고객, 지역, 주요 고객 별 전체 수익에 차지하는 비율), 현 제안의 규모
- 회계 – 연차 보고서, 외부 감사, 내부 감사 기능, 주요 회계 시스템
- 재무 건전성 – 유동/고정/무형 자산, 단기/장기/ 부채, 현금흐름, 보험, 관련 거래(related entity transactions)
- 직원 – 서비스/고객/지역 별 직원, 산업 관계(industrial relations), 이직률, 교육 및 훈련

5.8.4 고객 추천(customer reference) 검토

고객 추천검토는 거의 의무적(mandatory) 절차라 할 수 있다. 이는 공급사가 제안한 해결책에 대한 고객사의 느낌과 만족도를 확인할 수 있는 방안이다. 가장 적절한 추천 고객은 아웃소싱 추진기업과 환경이 유사하고 제안된 내용이 유사하며 제기된 이슈(예를 들면 실행, 통합, 가격, 인력 및 거래 관련 유사성이 높은 기업)가 같은 고객일 것이다.

고객 추천 검토 시에는 아래 항목을 검토한다:

- 두 기업(고객사와 자사)사이의 차이 평가 – 기업 프로파일 차이, 협약의 범위(서비스 유형, 지역적 범위, 복잡 정도, 규모, KPI 등).
- 아웃소싱 추진 사유, 여타 대안(options), 당 공급사 선택 이유.
- 실행관련 이슈 – 시간 또는 예산 대비 서비스 전달 효과성, 서비스 공급사의 역할, 발생된 이슈 등.
- 서비스 전달 성과 – 기술적 통합 및 관리, KPI, 사업 및 비 사업 활동에 대한 성과, 하청 및 제3 계약사 관리 등.
- 인력지원 – 인력의 질, 인력 관리, 이직률, 이관된 직원의 통합 및 만족도 등.
- 계약 및 SLA준수 정도, 감사 발견 사항 및 해결, 차이 – 이유, 결과 및 관리.
- 문제 해결 – 문제 유형, 방법, 역할, 공급사 역할 등.
- 초기 계획된 보유 조직과 현재 필요한 보유 조직.
- 비용, 공급사 강약점, 관계관리, 공급사 대표자(representations) 만족도, 고객사에 대한 효과 창출 등을 포함하는 전반적 만족도.
- 사후 경험(hindsight) – 고객사가 다시 계약을 추진할 경우 제안, 경험, 함정(pitfalls).

5.8.5 계약관련(contractual) 검토

이 과정을 통하여 모든 합의된 계약상의 주장과 조항이 실제 증거에 근거했는지를 검토한다. 이는 보험서류 사본, 보장 항목(guarantees), 하청계약서, 인증서 등을 포함한다. 계약서에 동의한다는 것이 자동적으로 계약서에 포함된 사항이 실제로 존재한다는 것을 의미하지 않을 수 있으며 최악의 경우 공급사를 법정에 세우는 대안이 있다는 단순한 협상 전략은 현명한 대안이 될 수 없다.

계약에 대한 검토는 계약서에 제시된 사항이 실제 존재하는지를 확인하는 것이다:

- 보험.
- 보장 항목(guarantees) – 재무 및 성과.
- 하청 계약서.
- 하자보상(warranties).
- 인증서(예 품질)와 표준에 대한 준수.

5.9 협상(negotiation)

ITO 계약 시 협상에 대하여 너무 많은 언급 때문에 아웃소싱을 추진해 보지 못한 조직의 경우 이를 ITO생명주기의 가장 중요한 분야로 생각하기 쉽다. 그러나 이는 아웃소싱이 당사자를 대상으로 광범위한 협의를 하여야 하며 이는 곧 협상을 의미한다는 잘못된 인식에 근거했다고 할 수 있다. 만약에 협상이 아웃소싱 추진 상의 중요한 이슈로 등장한다면 이는 분명 아웃소싱 추진 초기에 무엇인가 잘못 수행했다는 반증이다. 이는 추진 조직이 자신의 의도를 계약서나 SLA작성 시에 분명히 전달하지 못하였거나 기준 사례 작성이 잘못되었거나, 공급사가 협상테이블에서 자신의 제안을 바꿀 경우 이에 대한 차선책을 고객사가 제시하지 못하여 공급사가 기회주의적으로 행동하도록 허용하였기 때문이다. 사실 이전 단계에서 고객사가 자신의 요구 사항을 정확히 확인하고 이를 공급사와 현장조사를 통하여 구체적으로 조정, 절충하였다면 이론적으로는 필요 없는 단계일 수 있다.

아웃소싱 추진을 위한 빌딩블록 접근법을 충실히 따를 경우, 협상이란 아웃소싱 수행기업 상호 간 관련서류의 내용이나 문구를 더욱 구체화하는 과정이라 할 수 있다. 이는 계약 당사자의 원래 의도를 포기하는 과정이 아니다. 계약서와 SLA는 제안되어 검토되어 채택되었으며 이는 현장실사를 통하여 검증되었고 이관과정이 준비되었고(갱신된(novated)라이선스, 자산 재고 등), 내부 보유 조직도 이미 결정된 상태에서 더 이상의 전략적 협상은 불필요하다는 점을 강조하고 싶다.

그럼에도 불구하고 약간의 협상은 필요한 경우가 발생하기 때문에 협상을 준비를 해야 할 경우가 발생한다. 이를 돕기 위하여 그림 5.7은 협상전략의 대강을 보여주고 있다. 표 5.8은 협상을 계획하기 위한 상세계획(logistics)과 기법을 소개하고 있다. 명연기자에게도 때로는 질문 목록은 매우 유용하며 이를 통하여 불필요한 사항이나 시간을 절약할 수 있다.

1. 상황설명(context)
  1.1 배경
  1.2 주요 사건 설명

2. 전체 계획
  2.1 협상 범위
    2.1.1 협상전략의 목표
    2.1.2 협상 항목 정리 및 요약
    2.1.3 시간표
  2.2 협상팀
    2.2.1 협상 리더
    2.2.2 최후의 협상 담당자(trump negotiator)
    2.2.3 핵심 협상팀
    2.2.4 자문 인력
    2.2.5 승인(approvals)
  2.3 수행 프로세스
    2.3.1 상세 계획
    2.3.2 협상 세션 회의록
    2.3.3 재작성(redrafting) 및 승인
    2.3.4 최종 승인 및 결제

3. 협상 항목
  3.1 항목 1
    3.1.1 양사의 입장 및 각 입장의 내재적 동인(drivers)
    3.1.2 윈윈(win-win) 시나리오
    3.1.3 필요 협상 스타일
    3.1.4 양 당사자 필요 인력(협상 시, 자문 시, 승인 시)
    3.1.5 고객사의 차선책(best alternative to a negotiated agreement)
  3.2 항목 2
    3.2.1 양사의 입장 및 각 입장의 내재적 동인(drivers)
    3.2.2 윈윈win-win) 시나리오
    3.2.3 필요 협상 스타일
    3.2.4 양 당사자 필요 인력(협상 시, 자문 시, 승인 시)
    3.2.5 고객사의 차선책

·
·
·

  3.3 항목 N
    3.3.1 양사의 입장 및 각 입장의 내재적 동인(drivers)
    3.3.2 윈윈(win-win) 시나리오
    3.3.3 필요 협상 스타일
    3.3.4 양 당사자 필요 인력(협상 시, 자문 시, 승인 시)
    3.3.5 고객사의 차선책

그림 5.7 협상전략 개괄

표 5.8 협상 계획을 위한 점검 질문

상세 계획(logistics)	기법(tactics)	주요 사항(showstopper)
• 누가 협상을 진행할 것인가? • 협상 절차에서 각자의 역할은? • 자문 인력이 필요한가? • 협상 프로세스를 어떻게 시작할 것인가? • 어디서 협상을 수행할 것인가? • 각 회의기간은 어느 정도 길게 진행할 것인가? • 회의록은 어떤 형태? • 누가 회의록 작성?	• 상대방은 어떤 형태의 협상을 활용할 것인가? • 우리가 만들 인상 전략은? 어떤 스타일을 활용? • 허세나 엄포(bluff) 전략은? • 양보를 할 것인가? • 압박 전술을 활용할 것인가? 상대가 압박 전술을 활용하였을 경우 우리의 대응은? • 상대방에 대한 대응과 절충 방안은 어떻게 활용? • 공급사가 우리보다 유리한 입장은? 공급사의 약점은?	• 주요 장애는? • 이견이 발생할 수 있는 주요 이슈는? • 협상을 끝낼 수 있나? • 언제 최후 협상 담당자가 투입되어야 하나? • 공동의 동의를 도출하지 못할 경우 다른 차선책은?

여기서 주의해야 할 점은 아무리 훌륭한 협상 계획도 협상 팀의 실제 협상 시의 의사소통, 청취스킬, 관계구축 스킬을 대체할 수 없다는 점이다. 따라서 양사는 공동 작업을 통하여 모두가 만족할만한 해결책을 도출하도록 노력해야지 단순한 정신적 전투, 상대방에게 압력을 행사하는 등의 전술에 비중을 두고 협상에 임해서는 안 된다.

협상 시에 발생할 수 있는 일은 아래 사례가 잘 설명해 주고 있다. 일반적 원칙은 한 측이 협상을 주도해서는 안 되며 협의 내용이 궁극적으로 실무에서 발휘할 효과와 주요 관련 당사자에 미치는 영향에 대한 이해도가 높은 사람이 협상에 참여하는 것이 무엇보다도 중요하다.

사례: 두 협상 이야기

몇 달간의 협의 끝에 국제적인 회계서비스기업과 장비서비스 기업은 원칙적인 사업에 합의하기에 이르렀다. 이제 남은 것은 상세항목에 대한 협상이었다. 계약서와 SLA부분은 잘 진행되었으나 가격이 진행을 막는 장애물로 등장하였다.

공급사의 협상 팀은 영업담당자가 이끌고 있으며 고객사인 회계기업의 협상 팀은 재무담당 중역이 이끌고 있었다. 영업담당자는 될 수 있으면 이 협상을 빨리 종결

지으려 했으나 재무 담당 중역은 모든 사항을 수치로 확인할 때까지 협상안에 결제를 거부하고 있었다. 영업 담당자는 계약을 성사시키기 위하여 가격을 제외한 협상안을 가지고 상황을 돌파(breakout)하려는 자세로 협상을 진행시키고 있었다. 재무 담당 중역은 가격에 대한 상황이 타결되기까지는 더 이상 협상을 진행시킬 수 없다는 자세를 유지하여 점점 협상에 무기력해짐을 느끼고 있었다. 고객사의 협상 팀은 모두 지쳐있었으며 공급사 영업담당자를 협상 팀에서 제외시켜 줄 것을 요청하게 되었다. 이후에 협상은 타결되었고 고객사는 자신이 원하는 계약가를 확보하고 계약에 동의하고 결제하게 되었다.

위 협상이 진행되는 동안, 공급사는 다른 고객을 위한 협상을 운영 팀에게 담당토록 하였다. 이 운영 팀은 협상 단계에서 영업팀이 요구했던 사항을 너무 쉽게 협상에서 제외시킴으로서 결국 고객사는 그들이 기대했던 바와는 상이한 거래에 직면하게 되었다. 협상이나 논의를 그만 멈추어야 한다는 감을 느낀 고객사는 공급사 영업팀과 협의를 요청하였다. 공급사는 사업 감각이 있고 관계를 중시하는 운영관리자와 영업 관리자를 협상 팀에 투입하였다. 이 거래는 이 단계를 거쳐 결국 승인되었고 향후에 고객사의 기대를 만족시킬 수 있었다.

5.10 계약 체결(finalizing the contract)

본 블록의 최종 활동은 협약서 승인이다. 계약서 초안(SLA 및 부속 서류)이 블록 4에서 준비되었고 경쟁 입찰 및 협상을 통하여 구체화 되었을 지라도 이 단계를 거치면서 많은 사항이 보완되고 새로 포함되게 된다. 아웃소싱 추진 조직은 접촉 기간 동안 공급사가 제시한 언어적 약속(verbal pledges)으로서 아직 계약서에 계약 조건으로 포함되지 못한 사항 – 많은 경우 이 항목은 글로벌 베스트프렉티스 공유, 지식공유를 위한 시스템 활용, 최신 IT동향에 대한 의사소통, '우리 공급사 서비스의 일환으로 당사는 ....'과 같은 다양한 사항에 대한 약속으로 구성된다. 이와 같은 약속사항에 대한 서비스 전달 실패는 ITO협약의 상위 3개 실패 요인에 들어가는 것으로 조사되었다(Cullen, et al., 2001; Lacity & Willcocks, 2000).

따라서 최종계약 이전에 계약과 SLA조항에 이와 같은 사항을 포함시키고 실제 어떻게

활용할 것인지를 현장에서 테스트해보는 것이 필요하다:

- 약속 사항에 대하여 입찰이나 협상 전에 이를 계약이나 SLA에 포함시키는 것이 적합하다.
- 이와 같은 사항이 운영차원보다는 전략적 차원이나 관계관리 차원과 관련될 경우에는 블록 4에서 제시된 균형성과표를 활용하는 것을 고려해본다.
- 약속 사항이 조직의 행동적 차원일 경우에는 관계차원의 최소한에 대한 동의를 하고 부속서류로서 관계가치 협정서(relationship value charter)를 활용한다.
- 이미 효과를 발휘한 모델을 발견하기 위하여 다양한 모델을 비교하거나 상이한 모델에서 도출할 수 있는 효과를 검토한다(빌딩 블록 1: 신화를 버리고 통찰력을 활용하라 참조). 최종 합의된 아웃소싱 모델은 원래 최초에 의도한 모델이라기보다는 전략적으로 기대사항을 만족시킬 수 있는 '발견된 모델'일 수 있다.

6장 블록 6 - 시작(starting gate): 전환(make the transition)

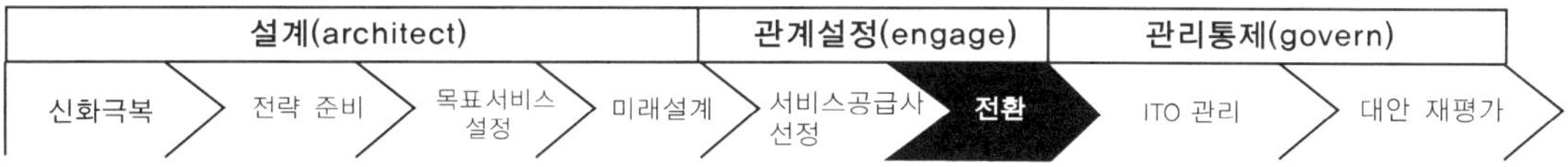

IT운영을 위한 새로운 방법 즉, 아웃소싱을 실행에 옮길 때, 기존에 수행되던 업무수행 방식이 변해야하는 것은 피할 수 없는 일이다. ITO를 수행하기 위하여 발생하는 이와 같은 변화는 기존 조직이 활용하던 IT 운영 방식에 근본적인 변화를 가져오기 때문에 세심한 계획과 그에 따른 실행이 필요하다.

전환(transition)프로세스는 계약 시점에 시작되어서 전환 승인(acceptance)서에 공식적 승인(sign)을 하거나 정해진 일정 시점에 만료된다(이는 양자 간의 협약 사항이 온전히 운영됨을 확인함을 의미). 공식적인 시작이나 만료일과는 상관없이 실제 전환 시작 시점은 공식시점보다 일찍 시작되어 예상했던 시점보다 늦게 완료되는 것이 보통이다. 적절히 관리되지 못하는 경우 전환자체가 거의 불가능한 상태에 직면하기도 한다. 대부분 전환 자체가 끝나지 못하고 지지부진 한 경우가 허다하다. 그러므로 아웃소싱 계약이 체결되고 시작되는 초기에 전환을 위한 계획 수립에 돌입하여야 한다. 시작 시점에 신속히 계획을 수립하는 것이 향후 매끄러운 전환을 위하여 필요하다.

전환의 주요 목적은 다음과 같은 사항을 확실히 수행하기 위함이다:

- 계약서와 SLA에 포함된 전환을 위한 실행 안을 수행하고 당사자의 책무를 완수;
- 고객사 인원을 공급사에 무리 없이 이관하여 공급사의 조직, 시스템, 문화에 적절히

적응시킴;

- 라이선스, 보증(warranties) 등을 포함하는 고객사의 자산이나 책무를 공급사에게 이양;
- 운영유지보수, 서비스 하청계약과 같은 제 삼자와의 계약을 공급사에 이관;
- 전환 기간 동안의 서비스 제공의 연속성 확보;
- SLA에 정의된 모든 서비스 수준이 측정되고 요구된 양식으로 보고됨;
- 공급사와 고객사 사이의 핵심 사업프로세스가 통합됨.

6.1 주요 전환활동(activities)

6.1.1 전환 계획(transition planning)

공급사 선발 프로세스가 아웃소싱 수행을 위한 첫 번째 프로세스가 아닌 것과 마찬가지로(실제로 다섯 번째 프로세스) 전환단계는 미래의 전략을 계획하는 첫 번째 프로세스가 아니다. 이는 계획이 실행되는 단계에서 상황에 따라서 발생할 수 있는 변화와 이에 대한 적응을 위한 활동 즉, 한 정보시스템중역의 말을 빌자면 '실제 상황'에서 계획을 수정하고 이에 대응하는 과정이라 할 수 있다. 그러므로 전환블록(transition block)을 시작하기 전에 아래와 같은 항목이 이미 준비된 상태라야 할 것이다:

- 전환계획(transition plan) – 고객의 요구사항이 시장패키지(market package)에 기술되고 이에 대한 구체적인 공급사의 대답 즉 해결책이 제시됨;
- 문제 최소화전략(disruption minimization strategy) – 고객사의 요구 사항이 시장패키지에 기술되고 이에 대한 문제 최소화 전략이 공급사 제안에 구체적으로 제시됨;
- 의사소통 전략(communication strategy) – ITO생명주기 상의 초기에 공급사와 고객사 사이의 의사소통전략 수립;
- 인력 조정(staff arrangements) – 이전 조건, 고객사의 인력 중복(redundancy) 및 재배치(redeployment)프로세스;
- 보유 조직(retained organization)과 계약관리 조직 디자인;
- 자원 동원 – 훈련, 재배치된 책임, 이전 팀과 운영 팀이 준비됨.

이와 같은 사항이 미리 준비되지 못할 경우에 예상치 못한 사건이 실행과정 즉 이전과정에 발생될 수 있음에 유의하여야 한다.

6.1.2 준비(set up)

아웃소싱 이전의 업무 수행 방식은 아웃소싱 이후 더 이상 적절한 업무 추진 방법이 아니라는 점을 명심해야 하며 아웃소싱 후 조직 일부분이 제거될 수도 있다. 공급사와의 효과적인 업무 수행을 위해서 새로운 업무 추진 방법 및 절차, 의사소통 방안, 업무 마감(signoff)방법이 도입되어야 한다. 새로운 관계와 업무 수행 방법이 조직 내에 신속히 도입, 활용될 수 있도록 준비되어야 하며 이를 추진하기 위하여 몇 가지 업무가 수행되어야 한다. 표 6.1은 8가지 주요한 업무를 제시하고 있다.

표 6.1 준비(setup) 업무의 예

준비 활동	업무
관계관리	• 주요 관련자 소개 회의를 준비한다. • 파트너링 워크숍 진행 • 의사소통 프로토콜 준비
장소준비 (accommodation)	• 전환 팀을 위한 임시 사무 공간 준비 • 고객 사이트 업무 공간 마련
접근(access)	• 상대방 정보시스템 접근이 필요한 인력을 위하여 사용자 프로파일과 보안사항 준비 • 상대방 시스템 접근이 필요한 인력에 대한 물리적 접근, 보안패스 등을 준비
KPI	• 이관(transition) 날짜 이전에 확보된 실제 운영 기본 KPI(baseline) 준비 • 기존의 측정 데이터가 존재하지 않는 KPI에 대하여는 향후 활용을 위한 디자인과 실행시스템을 작성 • KPI관련 보고양식 결정
관리 절차	• 계약 당사자 사이에 필요한 프로세스나 절차를 결정한다(소싱절차) • 수행조직 내에서 필요한 프로세스나 절차를 결정한다(내부 절차)
사업프로세스 (business process)	• 현재 및 미래사업 프로세스와 기술 컨피규레이션 워크샵 • 사업영향 평가(business impact assessment) • 변화에 필요한 업무흐름, 문서, 의사소통을 재구성한다.
보유 조직 (retained organization)	• 신규 조직도 작성 • 직무 기술서 재작성 • 책임을 재부여하고 운영방법을 구체화하여 각자의 영향 평가가 가능하도록 함 • 필요 시 신규 인력 채용 • 훈련 실시
계약 관리	• 계약 관리전략과 상세 계획 결정 • 필요한 신규 스킬 교육, 훈련 • 적절한 양식 구성 • 적절한 기록 및 통제 시스템 구성

6.1.3 이관(transfers)

전환(transition)의 첫 단계는 향후 공급사가 책임지게 될 자산, 인력, 계약, 정보, 프로젝트이관에 집중한다. 대부분의 경우 이관 작업은 이를 수행하기 위한 전담팀(dedicated team)을 필요로 하며 이 팀은 대체로 공급사와 고객사의 관련 인력으로 구성된다. 주요 이관작업은 아래 표 6.2에 제시된 바와 같다.

표 6.2 이관 작업 예

이관 활동	업무
자산 이관	• 재고 조사 • 시장 패키지에 제시된 재고와 재고 조사 시 확인된 자산 재고와의 차이 분석 • 시장 패키지에 제공되지 않은 자산에 대하여 소유권과 분할 문제를 협의 • 전달시점에 발생된 부채와 자산 이전 관련 지불(asset prepayment)에 대한 조정 실시 • 모든 자산관련 문서 사본 확보
인력 이관	• 인적자원 프로세스 및 정책 결정 • 관련 인력과 프로세스, 변화 및 접근법에 대한 상의 • 필요 시 산업 및 종업원 관련 대표자와 상의 • 공급사와 인력 수용 결정 • 이관이 결정된 인력에 대하여 공급사 시스템으로 이동 • 권리 및 조정 비용에 대한 지불 결정 • 공급사를 위한 업무 전수(induction)및 훈련 절차 제공
제3자 계약 이전	• 모든 제3자 계약서 사본 확보 • 신규계약(novation) 및 부담 날짜 확정 • 정해진 날짜에 대한 제3자에게 통보를 위하여 공식 편지준비 • 필요 시에 모든 기존 계약에 대한 재계약 및 배정에 대한 수령 확보 • 갱신되거나 배정될 수 없는 제 3자 계약에 대하여는 비상 방안 준비(제3자가 계약을 종결하게 하는 등)
지식/정보 이전	• 데이터 및 시스템 백업 실시 • 공급사가 필요로 하는 전자 정보와 양식 이관 • 정보교환 워크숍 실시 • 프로세스 흐름도와 지식저장소에 대한 현장점검(walkthrough) 실시 • 공급사가 필요로 하는 문서, 파일, 정보를 이관
진행 중인 작업 (work in progress)	• 진행 중인 프로젝트를 문서와 함께 공급사에게 이관 • 승인된 프로젝트에 대한 진행 주문

6.2 인력 이전(staff transitions)

대부분 ITO협약의 경우 모든 IT인력이 공급사로 이전된다는 것은 잘못된 인식이다. 신문지상에 주로 소개되는 대규모 아웃소싱 계약을 제외하고는 수천 명의 이전을 요하는 아웃소싱 계약은 그리 많지 않음을 그림 6.1에서 볼 수 있다. 오스트레일리아의 경우 그림 6.1에서 보는 바와 같이 대부분 IT인력은 추진 조직에 남게 됨을 볼 수 있다(1997년은 81%, 2000년은 59%).

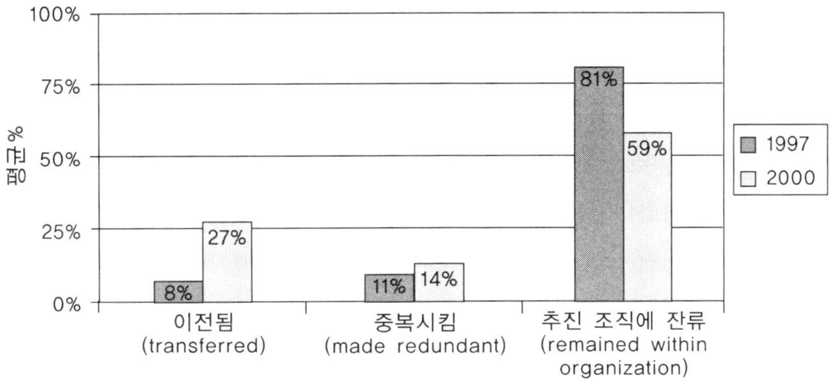

그림 6.1 이관에 따른 인력에 대한 영향

6.2.1 이관 방안(transfer options)

인력이 이관되는 경우 두 가지 선택 안이 있을 수 있다:

1. 단절적 접근법(clean break) – 인력이 과다할 경우 추진조직은 중복 인력을 공급사에 제시하고 나머지 인력에 대하여는 공급사의 채용안에 따르도록 하는 접근법이다. 이 경우 추진 조직은 이관 인력에게 공급사와의 인터뷰를 지원하나 채용 여부는 순전히 공급사의 권한이 된다.
2. 협상 이관(negotiated transfer) – 이관 인력에 대하여 공급사와 추진조직 사이의 공통 협약에 의하며 이와 관련된 조건(terms and conditions)도 협의 하에 결정

이 두 접근법의 장단점은 표 6.3에 제시되고 있다.

표 6.3 인력 이관 접근법의 장, 단점

접근법	장점	단점
단절적(clean break) 접근법	• 일관된 프로세스에 의해 추진되기 때문에 관리와 의사소통의 필요성이 비교적 적음 • 공급사와 협상할 이슈를 최소화할 수 있기 때문에 협상을 신속히 진행시킴 • 모든 인력에 대하여 동일한 처리를 하게 되어 공평한 프로세스 진행 • 공급사에게 필요한 인력을 원하는 조건에 따라 고용할 수 있는 권한을 부여 • 작업장을 옮기지 않는 직원에게도 정신적 차원에서 더 이상 고객사 직원이 아니라는 점을 상징적으로 인식시킴	• 총비용이 과다할 수 있음 • 이관된 인원이 동일한 직무를 수행할 경우에 자신의 조직이 어딘지를 명확히 인식하지 못하는 경우가 있을 수 있음 (double dipping) • 고용이 보장되지 못할 경우 노조 문제 • 실업률이 높은 지역에서 추진될 경우 매체에 좋지 못한 사례로 전달되거나 고객 차원의 반발(backlash) 발생 가능 • 공급사가 운영을 원활히 할 수 있는 인력 채용을 거부하거나 채용정도를 제한할 경우 이관이 늦어질 수 있음 • 소송 사건에 휘말릴 경우 소급하여(retroactively) 사업이전(transmission of business)법칙이 적용될 수 있음
협상 이관 (negotiated transfer)	• 적정한 의무와 권리부여(entitlement)를 통하여 해고에 따른 지출을 줄일 수 있다. • 아웃소싱 후 잔류하는 조직원에게 추진 조직이 종업원 복지에 대한 신중한 배려에 대한 확신을 줄 수 있음 • 이관 직원이 노조 가입이 가능하며 원하는 조직으로 이관될 경우 노조의 지원을 확보 • 추진 조직이 이관 직원이 적절히 보상 받는(remunerate)지를 확인할 수 있음	• 협상이 복잡하고 감정적 상황에 직면할 수 있음 • 공급사가 필요 이상의 인력을 이관 받아 효율성을 추구하기 힘든 상황에 직면 할 수 있음 • 공급사가 필요한 고용을 원하지 않고 고객사와 다른 가격 책정을 할 경우에 아웃소싱 가격책정에 영향을 미칠 수 있음 • 종업원은 항시 이관에 대하여 거부권을 행상할 수 있는 입장에 있어 고객사와 공급사의 계획이 어려움에 직면할 수 있음

인력 이관과 관련된 예상치 못한 상황에 대한 통신회사 사례는 아래와 같다.

사례 연구: 통신 회사

글로벌 통신회사가 데스크탑 유지보수기능 아웃소싱을 수행함에 있어서 인력이관을 위해 단절적(clean break)접근법을 활용하고자 하였다. 이와 같은 결정을 하게 된 데는 과거에 단절적 접근법과 협상에 근거한 이관(negotiated transfer)법을 활용해본 경험 때문이었다.

과거 경험에 의하면 공급사의 경우 고용에 관한 전적인 결정권을 갖기를 원하고 있었으며 고용인(employee)의 경우는 해고관련 패키지에 가장 큰 비중을 두고 있었다. 이와 더불어 산업관계(IR; industrial relation)적 차원에서 보면 단절적(clean break)접근법은 종업원이 아웃소싱과 더불어 공급사에 고용되는 경우 추진 기관이 부담할 책임 문제를 분명히 해결해주었다. 반면에 협상에 근거한 이관을 활용할 경우 아웃소싱과 관련된 새로운 고용계약을 추진함에 있어서 추진 기관이 계약 당사자로 참여하여야 한다는 부담이 있었다. 본 입찰에 참여한 공급사의 경우 제안서에서 아웃소싱 관련 인력의 70%를 이관 받을 것이며 이를 위해 단절적 접근법을 활용할 것을 제안하였다.

이와 같은 회사 정책에 따라서 IR부서가 단절접근법을 활용하여 아웃소싱 이관을 수행할 책임을 부여받았다. 이관 팀은 더 이상 이관에 관여하지 않게 되었으며 이 절차가 매우 복잡한 프로세스이므로 IR부서와도 공식적인 의사소통을 진행하지 않았다. 이관 팀에게 알려지지 않은(unbeknownst)채, 퇴직패키지(severance package)를 수락한 종업원의 경우 아웃소싱 추진 사나 공급사에 최소 2년간은 다시 취업하지 못한다는 조건이었다. 그러나 예상외로 아웃소싱 결과 추진 조직에서 해고된 300명 직원 중에서 단지 5명만이 공급사에서 제시한 고용조건을 받아들이고 향후 추진 기업의 아웃소싱 요원으로 근무하기를 원하였다. 단지 5명을 활용할 경우 이는 공급사 차원에서 재무적 이익을 확보하는 데 충분한 기반을 제공할 수 없게 되었다. 5명 이외의 해고 직원의 경우는 추진 조직 즉 기존 조직이 제공하는 퇴직패키지(severance package)를 수령하고 다른 고용기회를 찾기로 결정하였다.

공급사의 경우 고객사의 기존 직원 중 70%를 이관 받는 것을 가정하여 아웃소싱을 추진하고자 하였었다. 이 수준이 충족되지 못한 경우에 대규모 신규 채용이 불가피하게 되며 이는 약 3개월 정도의 아웃소싱 추진 상의 지연을 가져오게 되며 이 기간 동안 고객사의 운영, 유비보수를 위한 요원이 확보되지 못하여 서비스 제공 상의 문제가 발생하게 되었다. 새로 채용된 직원들은 고객 관련 지식이 없어서 정상적 운영에 이르기까지 6개월의 기간이 더 필요하게 되었다. 이와 같은 공급사 차원의 어려운 상황을 감안하여 고객사는 처음 일 년 동안 KPI요구 사항을 강력히 요구하지 못하게 되었다.

6.2.2 직원에게 미치는 감정적 영향 이해하기 (understanding the emotional impact on staff)

수행조직이 선택한 이관방법에 상관없이 정보기술 관련 인력은 ITO협약에 영향을 받게 된다 – 조직에 남는 잔류 인력, 이관 대상 인력, 퇴사 후 다른 곳에서 직장을 구하려는 인력으로 나눌 수 있다. 대부분 아웃소싱을 추진하는 조직은 아웃소싱이 관련 직원들에게 감정적 영향을 준다는 점을 간과한다. 인간적 측면(people side)에 관한 문제는 처음에는 인지하기 힘드나 이러한 측면이 아웃소싱 추진 상의 중요한 문제로 부각되게 된다. 물론 이 문제가 사전에 잘 관리되었다면 문제를 일으키지 않을 수도 있으나 어떤 경우에는 노조와 더불어 종업원이 업무를 거부하고 방해하는 경우도 발생하게 된다. 이런 경우에 몇몇 공급사는 자신들의 정책과 아웃소싱 실행 과정에 대하여 이를 관련 당사자들에게 알리기 위하여 상당한 투자를 하게 된다.

조직 관련 전문용어로 표현하자면 아웃소싱에 영향을 받는 종업원은 변화의 대상(change targets)이라 불린다. 추진 조직은 이와 같은 변화 대상에 속하는 종업원이 보일 행태에 대하여 사전에 분석하여 대비할 필요가 있다. 이를 통하여 아웃소싱 추진에 심대한 영향을 미칠 수도 있는 부정적인 행위(분노와 감정억제 등)에 대비하여야 한다. 아래 사례는 이에 대한 계획을 간과했을 경우에 발생될 수 있는 문제를 잘 보여주고 있다.

사례: 제조 기업

존은 자동차 제조업체의 정보부서가 운영하고 있던 헬프데스크 기능을 외부 전문 업체에게 아웃소싱을 주기 위한 작업을 총괄하고 있었다. 존의 상관은 아웃소싱을 추진하는 주요 목적이 최신의 지식과 기술을 활용하여 헬프데스크 운영비용을 절약하는 것이라는 것을 분명히 전달하였다. 존은 관련 직원들이 이와 같은 아웃소싱을 반길 것이라 가정하였다. 왜냐하면 종업원들에게 상당히 유리한 고용관련 패키지를 제공하였기 때문이었다. 존은 먼저 기술상세서를 작성하고 아웃소싱 범위를 확정하였다. 이를 반영한 입찰 요구서도 작성되었다. 이 단계까지는 계획했던 일정보다 업무가 빨리 진행되고 있었다. 입찰요구서가 이미 발송된 후 월요일에 헬프데스크 요원이 존의 사무실로 들어와서 '사무실에 앉아서 아웃소싱을 활용해서 우리를 쫓아낼 궁리만 하고 있군요. 당신이 우리에게 미친 황당한 영향을 생각해 보기나 했는지 모르겠군요. 분명히 우리는 앉아서 당하지는 않을 것이라는 점을 알고 있겠지요.'라고 불편한 심기를 표시하였다.

존은 이 사건 이후로 사람에 관련된 측면을 면밀히 계획하고 이를 설득시키지 않은 점이 얼마나 아웃소싱 프로젝트 진행에 심대한 영향을 미치는지를 깨닫게 되었다. 이는 결국 시간과 비용뿐 아니라 개인적인 스트레스로 돌아왔다.

변화 대상이 된 조직이나 인력이 초래할 수 있는 상황을 이해하기 위하여 아래와 같은 상황이 발생될 수 있으며 이에 대한 대처방안을 고려하여야 한다.

첫 번째로, 마거렛이 문제를 일으킬 수 있다. 그녀는 지난 25년간 일해 왔으며 아웃소싱에 대하여 전적으로 반대 의사를 공개적으로 표명하고 있다.

마거렛과같은 종업원의 경우는 아웃소싱을 통한 효과를 전혀 인식하려하지 않는다. 이런 경우 마거렛을 설득하기 위하여 시간과 논리를 활용하는 것은 효과적이지 못하다. 장기적으로 마거렛과 같은 종업원은 조직 내 다른 부서에 재배치되거나, 조기 퇴직을 하거나, 중복기능(redundancy package)을 수행하도록 설득하는 것이 보다 바람직한 방안이 될 수 있다.

여기서 관리자로서 고려해야할 사항은 마거렛과 같은 태도가 변화의 대상이 되는 다른 직원들에게 영향을 미쳐 조직이 추구하는 바람직한 방향에 역작용을 불러일으키지 못하도록 조치하는 것이다. 한 가지 방안은 변화 대상 인원을 격리하여 그들에게 아웃소싱의 목적과, 전략을 설명하고 그들이 가지는 의문점에 대하여 명확히 설명하는 것이다. 그들에게 개인적으로 아웃소싱의 장점을 이해하고 자신이 이에 대하여 긍정적인 결정을 하도록 필요한 정보를 제공해야 한다.

두 번째로는, 앨버트의 경우이다. 앨버트는 아웃소싱에 관한 소식을 듣고 매우 당황하고 있으나 개인적으로 이 사태가 자신에게 좋은지, 나쁜지에 대한 정확한 판단을 하지 못하고 있는 경우이다.

앨버트의 경우는 마거렛과 다른 사람에 의해 영향을 받을 수 있는 양다리를 걸친 부류에 속한다. 앨버트의 경우에 가장 궁금한 것은 아웃소싱 이후에 자신의 직장 생활에 오는 변화와 그 변화가 가져올 결과에 대한 의문점이다. 추진 조직은 앨버트에게 이와 같은 변화가 무엇을 의미하는지를 각각의 상황에 대하여 자세히 설명하여 앨버트를 설득하여야 한다.

마지막으로, 피터의 경우이다. 피터는 아웃소싱 이전부터 서비스 공급사에서 자신이 추구할 직업적 가능성에 대하여 궁금해 하고 있는 경우이다. 공급사에서 일할 경우 우수한 교육 훈련 및 다양한 경험을 할 수 있는 기회를 가질 수 있음을 잘 알고 있다. 아웃소싱을 자신의 직무경로의 좋은 기회로 인식하고 있다.

피터의 경우는 아웃소싱을 위협이 아닌 기회로 보고 있다. 이 경우 주의해야 할 점은 피터의 경우 아웃소싱 공급사로 이전하더라도 현재 자신이 수행하고 있는 서비스 전달 업무를 수행할 것이며 이에 집중해야 한다는 점을 인식시키는 것이다. 피터는 아웃소싱 추진에 긍정적 영향을 줄 수 있으며 아직 아웃소싱에 대하여 결정을 하지 못한 그룹에 긍정적인 영향을 발휘할 수 있다.

그림 6.2에서 볼 수 있는 모델은 아웃소싱과 관련한 변화를 겪으면서 일반적 종업원이 겪게 되는 감정적 반응을 보여주고 있다. 대부분의 사람들은 이와 같은 패턴을 보이나 이와 같은 순서를 따르지 않을 수 있으며 몇몇 감정은 한번 이상 표출될 수 있다.

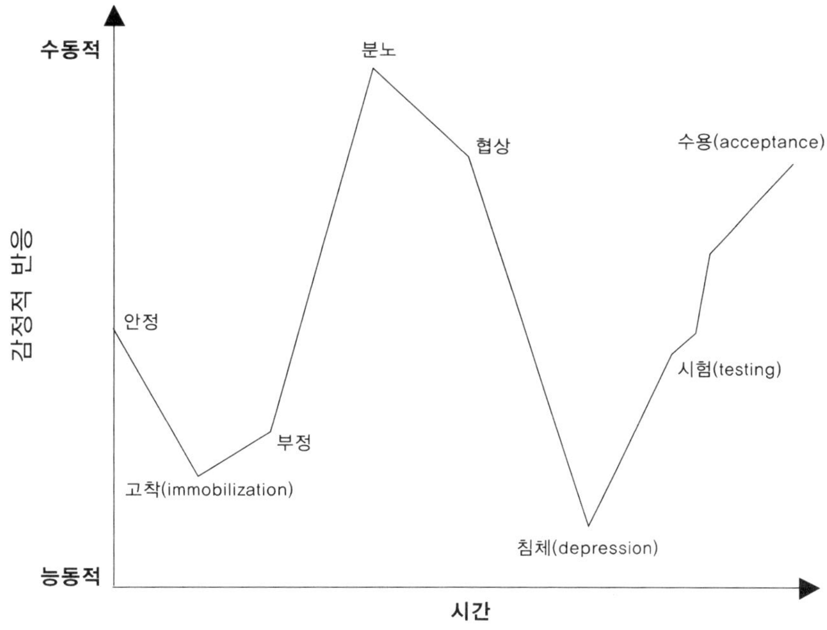

그림 6.2 변화에 대한 감정적 반응모델

실제로 자신의 감정(예를 들면 분노, 협상)을 솔직히 표현하는 종업원을 다루는 것은 훨씬 용이하다. 왜냐하면 그들의 의견이나 감정이 보다 분명히 나타나기 때문이다. 반면에 고착된 상황이거나, 침체 상황인 경우가 설득하기가 더 힘들다. 각 감정적 상태는 매우 자연스러운 표현이며 관리자에 의해 쉽게 예측될 수 있다. 이와 같은 행동은 적극적으로 인식하고, 예상하여 관리하도록 하여야 한다. 종업원이 가장 관심이 있는 것은 아웃소싱 협상이 자신의 개인적 차원에 어떠한 영향을 미치느냐에 관한 것이다. 그들은 조직에 미치는 영향이나 효과에 내해서는 그리 관심이 많지 않다. 표 6.4는 각 개인에게 어떠한 영향이 발생될 수 있는지를 식무 차원에서 기술하는 표이다.

아웃소싱에 영향을 받는 조직원이 자신 변화에 적응하도록 도와주기 위하여 경우에 따라서 직무이던, 재무적 사항이든, 자신에 관한 개인적 사항이든 그들에게 직무 카운슬링, 전직알선(outplacement), 재무계획, 개인적 카운슬링(표 6.5)을 통한 적극적인 관리가 필요하다.

표 6.4 직무에 대한 영향 기술서 (job level impact statement) 예

현 IT 분야	현재 지위	변화 유형	새로운 지위	배치 접근법	필요 주요 스킬
데스크 탑	재고 담당자	해고	–	잡 풀(job pool)	• N/A
	기술자	공급사로 이전	동일	단절(clean break)	• 타임 로깅 • 고객만족도 평가
	구매 책임자	직무 재설계	표준 담당자	N/A	• 감사 • 기술 목록 작성
헬프데스크	운영자	공급사 이전	고객담당대표	협상 이전	• N/A
	팀 리더	공급사 이전	고객담당관리자	협상 이전	• N/A
	관리자	재 배치	–	직무 풀	• 이관 후 결정
CIO 그룹	–	신규	계약 관리자	채용	• 관계관리 • 성과 측정치 • 사업, 법적, 재무 스킬

표 6.5 전환 시 종업원을 지원할 수 있는 기법

종업원 지원 기법	설명
경력 카운슬링	대부분 직원들은 자신의 스킬, 목표를 평가하고 미래의 경력 계획을 검토해줄 수 있는 지원을 원하고 있으며 이에 대한 카운슬링을 제공함으로써 시장에서 자신의 역량을 객관적으로 평가함으로써 자신들의 역량에 대한 불확실성을 제거할 수 있다. 특히 공공분야에 근무했던 직원의 경우 일반 사기업에서 일하는 것에 대한 불안감을 가질 수 있으며 한 직장에서 오래 근무한 경우 다른 직장에서 새로운 기회를 찾는 반면 안정감을 잃을 수 있음을 우려할 수 있다.
새로운 직업 알선 (outplacement)	직원이 새로운 직장을 찾도록 지원: 이력서 작성, 인터뷰 체험과 신규 고용 가능 분야를 탐색하도록 지원
재무 계획	재무 계획 전문가를 고용하여 직원들이 자신의 경제적 상황을 평가하도록 지원하고 개별적 카운슬링 서비스를 제공하여 아웃소싱 이후의 재정적 불확실성을 제거해줌
개인 카운슬링	아웃소싱은 직원에게 감정적 불안을 야기할 수 있기 때문에 카운슬링을 통하여 환경변화에 적응하고 이를 받아들일 수 있도록 지원

6.3 전환 프로젝트 관리(managing the transition project)

여기에 제시된 전환 프로젝트 관리는 주로 대규모 전환을 전제로 하며 규모가 작거나 그 복잡성이 그리 크지 않은 경우에는 각 단계 모두가 항시 수행되어야 할 필요는 없다. 예를 들어 항상 이관 팀이 필요하지 않을 수 있으며 단지 책임자 한명이 배정되어 전환 팀의 역할을 수행할 수도 있다.

6.3.1 자원 확보 전략(resourcing strategy)

아웃소싱 추진 조직의 역할이 표 6.6에 제시되고 있다. 각 역할은 반드시 한사람이 책임지고 이행하는 것은 아니다. 전환의 규모에 따라서 한 역할을 여러 사람이 수행할 수도 있고 한사람이 여러 역할을 수행할 수도 있다. 또한 전환팀을 구성할 경우에도 이를 새로 구성할 필요가 없을 수도 있다. 가능할 경우 전환 관련 여타 직무를 수행하는 팀이 이를 수행할 수도 있을 것이다. 필요에 따라서 전환 팀을 부분(division)이나 프로세스별로 구분하여 구성할 수도 있다.

전환 프로젝트에 참여하고 있는 대부분 인력은 전일제로(full-time) 참여하는 것이 보통이나 전환 프로젝트 전 기간에 걸쳐 참여하지 않을 수도 있다. 몇몇 인력은 전체 프로젝트 기간에 걸쳐 참여를 하나 전일제보다는 파트타임으로 참여할 수도 있다.

표 6.6 전환 관련 역할 예

역할	설명
조정회의/합동 권고회의 (steering committee, joint reference panel)	• 프로젝트를 총괄하고 실행 프로세스에 전략적 의견을 제시 • 적시에 의사결정을 할 수 있도록 지원하고 이관팀에서 발생되어 상신된 이슈를 해결 • 주요 산출물의 품질 평가 • 프로젝트 주요일정 별 결과물과 의사소통을 위한 포럼 제공
이관 프로그램 리더	• 일관성을 유지하기 위하여 각 부서의 이관 활동을 관리 • 조정회의에 보고
이관 프로젝트 팀 리더	• 구체적 서비스, 지역, 고객별 이관을 관리
인사관리 대표자	• 인사 관련 권고 • 관련 직원에게 인사관리 관련 사항과 서비스 제공 • 보유조직(retained organization) 설치 지원

사업 대표자	• 사업단위별 구체적 권고사항 제시 • 사업 단위 이관 활동 조정 • 사업단위 현장 관리 활동 연결 • 사업 단위 데이터 이전과 적절한 운영 테스트 및 인수
기술 대표자	• 기술 권고 • 기술 관련 이관 활동 조정 • 공급사 기술 인력과 연결 • 기술적 이관 사항, 컨피규레이션과 적절한 운영 실험 및 수령
의사소통 대표자	• 의사소통 및 변화 리더십 권고 • 의사소통 메시지 및 매체 개발 • 공급사 의사소통 대표자와 연결 기능 수행 • 피드백 기능 관리
관리 자원 (administration resources)	• 일정 관리 조정 • 통제 파일 관리

표 6.7 전환 책임 매트릭스(transition responsibility matrix) 예

산출물 예	참조 문서 예	공급사 관리	고객사 관리	팀 리더	수령 승인
자산 상태 평가	이관계획 xx.xx	X			
백업	이관계획 xx.xx		X		
컨피규레이션 문서	계약 조항 xx.xx		X		
데이터 전환 표	전환 계획 xx.xx	X			
인터페이스 상세	계약 조항 xx.xx		X		
재고 조정	이관 계획 xx.xx	X			
미디어 관련 문서	의사소통전략 xx.xx		X		
제3자 계약 경신	이관계획 xx.xx		X		
파트너링 워크숍	관계전략 xx.xx	X			
물리적 접근	이관계획 xx.xx		X		
주요 인력 채용	이관계획 xx.xx	X			
서비스전달 절차 매뉴얼	계약 조항 xx.xx	X			
현장 방문	관계 전략 xx.xx		X		
관련 직원에 뉴스레터 발송	의사소통전략 xx.xx		X		
관력 직원 직무 제안	계약 조항 xx.xx	X			
임시 업무수행 장소	이동 계획 xx.xx		X		
테스트 데이터	전환계획 xx.xx		X		
전환 계획	계약 조항 xx.xx	X			

전환은 고객사와 공급사의 상호 이해와 조정에 의하여 수행되기 때문에 전환 관련 역할에 대한 설명은 상황에 따라 달라질 수 있으며 명확히 그 역할의 종류와 구체적 역할을 제시하기가 쉽지 않다. 이와 같은 이유 때문에 전환이 종결될 때까지 항시 관련 산출물에 관한 책임매트릭스를 준비하여 활용하는 것이 좋다(표 6.7). 이를 통하여 전환 당사자의 책임에 대한 분명한 역할과 사후 평가, 조정이 가능하다.

변화의 규모나 정도는 전환이 이루어지는 기간을 결정하게 된다. 타임 프레임을 결정할 때에 추진 조직은 각 조직의 독특한 상황을 고려해야 한다. 예를 들면, 필요한 컨설팅의 정도, 의사결정 스피드, 현장 관리자 활용 정도 및 역량 등. 대부분의 경우 전체 프로젝트 수행기간이 총 3-6개월이고 초기 1 내지 2개월 동안 프로젝트 전환을 디자인하는 데 집중적인 시간을 투입했을 경우 전환 프로젝트가 건실하게 진행되고 있다 할 수 있다. 그러나 만약에 14개월이 지났는데도 전환 과정에 있다면 이는 프로젝트에 대한 위험평가가 잘못되었음을 의미한다.

6.3.2 위험 평가

전환은 성격상 위험으로 가득 차 있다고 할 수 있다. 성공적인 전환을 방해할 수 있는 위험은 다양한 형태를 띠고 있다:

- 프로젝트 위험 - 스킬 및 활용가능성(availability), 경영층으로부터의 참여 및 관심 부족, 계약 당사자 간의 관심사항 및 우선순위 차이, 불충분한 시간과 자원, 전환 프로젝트의 자원 할당 및 시간 우선순위를 저해할 수 있는 조직 내의 기존 및 다른 프로젝트, 당사자 간의 조정상의 이견.
- 의사소통 위험 - 관련 당사자로부터의 혼재된 또는 상반된 메시지, 소문에 기반을 둔 인식, 부정적 매체.
- 종업원 관련 위험 - 종업원/노조 행동, 사기 저하, 동기 부족, 주요 인력 유출, 불만스런 종업원.
- 운영 위험 - 정상적 운영 및 서비스 지속 단절, 데이터 및 시스템 전환(conversion) 실패, 문서화 부족.
- 자산 위험 - 자산 이관 오류, 자산 분실, 시장 패키지에 제시된 자산과 상이한 상태의 자산 이관, 제3자 계약서나 라이선스 협약을 포함한 문서 분실.
- 보유 조직 위험(retained organization risks) - 조직 변화의 영향을 충분히 확인하

지 못하거나 이에 대한 대안 제시 부족, 필요한 스킬을 시장이나 기존 조직에서 구하지 못할 경우.

따라서 위험을 내포하고 있는 분야를 확인하여 그 결과를 예측, 평가하고, 이를 경감시키기 위한 전략을 수립하는 것은 매우 중요한 활동이다. 그림 6.3은 위험 평가와 이를 경감하기 위한 전략 문서를 디자인하기 위한 방안을 제시하고 있다. Lacity와 Willcocks (2001)는 이에 대한 내용을 매우 중요한 이슈로 간주하고 있으며 이에 대한 자세한 내용은 그들의 저서를 참고하기 바란다.

위험	이미 수행됐거나 수행 예정인 프로세스에서 발견됨
영향(impact)	해당 위험이 미치는 결과
우선순위	해당 프로젝트의 목적에 대한 중요도와 잠재적 영향에 따라 부여됨 1 – 매우 높음, 즉시 해결되어야 함 2 – 중간, 정해진 시간 내에 해결되어야 함 3 – 미미함, 조만간 해결되어야 하나 필히 해결될 필요는 높지 않음
행동	수행되어야 할 권고된 행동
책임	위험이 충분히 경감되었는지를 확인하는 직무

그림 6.3 위험 평가 전략과 유형

6.3.3 의사소통(communication)

전환 팀의 경우 정확하며 시의 적절한 의사소통을 하는 것이 매우 중요하다. 전환기간은 전환에 의해 영향을 받는 관련자들에게 변화에 대한 두려움을 갖게 할 수 있는 매우 불확실한 기간이기 때문에 이와 같은 불확실성과 우려를 경감하기 위해서 의사소통이 적극적이며 체계적으로 활용되어야 한다. 전환 팀은 이에 영향을 받는 주요 관련자를 파악하고 그들이 항시 추진 상황에 대하여 인지할 수 있도록 계획하여 조직 전체에 일관성 있는 메시지를 전달하고 현장 관리자와 관련 직원이 진행상황에 대하여 충분한 정보를 획득하도록 하여야 한다. 이에 필요한 노력과 시간을 과소평가해서는 안 되며 특히 이에 영향을 받는 직원에게는 수회에 걸쳐서 다양한 형태로(그룹, 직접, 문서 등) 의사소통을 하여야 한다.

또 하나의 중요한 의사소통 전략의 목적은 이 단계에서 고객 즉 사용자의 기대를 적정히 설정하는 것이다. 특히 서비스 수준이 설정되거나 서비스 전달 방법의 변화가 있을 경우에 더욱 의사소통을 통한 기대수준의 설정이 중요해진다. 이 과정에서 공급사는 추진 조직과 같이 업무를 수행함으로써 자신의 의도나 서비스를 고객에게 정확히 알리도록 하고 적정한 기대수준을 설정하도록 하여야 한다. 다음 사례는 무엇이 문제의 소지가 될 수 있는지를 보여주고 있다.

사례: 보험 회사

이관될 데이터를 넘겨주기 전에 일주일에 걸친 심도 있는 협상 결과 마지막 계약이 체결되었다. 고객의 요구사항인 비용절감을 확보하기 위하여 몇 분야에서는 서비스 수준 하락을 포함하는 협상이 진행되었다. 계약 양사는 직관적으로 상대방의 운영상의 변화는 당연히 사용자에게 통보될 것이라 간주하였다. 누구도 이러한 상황에 대하여 의사소통을 하지 않았다. 공급사는 고객사가 신규 서비스수준협약(SLA) 변화를 통보할 것이라 생각하였다. 고객사는 반대로 공급사가 이와 같은 상황 변화를 자신에게 전달할 것이라 가정하였다. 각 사는 계약에 도달하는 것이 가장 어려운 부분이고 이후에는 그저 형식적인 절차만 남은 상황이라 간주하였다.

몇 달 운영 결과 사용자의 불만족이 극에 달하였다. 각 사는 상당한 자금을 투입하여 이 문제를 해결하였으나 사용자는 이제는 아웃소싱에 대하여 부정적인 태도를 갖게 되었다. 이와 같은 불만에 대하여 근원적 문제해결 기법을 활용하여 분석한 결과 사용자들이 아웃소싱 자체에는 부정적이지는 않다는 것을 확인하였다. 문제는 그와 같은 문제가 사용자에게 적절히 전달되지 못한 상태에서 진행되었다는 점이었다.

6.3.4 마감 및 승인(close-out and acceptance)

전환이 적절히 수행되었음을 평가하기 위한 어떤 형태의 승인기준이 존재하여야 한다. 특히 공급사에게 별도의 전환 비용을 지불할 경우에는 지불을 위한 평가기준이 필요하게 된다. 이와 같은 평가 기준이 존재치 않을 경우에도 대부분 조직은 전환 이후 실행평가를 수행하게 된다. 이는 주로 프로젝트 수행 베스트프렉티스를 참고하여 진행될 수 있다. 향후에도 이와 같은 프로세스를 거칠 것이기 때문에 이를 확실히 해놓고자 하는 경향이 있다. 학습조직에 대한 지난 수년간의 연구 결과는 의사소통을 통하여 상호간의 문제를 해결하고 이를 향후에도 활용하는 것은 조직적인 노력이 필요하다는 사실이다.

3 부

관리 통제(govern) 단계

7장

블록 7 : 가치 도출을 위한 ITO 관리

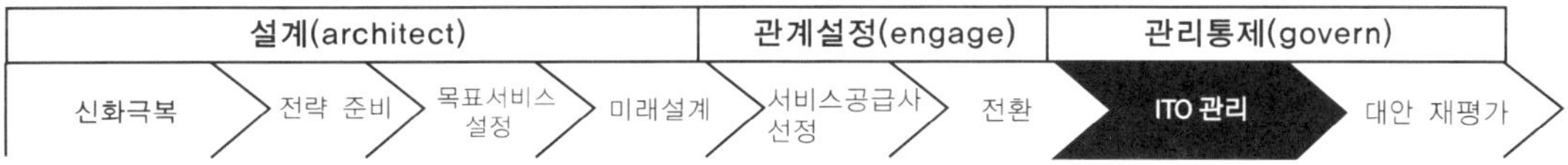

블록 6은 아웃소싱 라이프 사이클 상에서 본다면 블록 7단계 즉 가치 및 결과도출을 위한 준비 단계라 할 수 있다. 이전 블록들은 본 블록의 중요 활동인 계약 관리 활동을 위해 필요한 디자인 및 실행 활동으로 구성된다. 이전 블록의 모든 활동들은 본 블록의 관리 활동을 통하여 성공 여부가 결정된다.

후기산업사회로 갈수록 정보기술의 중요성이 증가하고 또한 정보기술 운영 활동은 내부 조직과 외부 아웃소싱 공급사의 상호 협력에 의해 수행될 것이다. 수행조직과 공급사사이의 상호의존성이 높아지고 점차 전략적 파트너 관계로 발전(물론 법적인 차원에서는 아니지만)하게 된다. 이와 같은 상호 의존성을 통한 가치 창출은 아웃소싱 계약서나 서비스수준협약서만으로 성공적인 파트너십을 유지하고 성공적 결과를 도출하기 힘들 것이다.

아웃소싱 수행 시 관리통제(governance)의 중심(locus)이 이전 내부 정보조직에 의한 서비스 제공 방법과는 다른 급격한 변화를 겪게 된다. 상호간의 이해와 신뢰, 파트너 간 잠재 목표의 상이성(divergence)을 조정하기 위한 시스템, 계약 당사자 간의 기회주의적 속성을 방지하기 위한 계약 및 관리체계, 권위와 의사결정 프로세스의 재구성, 성과 평가 기준 등에 관한 새로운 메커니즘이 필요하게 된다.

7.1 주요 ITO 성공(실패) 요인

다양한 요인이 ITO 성공과 실패에 영향을 미치게 된다. 아웃소싱을 추진한다는 것 자체가 성공을 자동적으로 보장하지 않으며 또한 아웃소싱 추진이 자동적으로 실패에 이르는 것도 아니다. 아웃소싱의 성공과 실패는 이를 추진하는 가운데 수행 당사자인 공급사와 추진 조직의 역량과 상호 행동에 의하여 결정된다. 정보기술 및 자원을 비경제적이며, 비효율적, 비효과적으로 사용한다면 이는 내부 부서가 서비스를 제공하든 외부 공급사가 제공하든 조직이 정보기술을 활용하여 이루고자하는 목표를 달성할 수 없을 것이다.

최근의 한 연구는 성공적 ITO협약이 되기 위하여 즉 아웃소싱을 성공으로 이끌기 위하여 집중적으로 관리해야 하는 11개 요인을 제시하고 있다:

1. 서비스는 기대수준(expectation)이나 구체적 계약 사항(specification)에 맞도록 제공되어야 할 뿐만이 아니라 계속적으로 개선되어야 한다.
2. 계약사(고객사, 공급사) 모두 충분하고 역량 있는 계약 관리 스킬, 프로세스 및 인력을 보유해야 한다.
3. 양사는 상대방에 대한 이해를 기반으로 하여 하나의 팀으로 업무를 수행할 수 있는 긴밀한 관계(relationship)를 유지해야 한다.
4. 공급사는 양질의 인력을 투입하고 적절한 인력관리 기법을 적용하여야 한다.
5. 양사는 역량 있는 비용(cost) 및 재무(financial) 관리 기법 및 조직을 활용하여야 한다.
6. 공급사는 고객사의 요구에 귀를 기울이고 이에 대하여 즉각적인 대응을 해야 한다.
7. SLA 및 원칙을 효과적으로 활용하여 성취하고자하는 목표(분명한 서비스 정의, KPI 및 성과 측정 등)를 달성한다.
8. 추진 조직은 아웃소싱 협약 및 프로세스를 통제하고 아웃소싱이 경쟁력 있게 추진되는 지를 관리한다.
9. 필요한 경우에 계약을 유연성 있게 조정할 수 있는 체계가 계약에 반영되어야 한다.
10. 양 사가 계속적이며 유효한 의사소통을 해야 한다.
11. 공급사는 양질의 기술 전문성(technical expertise)을 제공하여야 한다.

표 7.1은 주요 성공요인의 구체적인 예를 보여주고 있다.

표 7.1 주요 ITO 성공요인

성공 요인	구체적 사례
1. 서비스 전달 성과 (service delivery performance) 관리	서비스 개선; 작업 요구에 대한 정확하며 신속한 반응; 민감성(responsiveness); 신뢰성(reliability); 합의된 서비스 수준 준수; 계속적인 개선; 서비스 품질확보
2. 계약 관리	공급사 관리역량; 관리력 증진; 중역의 의지(commitment); 상호 관계 및 결과에 대한 관리에 집중; 공급사 관리자는 정보기술 전문가; 내부에 보유된 조직(retained in-house)에 대한 관리; 강력하며 적극적인 계약관리; 성과 추적을 위한 내부인력; 역량 있는 아웃소싱 실행 프로젝트 관리자
3. 관계관리 (relationship management)	강력한 인적 관계(personal relationship); 팀 접근법(team approach); 요구사항과 역량에 대한 상호인정; 상호 사업관계 관리; 신뢰; 파트너십; 상호 이해(understanding); 공동의 목적 공유
4. 관련 직원(staff)관리	지원의 연속성(continuity); 질(quality); 적합한 스킬을 보유한 직원 활용가능성; 내부 직원 이직률(turnover)에 대한 해결책; 이관될 핵심 직원 관리; 장기 투입될 직원 관리
5. 비용(cost)관리	비용절약 목표 달성; 비용 효과 전달; 현금 흐름 개선; 자본비용(capital expenditure) 절감; 투자 가치(value for money); 공급사 이익; 비용에 대한 분명한 이해
6. 고객에 대한 이해	공급사의 고객사 사업 우선순위 이해; 고객사의 사업장 특성 이해; 계약 시행 후 신속한 업무 진행; 고객사 요구사항 이해; 고객사의 기대사항에 대한 상호이해
7. SLA 활용	공급사의 SLA달성 및 보고; 서비스별 분명한 정의; 서비스 수준별 분명한 책임 분담; KPI; 분명한 목적; 서비스별 달성도에 대한 구체화, 효과 및 추적 관리
8. 통제 유지 (maintain control)	협약(arrangement)통제; 경쟁력 유지를 위한 정기적 입찰(tender); 분명한 역할의 경계설정(demarcation)
9. 유연성 유지 (flexibility)	유연한 업무 조정; 변화 역량; 사전에 확정된 이상(idea) 지양; 원-윈을 위한 유연한 계약; 변화하는 사업적 요구에 대한 공감; 업무 요구 충족을 위한 자원투입 변화 역량
10. 의사소통	분명하고 개방적인 의사소통; 지속적인 의사소통; 효과적인 의사소통
11. 기술 전문성 (technical expertise)	공급사 직원의 기술적 스킬; 분야에 대한 전문성; 직무에 대한 지식 확보; 구체적 응용시스템에 대한 지식

자료원: *Cullen et al.*(2001)

ITO 실패에 이르게 하는 요인은 반듯이 성공요인의 정 반대라 할 수는 없으며 실패와 관련된 요인 중에 설문을 통하여 밝혀진 요인은 표 7.2에서 볼 수 있다:

1. 부실한 비용 관리, 특히 범위(scope)에 관한 계약상의 유연성이 거의 없을 경우.
2. 역량이 충분치 못한 공급사 인원 제공. 예를 들면 적절치 못한 유형의 요원이나 요원 관리 실패 등.
3. 공급사가 추진 조직의 요구나 우선순위를 이해하지 못할 경우.
4. 공급사가 제시했거나 제시하기로 약속한 전문성과 실제 고객사에 전달된 전문성 사이의 차이.

위에서 제시된 4개의 실패요인을 집중적으로 관리함으로써 ITO의 실패 확률은 낮출 수 있으나 이를 성공으로 이끌기 위해서는 표 7.1에서 제시된 11개의 성공요인도 집중적으로 관리해야 한다.

표 7.2 주요 ITO 실패 요인

주요 실패 요인	요인
1. 비용 관리	증가된 비용; 특이 사항에 대하여 모두 비용 청구; 비용 폭증; 비용에만 근거한 협약(arrangement)
2. 관련 직원	공급사 직원의 역량 미달; 적합지 못한 직원 배정; 스킬 집합 (skill set)오류; 이직률; 역량 있는 직원 부족; 헬프데스크 직원 이직률
3. 이해도	고객의 소리에 귀 기울이지 못함; 서비스 우선순위 이해 부족; 고객 사업에 대한 이해 부족
4. 전문성	공급사 능력에 대한 과대평가; 공급사 영업사원의 과대포장 및 잘못된 약속; 스킬 미달

자료원: *Cullen et al.* (2001)

아웃소싱 추진 협약이 정상적인 상태에 있는지를 검토하기 위한 리스트가 표 7.3에 제시되고 있으며 이를 활용하여 아웃소싱 추진 상황을 점검할 수 있다.

표 7.3 아웃소싱 추진상황 점검표

분야	점검리스트
관계(relationship)	❑ 상호 신뢰와 존경이 충분한가? ❑ 열정적인 업무수행? ❑ 계속적인 개선 프로그램과 지원 정신? ❑ 상대방의 관심과 요구에 대하여 능동적이며 대응자세가 되어있나? ❑ 지속적이며 정기적인 추적과 평가가 수행되나? ❑ 자주 공개적 의사소통의 기회를 갖는가? ❑ 관련 당사자들 사이의 IT가치사슬(value chain)이 유기적으로 작동하는가? ❑ 관련 당사자들 사이의 업무수행 프로토콜이 분명히 규정되어 운영되나? ❑ 파트너로서의 태도와 행동이 가시화되어있나? ❑ 양사의 관련 인력의 이직률이 최소 수준에서 관리되나?
서비스 공급사	❑ 공급사는 입찰 시, 협약 시에 약속한 사항을 계속적으로 수행하고 있나? ❑ 서비스와 공급사 직원의 신뢰성은? ❑ 고객사 차원에서 평가한 공급사 직원의 스킬과 전문성은 적절한가? ❑ 보고서는 의미 있고, 요약적이며, 정확한 정보를 전달하고 있나? ❑ 공급사는 고객사의 요구를 탐색하고 이를 충족시키려고 노력하나? ❑ 고객만족도는 평가되며 이에 따른 조치를 시행하나? ❑ 고객사의 IT나 관련 서비스 활용의 효율성과 효과성을 높이기 위한 분석을 수행하나? ❑ ITO관련 협약에 포함되지 않는 고객사의 사업적 이슈나 가치를 증진시키기 위한 기회를 포착하려 노력하나? ❑ 글로벌 지식이나 자원에 대한 정보를 제공하나? ❑ 기존 고객사가 거래하고 있는 서비스 공급사들과의 협력이 잘되고 있나?
고객 조직	❑ 고객사의 ITO관리조직은 적절한 스킬, 프로세스, 태도를 지니고 있나? ❑ 고객사는 공급사에게 자신의 사업적 목표를 잘 전달하여 공급사가 자신이 제공하는 서비스와 고객사의 전략적 환경을 연결시킬 수 있는 여건을 조성하나? ❑ 고객사는 자신 수행했던 IT서비스나 의무의 일부분을 공급사에게 양도했나? ❑ 고객사는 공급사가 받아야 하는 정당한 이익을 인정하고 지불하는가? ❑ 고객사는 서비스에 영향을 미치는 주요 이슈에 대하여 조기에 경고를 하는가? ❑ 공급사는 IT계획수립 과정에서 정기적으로 참여하며 현명한 제안을 하는가?
재무(financial)	❑ 고객사가 지불한 대가에 대한 가치가 정기적으로 제시되는가? ❑ 공급사가 제공하는 서비스의 가격 대비 성과의 경쟁력이 정기적으로 입증되는가? ❑ 가격 대비 서비스(price/performance) 추세가 산업추세를 반영하고 있는가? ❑ 고객사가 비용유발 요인을 평가하고 대응할 수 있는 재무적 투명성이

	확보되었는가? ❑ 지불 대가가 일정 수준을 유지하며 KPI가 점진적으로 개선되거나 일정 KPI를 유지하며 지불대가가 감소하고 있나? ❑ 고객사, 공급사 모두 재무적 목표를 달성하고 있나? ❑ 청구서의 금액은 관련 정보와 함께 분명하고 정확히 제시되나? ❑ 지불은 신속히 이루어지나?
계약 및 SLA	❑ 양사의 책임(accountabilities)은 구체화되고 관련 사항을 모두 포함하고 있나? ❑ 계약서는 양사의 책임과 의무를 구체적으로 표현하고 있나? 향후 문제 발생 시에 계약 당사자를 위한 안전 방안(safety net)이 포함되었나? ❑ SLA는 기대사항과 성과(expectation and performance)에 근거하여 작성되었나? 혹은 고객이 요구한 경우(where required)에 한하여 규정되었나? ❑ ITO성공을 추적하고 측정하기 위하여 균형성과접근법(balanced scorecard approach)이 활용되고 있나? ❑ KPI는 측정될 수 있는 모든 것을 측정하기 보다는 고객이 가장 주요하다 생각하는 소수의 중요한 측정치를 추적하여 측정하고 있는가? ❑ 주요 분야에서 공급사가 고객사의 기대를 뛰어넘었을 경우에 인센티브 조항이 포함되었는가? ❑ 고객의 기대사항을 만족시키지 못하였을 경우 고객이 계약 변경을 요구할 수 있는가? ❑ 고객사 요구사항 변동 시에 서비스를 추가하거나 제외할 수 있는 유연성이 포함되었는가? ❑ 서비스 범위 밖이나 추가 서비스에 대하여 다른 공급사를 활용할 수 있는 유연성이 확보되었는가? ❑ 시스템, 접근법, 인력 충원 상의 유연성이 확보되었나? ❑ 정보시스템이나 프로세스가 현재 또는 이전의 산업표준을 따르고 있나? ❑ 지불액을 최소화하기 위한 수요와 공급의 대응 방안이 포함되었는가?

7.1.1 ITO 관리와 IT 관리

정보서비스를 내부에서 제공하는 방법(insourcing)과 외부의 전문 공급사를 활용하는(outsourcing)에는 다양한 방안이 있다. 아웃소싱 추진 정도에 따라서 기존 조직의 전략 및 운영 메커니즘이 상당한 변화를 맞게 된다. 아웃소싱의 경우 산출물관리가 투입물 관리를 대체하게 되며 협상이 직접 통제 방법을 대체하게 된다. 또한 이전의 인소싱의 경우 일상적인 운영과 직원 관리가 중요 관리 포인트이나 아웃소싱의 경우 계획, 평가 및 관계 관리의 중요성이 부각되고 서비스 전달 프로세스 관리가 매우 중요한 이슈로 등장하게 된다.

아웃소싱의 경우 정보기술 조직의 핵심역량과 ITO 협약을 관리하기 위한 역량 변화가 과소평가 되어서는 안 된다. 그러나 대부분의 경우 조직적인 경험 취약으로 말미암아 이에 대한 고려와 준비가 부족하고 결국 아웃소싱 실패로 이어지는 경우가 허다하다. 저자들의 연구에서 도출된 문제를 살펴보면 표 7.4에 나타난 바와 같이 주로 공급사 차원에서 발견되고 있다. 그러나 이 자료를 좀 더 자세히 평가해본다면 공급사의 문제의 발원(source)은 고객사 즉, 추진 조직의 열악한 관리 역량에 근거하고 있음을 알 수 있다. 여러 번 지적했듯이 고객사는 공급사에게 과도한 요구를 하는 반면에 자신들의 준비 상태는 충분치 못한 상황에서 아웃소싱을 추진, 관리하고 있다.

표 7.4 계약 기간에 발견된 주요 문제

경험한 주요 문제	공급사에 기인함(%)	고객사에 기인함(%)
1. 아웃소싱 협약관련 경험 부족	19%	**60%**
2. 고객사 사업에 대한 이해 부족	**59%**	10%
3. 적극성(proactivity)부족	**59%**	8%
4. 대응력(resposiveness)부족	**45%**	8%
5. 투입 인력의 전문성	**42%**	26%
6. 의사소통	**41%**	33%
7. 유연성 부족	**36%**	12%
8. 다수 공급사 사이의 업무 협조	**32%**	9%
9. 투입인력 이직률	**28%**	9%
10. 책임 달성 실패	**27%**	14%
11. 신뢰성(reliability)부족	**14%**	0%
12 벌금 조항 적용의 어려움	10%	**15%**
13. 불신(distrust)	10%	**12%**
14. 협력 부족	**10%**	8%
15 공정성 부족	**6%**	3%

자료원: Cullen *et al.*(2001), 응답자 수 78

어떠한 경우에도 제공된 서비스에 대한 궁극적인 책임은 추진기관에 있다는 점을 잊어서는 안 된다. 추진 조직은 정보기술을 활용하고, 정보기술 관련 위험과 비용을 관리하고, 내부 및 외부 공급사의 서비스 포트폴리오를 활용함에 있어서 궁극적인 책임을 지게 된다. 아웃소싱은 정보자원 관리에 대한 권한이나 책임을 포기하는 것이 아니라 정보자원을 자기 책임 하에 관리하기 위한 새로운 대안이기 때문이다.

7.1.2 ITO 관리 스킬

조직이 정보서비스 제공을 위한 계약 즉, 아웃소싱을 활용하기 시작하면 ITO관리는 핵심 정보기술 활동으로 자리 잡게 된다. 더 나아가 유사계약(quasi-contract) 형태를 활용하여 내부에서 제공되는 서비스 분야에도 SLA혹은 내부 입찰을 활용하게 된다.

아웃소싱을 활용한다는 것이 정보기술 관리에 투입하는 노력의 절감을 의미하지 않는다. 단지 다른 형태의 관리 활동으로 관리의 초점이 변화함을 의미한다. 대부분의 경우, ITO관리자는 아웃소싱 협약과 관련된 전략적 및 관리적 측면을 중점적으로 관리하게 되며 여타 활동에 대하여는 기술 전문가를 활용하게 된다. 조직 내부의 활용 가능한 스킬은 외부 전문 인력 활용 시의 비용대비 효과와 비교하여 활용여부를 결정하게 된다.

표 7.5는 ITO관리를 위하여 필요한 스킬 집합을 보여주고 있다. 공급사에 전적으로 의존해서는 안 되며 공급사도 오류를 범할 수 있다는 점을 명심해야 하며 고객사는 상황을 판단하고, 필요한 사항에 대하여 문의하고, 관련 정보를 평가할 수 있는 스킬을 보유해야 한다. 추진 조직은 성과를 평가하고, 변화의 타당성을 검증하며, 공급사의 서비스를 효율적으로 활용할 수 있는 기술 지원 인력을 보유하고 활용하여야 한다.

표 7.5 ITO관리 스킬 포트폴리오

스킬 유형	전문성 예
재무 스킬	• **회계** – 공개장부(open book)계약의 경우는 원가 플러스 가격결정모델 (cost plus pricing model) 활용 • **비용관리(cost management)** – 평가, 모델링, 추적 활동 • **가격책정(pricing)** – 대안 평가 및 민감도 분석
인적관리 스킬	• **의사소통** – 양방향 의사소통 기법 활용 • **연결(liaison)** – 인간관계 스킬 및 네트워킹 • **협상** – 전략, 실행 및 관리 • **조직 변화** – 목적 달성을 위한 계획과 지시 • **관계관리** – 적대적 관계를 파트너십 스타일로 변화
프로세스 스킬	• **관리(administrative)** – 기록, 승인, 배포 및 통제 • **예측(forecasting)** – 미래의 요구사항 및 사업변화에 따른 영향 • **조직 정렬(alignment)** – 아웃소싱 계약 실행을 위한 프로세스 및 책임소재를 재구성 • **계획** – 계약 목적 달성을 위한 전략 및 운영 관리 계획 • **문제 관리** – 문제 적시 발견 및 해결

	• **프로젝트관리** – 필요 활동을 수행하기 위하여 장소 결정, 관련 업무 추적, 자원 배분 및 시간 조정 • **품질 관리** – 베스트프렉티스, 산업 표준 등 • **보고** – 디자인 및 준비
전문가적 스킬 (specialist skills)	• **감사(auditing)** – 계약과 합치 여부, 내부 통제, 성과 수준 및 비용 • **계약법** – 차이 및 소송 해결, 예방 및 종결 • **성과관리** – 측정, 보고, 벤치마킹 • **위험관리** – 확인 및 최소화 • **기술적 스킬** – 입찰 승인, 산출물, 성과평가, 요구사항 범위 규정을 위해 기술적 스킬

ITO협약을 관리하는 활동은 한사람에 의하여 진행되지 않는다. 이는 협약의 성격을 고려하여 필요한 스킬을 지닌 전문가 네트워크로 구성된다. ITO관리자는 전문가 네트워크의 중심(hub)이 된다.

7.1.3 ITO관리자의 역할

ITO관리자의 역할은 단순히 계약을 관리하는 것 이상을 의미한다. 관리자의 역할은 위험을 극소화하면서 아웃소싱 협약이 추구하는 전략적 목적과 전술적 목표를 달성하기 위하여 관련 자원과 스킬을 동원하고 이를 통해 달성된 성과를 평가, 확인하는 것이다. 또한 관계(relationship) 및 프로세스, 성과를 체계적으로 관리하여 효과성과 효율성을 확보함과 동시에 추진 조직이 예견하지 못했던 환경에 대처하여야 한다.

ITO관리자는 아래와 같은 역할을 수행함으로써 행동으로 업무를 추진하여야 한다:

- 아웃소싱 협약을 총체적으로 관리하는 데 필요한 다양한 스킬 및 활용 가능한 지식을 보유하고 다른 전문가의 스킬을 적절히 활용;
- 적절한 관심과 성실성 – 결코 추진 조직이 관리되지 않는 상황에 방치되어서는 안 됨;
- 주요 관련자로부터 확실한 업무상의 권위(authority)확보;
- 전략적인 식견 – 아웃소싱은 그 자체에 목적이 있는 것이 아니라 전략을 실현하기 위한 수단임.

성공적인 ITO관리는 먼저 역할 범위를 결정하고 이를 신중히 추진하는데 있다. ITO관리자는 아래 사항을 확인하여야 한다:

- 적절한 프로세스의 존재 여부;
- 계약 양사가 자신들의 의무를 수행하는지;
- 협약을 통하여 바람직한 결과가 성취되는지;
- 최대 가치를 창출하고 있는지;
- 위험 요인이 적절히 확인되고 관리되어 위험이 경감되는지;
- 적절한 변화(variations)와 인센티브/사전 조치가 적절히 발효되는지.

ITO관리자는 협약관리를 위하여 임명되어 아웃소싱 생명주기 초기부터 관여하고, 훈련되고, 적절한 권위를 부여받아 자신의 책임 하에 업무를 수행하여야 한다. 몇몇 조직의 경우는 이 역할을 CIO가 수행하기도 하며 때로는 계약관리자가 수행하기도 한다. 여기서 중요한 점은 책임을 완수하기 위한 역량이 준비되어야 한다는 점이며 그렇지 못할 경우 아래 사례에서 보듯이 문제가 발생할 수도 있다.

사례: 병원

아웃소싱 계약에 체결되었고 계약 관리를 위한 요구사항이 계약서에 반영되었다. 이는 분명한 책임, 성과측정, 분명한 회의 주제 및 참여자 지정 항목을 포함하고 있었다.

그러나 이와 같은 계약관리 수행을 위하여 전혀 계약업무에는 경험이 없는 요원이 배정되었으며 이를 추진하기에 필요한 직무 상세 내용이나, 훈련이 제공되지 못하였다. 계약관리자로 임명된 관리자는 요금 청구서에 '성실히' 결제를 하는 최소한의 역할만 수행하게 되었다. 아웃소싱 성과 평가가 수행되지도 못하였고 관련 보고서를 심각하게 검토하지도 못하였다. (이 경우 아웃소싱 관리자의 역할이 계약서에 포함되었으나 적절한 관리자가 배정되지 못하여 아웃소싱 관리의 문제점이 발생하였다)

7.1.4 ITO 관리 예산(budget)

지난 십년간 연구는 아웃소싱을 수행하면서 IT 직원 대다수가 공급사에 이전되거나 해고된 경우에 ITO관리 예산이 충분히 책정되지 못함을 보여주고 있다. ITO관리는 아웃소싱 이전에 IT관리에 투입되었던 노력 이상을 요구하며 이는 관리 비용의 증가를 의미한다. 일반적으로 ITO관리를 위한 비용은 ITO 연 계약액의 10% 이상이 소요되는 것이 정상이나 저자들의 설문 결과에 의하면 약 3% 이하가 책정되는 것으로 나타났다(그림 7.1). 그러나 이 조사는 아웃소싱 계약이 효과적으로 관리되었는가를 고려하지 않은 상황에서 책정된 예산 비중만을 보여주고 있다. 만약에 아웃소싱이 효과적으로 관리된 경우에 배정된 예산 비중을 질문했다면 훨씬 높은 비중이 투입된 것으로 나타났을 것이다. 최근에 각광을 받고 있는 멀티소싱(multi-sourcing)이나 오프쇼어(offshore) 아웃소싱은 더 많은 관리 비용을 요구할 것이다.

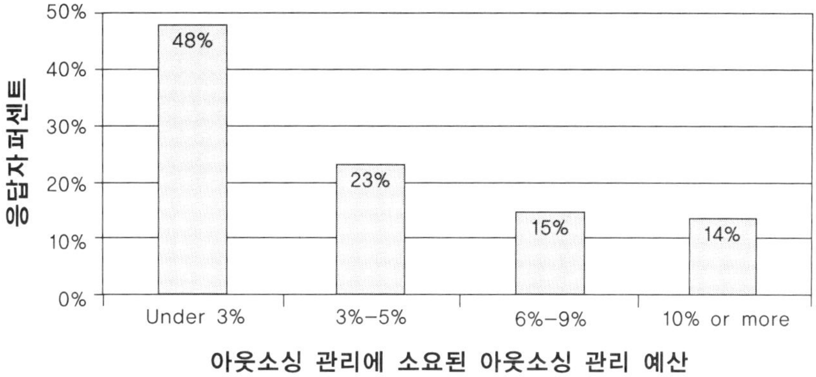

자료원: *Cullen et al.*(2001), 응답자 57명

그림 7.1 계약 관리 비용

7.2 주요 ITO 관리 활동

IT관리와 ITO관리의 차이점에 대해서는 앞 절에서 상세히 살펴보았다. ITO관리는 관리 책임이 전통적인 즉 운영관리 차원을 넘어서고 있음을 의미한다. 아웃소싱 계약을 관리하기 위해서는 전략적 차원과 운영적 차원이 동시에 관리되어 투자 대비 가치를 확보하고 동시에 위험을 극소화해야 한다.

ITO계약 성격에 따라서 ITO관리 업무는 다양한 노력과 스킬 집합을 요구하게 된다. 또한 관리 활동이 일회성보다는 지속적인 성격을 띠고 있으며 경우에 따라서는 정기적인 관리 활동이 필요한 경우도 있다. 표 7.6은 아웃소싱 생명주기 동안 필요한 활동들을 보여주고 있다. 아래 사례가 보여 주듯이 ITO에 경험이 없는 고객사의 경우 아웃소싱은 관리 활동의 극소화로 오해되는 경우가 많다.

> **사례: 농업 관련 제품 제조업체**
>
> 70명으로 구성되었던 IT 부서 전체를 아웃소싱 한 이후에 이를 관리하기 위한 인력과 프로세스가 준비되지 않았음을 알게 되었다. 경영진은 그리 큰 문제로 생각지 않았으나 컨설턴트를 활용하여 향후 대책을 수립하기로 하였다.
>
> 컨설팅 결과 연 500개 정도의 업무 활동이 이 협약을 관리하기 위하여 필요한 것으로 나타났다. 이는 아웃소싱 추진으로 IT관련 업무에 손을 씻고 이를 통한 효과에만 관심이 있었던 경영진을 놀라게 하였다.

표 7.6 주요 아웃소싱 계약 관리 활동

활동	설명
1. 지원(apply)	성과에 대한 벌금 및 보상 적용
2. 평가(assess)	인력, 정책 및 절차에 대한 변화의 필요성; 새로운 기대 사항 및 과거의 실적을 기반으로 한 SLA변화
3. 감사(audit)	계약 조항, 내부 통제, 성과, 요금청구, 공개장부 준수 여부
4. 벤치마크	산업 표준 및 선도자와 비교한 비용 및 성과
5. 의사소통	주요 관련자가 알기를 원하는 사항 전달
6. 문서화	감사증적(audit trail)을 남기기 위한 내부 및 외부의 공식, 비공식 문서
7. 가치 평가(evaluate)	균형성과 측정치, 보고 기간과 전체 계약 기간의 성과 및 비용 평가
8. 예측	필요 서비스 관련 양(volume)과 용량(capacity)
9. 실행	베스트프렉티스, 요구사항, 성과 변화를 반영한 문서화
10. 개선(improve)	인터페이스, 업무흐름, 의사소통, 관계
11. 연결(liaise)	이슈 해결 및 피드백을 위한 내부 관리자, 사용자, 외부 계약사와의 연결
12. 유지 보수(maintain)	신기술, 산업 표준, 시장 가격, 하청기업 활용, 공급사 재무 상황 및 조직 변화에 대한 지식
13. 미팅	정기적으로 전략, 성과, 운영 이슈 해결을 위한 회의
14. 추적(monitor)	성과 수준, 사용량, 고객사의 공급사 활용
15. 협상	협약, 서비스 전달 방식
16. 계획	고객사와 공급사에 대한 잠재적 변화와 각자의 목표와 서비스에 대한 영향

17. **준비**	계약 만료나 중간 해약으로 인한 서비스 중단 시, 재난 시 서비스 공급 및 사업 연속성 관리
18. **보고**	아웃소싱 프로세스와 협약의 전략적 및 운영 목표
19. **해결(resolve)**	오해, 충돌, 의견 차이
20. **유연화(streamline)**	보고, KPI 및 절차의 일관성
21. **구조화**	내부 및 파트너와 관리 및 운영 책임 및 프로세스
22. **검증(verify)**	청구서 및 요청 사항의 적합성

7.2.1 보고서 작성 및 보고 활동(reporting)

보고서를 통하여 아웃소싱 활동 및 결과를 분석, 요약해 줌으로써 협약의 성공 정도를 보여주고, 주요 성과 및 운영지표를 제공하며, 향후 개선을 위한 분야를 발견할 수 있다. SLA에 구체적으로 다양한 보고서가 제시되어야 하며 보고서의 종류는 블록 4를 참고할 수 있다. 보고 관련 프레임웍은 아키텍트 단계에서 설계 제시되어야 한다.

대부분의 경우 보고서 작성을 위해서 추진 조직이나 공급사가 현재 수집하고 있는 정보 이상이 필요한 것이 상례이다. 양사가 보고 체계에 대하여 아키텍트 단계에 합일점에 달한 경우에도 실제 의미 있는 데이터를 수집할 수 있는지는 이 단계를 거치기 전에는 이론 단계에 머물고 있다고 할 수 있다. 이러한 이유로 아웃소싱 시행 이전에 이 단계에 설계된 보고체계를 운영 가능한 체계로 정착시켜야 한다. 왜냐하면 이와 같은 실행가능하며 합의된 보고시스템이 없이는 서비스 수준에 대한 책임을 질 수 없기 때문이다. 경험이 없는 고객사의 경우 SLA 확정이 성과 평가의 대부분을 완결지었다고 간주하는 경향이 있으나 측정치를 수집하고 이를 보고하는 체계에 대한 합의 없이 측정, 수집된 자료로는 계약 당사자가 합의할 수 없는 수많은 문제를 야기하게 된다.

보고 사이클은 성과 미달 분야를 즉시 확인할 수 있는 정도의 주기를 가지고 보고되고 확인되어야 효과적이다. 보고 주기가 너무 단기적이어서 너무 자주 보고서를 준비하게 되면 보고서 준비 자체에 너무 많은 시간을 허비하게 된다. 적절히 알맞은 기간을 두고 순환적으로 이루어져야 협약의 성공정도를 항시 체크할 수 있다.

7.2.2 회의

보고서를 수령하고 이를 검토하는 것 자체만으로는 충분한 평가가 이루어 질 수 없다. 얼굴을 맞대고 하는 의사소통을 통하여 성공적인 관계를 유지할 수 있으며 이를 통하여 파트너십이 형성되게 된다. 이와 같이 형성된 파트너십을 통하여 양사는 조화된 행동양식을 형성하게 되며 하나의 팀으로 작업하는 협력적 프로세스를 구축하게 된다.

SLA에 구체적으로 다양한 회의 유형을 제시할 수 있으며 그 예는 블록 4에 제시되었다. 이는 아키텍트 단계에서 제시될 수 있으며 이를 통하여 개별적 의사소통과 문제해결 체계를 구체화할 수 있다. 이를 위하여 아웃소싱 관련 두 조직의 공동 노력이 필요하며 이는 아웃소싱 추진 이전에 구상되어야 한다.

7.2.3 성과 평가

공급사의 성과를 평가하는 것은 고객사가 지불한 비용에 대한 성취정도를 확인한다는 차원에서 매우 중요하다. 특히 아웃소싱 추진 조직의 경우 ITO 계획 및 평가 기능은 이전 내부소싱의 경우에 수행했던 IT 인력 직접 관리 기능을 직접 수행할 수 없기에 성과평가 기능의 중요성은 아무리 강조해도 지나침이 없다.

공급사 평가는 아래 사항을 포함하게 되나 이에 한정되지는 않는다:

- 협약서와 산업 표준과 비교한 비용 및 서비스 성과;
- 고객사에 대한 공급사의 의무사항에 대한 충족 정도;
- SLA와 계약에 대한 일치 정도(compliance);
- 개선안(improvement initiatives)의 집행;
- 서비스에 대한 사용자와 주요 관련자의 만족도.

사례: 가정용 주방기구 제조업체

(성과에 대한 공급사의 보고 내용에 대하여 수행 초기에 점검이 이루어졌어야 하나) 벤치마킹 절차를 촉진시키기 위하여 계약사가 제공한 성과보고서와 SLA에 제시된 보고요구사항 사이의 조정과정이 실시되었다.

검토 결과 계약사는 계약 시에 약속했던 보고 항목의 3분의 2만을 보고하고 있음이 밝혀졌다. 불행하게도 이와 같은 조정과정이 계약 말기에 이루어진 결과 나머지 데이터는 확보될 수 없었다.

공급사 활동 추적(monitoring)은 단지 성과에 국한할 필요는 없다. 지속적인 품질 프로그램 개선과 더불어 계약 서비스에 관한 공급사의 활동이 보고되어야 한다. 더불어, 경영자에게 제시되어야 하는 이슈나 권고항목을 제시함으로써 양사의 관계를 발전시키고 문제를 확인하게 된다. 그림 7.2는 공급사 성과평가를 위한 양식의 예이다.

공급사 성과평가서

계약 번호: ______________________ 공급사: ______________________

ITO관리자: ______________ 평가보고서 번호: ____________ 날짜: ______________

1. 서비스 품질	의견	점수
요구사항 이해도		
KPI달성도		
관련 요원의 SLA 이해 정도		
재작업 필요 정도		
요구사항 미달 정도		
미달 시 신속한 대응		
감사 만족도		
총점수		

2. 고객 만족도	의견	점수
고객만족도 설문 결과		
접수된 고객불만 정도		
과도한 불만 정도		
고객불만 처리		
고객불만 보고		
고객불만 처리 전략		
총 점수		

3. 이사소통	의견	점수
보고의 적시성		
보고의 포괄성(comprehensive)		
권고 사항		
문제 해결 상황보고서		
관리자의 처리상황 이해도		
총 점수		

4. 절차(procedures)	의견	점수
문서화 정도(up-to-date)		
관련 요원의 절차 이해도		
절차 준수 정도		
감사 통과 정도		
총 점수		

5. 위험 평가(assessment)	의견	점수
재난복구 계획		
서비스 단절 최소화 계획		
보안		
내부 통제		
현장 상황		
감사 통과		
총 점수		

총 점수: ____________________

점수의 의미: 0-성취 못함, 1-부분 성취, 2-성취함

그림 7.2 성과 평가 양식 예

ITO관리는 공급사의 성과평가와 더불어 추진 조직(고객사)의 관리 효과성에 대한 검토도 필요하다. IT 아웃소싱을 가장 효과적이며 효율적으로 활용하기 위해서는 공급사의 서비스를 어떻게 활용할 것인가를 계획하는 추진조직에 달려있다. 내부 추진 조직은 아래 사항의 관리를 검토해야한다:

- ITO목적 달성 진척도;
- 투입 비용대비 가치에 대한 계속적인 결정 및 검토;
- 추진 조직이 공급사에게 제공해야할 의무사항 수행정도;
- 공급사 자원의 효율적 활용;
- ITO관리 기능 및 네트워크의 효과성;
- 개선 프로그램 시행.

사례: 보험회사

ITO관리 활동의 하나로 ITO계약관리자는 시스템 프로그래머로 하여금 프로세싱 타임 활용정도와 이에 따른 요금청구(billing)에 대하여 점검토록 하였다. 최근 데이터를 검토한 결과 최대(peak) 및 최저(off-peak)시점을 잘못 책정하고 이를 근거로 요금이 결정되었음을 알게 되었다. 또한 요금이 가장 비싼 피크타임에 베치프로그램(batch programs)작업이 진행되어 요금이 과다하게 발생되었음도 발견하였다.

> 이와 같은 현상이 얼마나 오래 진행되었는지는 아무도 추정할 수 없는 상황이었다. 왜냐하면 요금청구(billing)를 계산하기 위한 원천자료는 이미 폐기된 상태였기 때문이었다.

7.2.4 감사(auditing)

공급사 운영 상황에 대한 감사는 관련 고객사, 고객사의 내부비밀, 공급사의 서비스 제공 환경의 복잡성 등으로 인해 매우 복잡할 수 있다. 더구나 아웃소싱 계약 시에 합의된 감사권에 따라서 고객사의 공급사 접근이 자유롭지 못할 수도 있고, 예고 없는 감사를 시행할 수 없을 수도 있으며, 공급사 지원에 대한 협상이 필요할 수도 있다(때에 따라서는 이와 같은 지원에 대하여 고객사가 금액을 지불해야할 경우도 있다.).

이와 같은 이유로 인하여 공급사가 독립적인 감사전문인을 고용하여 감사를 시행토록 하는 경우도 있다. 많은 경우 감사 결과 '특이한 사항이 발견되지 못하였다'는 감사 의견이 제시되거나 어떤 부분이 감사의 대상이며 어떤 감사기법이 활용되었는지 제시되지 않는 경우가 있을 수 있음에 유의하여야 한다. 감사보고서를 고객사가 향후 활용하기 위해서는 감사의 목적을 이해하고 적절한 신뢰성을 확보하고 감사에 활용된 절차와 프로그램을 이해하고 있어야 한다.

공급사가 아웃소싱 서비스를 제공하는 모든 고객에 대하여 개별적 감사를 수행하는 것은 여러 측면에서 비효율적일 수 있다. 왜냐하면 감사 내용과 절차가 대부분 유사한 경우에 중복된 자원이 투입되어야 하기 때문이다. 이와 같은 이유로 몇몇 공급사는 각 사용자 대표, 공급사, 관련 내부 및 외부 감사인으로 구성된 사용자그룹 감사위원회(user group audit authority)를 구성하고 이들이 독립적인 감사전문인이나 회사를 고용하여 공통적인 감사 절차, 프로그램을 설정하고 감사를 실시하도록 하고 있다. 이와 같은 감사 방안은 경제적 효율성 뿐 아니라 각자가 감사전문인이나 회사를 활용할 경우에 활용하기 힘든 전문성을 활용할 수 있다.

ITO 경우 3가지 유형의 감사가 있을 수 있다:

1. 내부 통제(internal control)
2. 준수(compliance)
3. 성과 및 요금 산정(calculation)

1. 내부 통제(internal control): 추진 조직 내부의 내적 통제 절차와 공급사 활용 통제를 포함한다. 아웃소싱 서비스를 제공받기 위하여 고객사는 자신의 내적 통제절차를 활용하거나 공급사의 내부 통제 절차를 활용할 수 있고 때에 따라서는 이 두 가지를 복합적으로 활용할 수 있다. 미국 감사표준 선언문 70(US Statement of Auditing Standards 70)이 서비스 조직 내부 통제의 글로벌 표준이다.

2. 준수(compliance): 준수란 계약서와 SLA 관련 조항에 대한 준수를 의미한다. 대부분 추진 조직은 책임 사항이 계약서에 포함되었을 경우에 공급사는 자동적으로 이 사항을 준수할 것으로 가정한다. 그러나 현명한 추진 조직의 경우는 이와 같은 가정을 버리고 준수 여부를 확인하다. 정기적 준수감사 대상이 될 수 있는 계약 조항은 다음과 같다:

    - 자산 유지보수(asset maintenance) - 유지 보수 작업의 빈도와 성격;
    - 은행 지불 보증(bank financial guarantees) - 존재 여부, 금액, 조건;
    - 비밀보장 및 보안 절차(confidentiality and security procedures) - 고객사의 현장 및 원거리 사업장 데이터, 공급사 운영요원 및 운영 환경, 외부인이나 관련 기관에 대한 의사소통에 대한 비밀 및 보안 절차;
    - 재난 복구 계획 및 테스트(disaster recovery planning and testing) - 아웃소싱 협의와 관련된 요구사항에 대한;
    - 이관 직원에 대한 고용 조건;
    - 조건부 날인 증서(escrow) - 아웃소싱 협약 요구 사항에 대한 제3자 보증 여부;
    - 보험(insurance) - 공공 책임(public liability), 전문적 보장(professional indemnity), 직업 건강 및 산재보험과 아웃소싱 협약 사항과의 일치 여부;
    - 라이선스 이관 조건(transfer options) - 소프트웨어, 하드웨어에 대한 계약 갱신(novation) 준수 여부. 특히, 종결 조건(termination provisions)의 준수 여부;
    - 성과 보장(performance guarantees) - 성과 보장에 대하여 관련 당사자가 모두 동의했는지, 아웃소싱 협약의 요구사항을 반영하였는지, 특히 협약 파기관련 성과 달성 여부;
    - 하청 기업의 활용과 통제 - 연속(back-to-back) 협약, 수행 업무의 성격, 인력 고용 협약서 및 절차.

계약 초기에 상세한 계약 조항을 구성하는 것은 단지 공급사가 이를 실행할 수 있을 경우에만 유용하다는 점을 간과해서는 안 된다. 고객사가 공급사가 해당 사항을 이행하지 못하였음을 감사를 통하여 제기하는 시점에는 이미 계약서에 관련 조항이 명시되었을 지라도 그 조항의 명시 자체의 효과는 없다는 점을 명심해야 한다. 설사 벌과금을 부과할 수 있을 지라도 이미 고객사의 가치 창출에는 마이너스 효과를 끼친 이후라는 점이다. 감사자체보다 감사 이전에 계약 사항에 대한 이행 가능성 및 이행 여부를 수시로 필요시에 확인해야 한다는 것이다. 다음 사례는 이를 잘 설명해 주고 있다.

사례: 응용시스템 계약 공급사

응용시스템을 공급하고 지원하던 아웃소싱 공급사가 부도를 내고 서비스 제공을 중단하였다. 몇몇 고객들과 합의된 표준 계약서에는 소스코드와 문서는 제 3자의 보증(escrow)을 명시하고 있었다. 이와 더불어 소프트웨어 라이선스는 부도 시에는 이전이 가능하도록 계약에 명시되었었다.

그러나 이와 같은 조항이 하나도 이행되지 못하고 고객사는 새로 응용시스템을 개발하여야 했다. 이 시스템 운영을 지원하는 고객사도 소프트웨어에 적절한 업데이트를 수행하지 못한 상태에서 위험을 무릅쓰고 시스템을 운영하여야 했다.

3. 성과 및 요금(charge) 산정: 고객에게 부과 요금이 적절한지를 판단하는 것은 아웃소싱 관리의 중요한 활동이다. 요금이 지불되기 전에 관리자와 관련 전문인에 의하여 검토되기는 하지만 요금 청구를 위하여 활용되는 원래 자료에 대한 정기적인 감사와 검토도 전문인에 의하여 수행되어야 한다. 더욱이 가격구조가 복잡하고 변동성이 많을 경우에는 이에 따른 감사가 필히 수행되어야 한다.

   계약 상 공급사는 성과보고서를 준비하고 제출한다. 공급사는 자신에게 보다 유리한 측면에서 이 보고서를 작성하게는 되지만 이에 대한 적절성이나 오류 가능성에 대한 검토가 필요한 것이 사실이다. 원 데이터에 대한 정기적 검토를 통하여 고객사는 자신이 구매한 서비스에 대한 적절성을 확인할 수 있다.

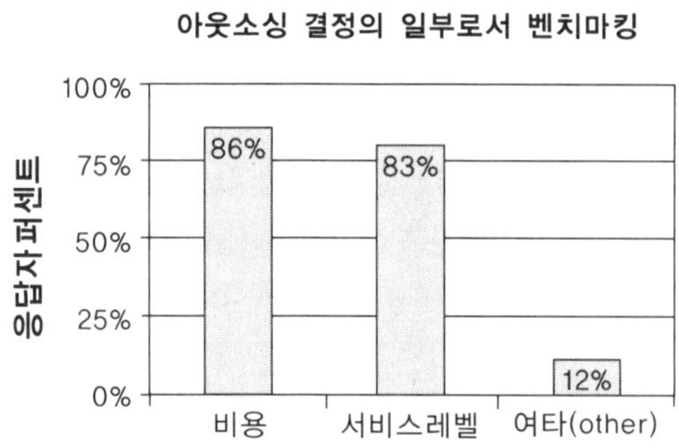

자료원: Cullen et al.(2001) 150응답자

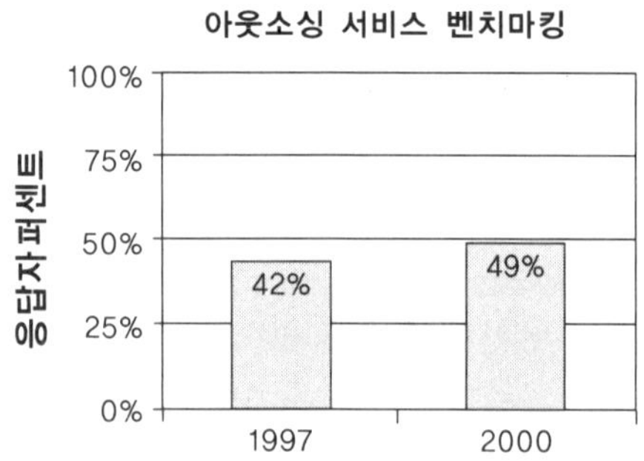

자료원: Cullen et al.(2001) 175응답자

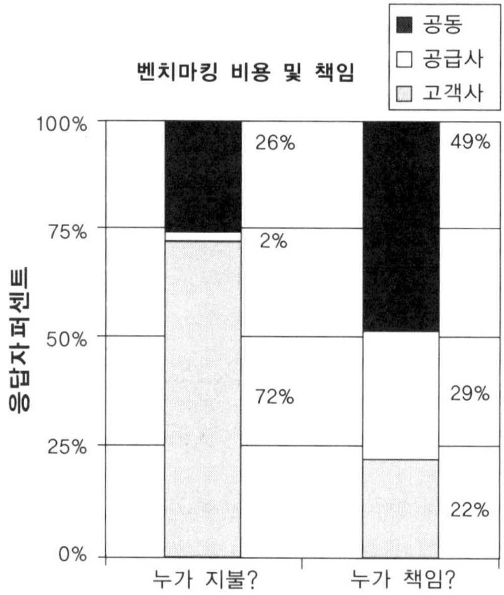

자료원: Cullen et al.(2001) 103, 184 응답자 각 각

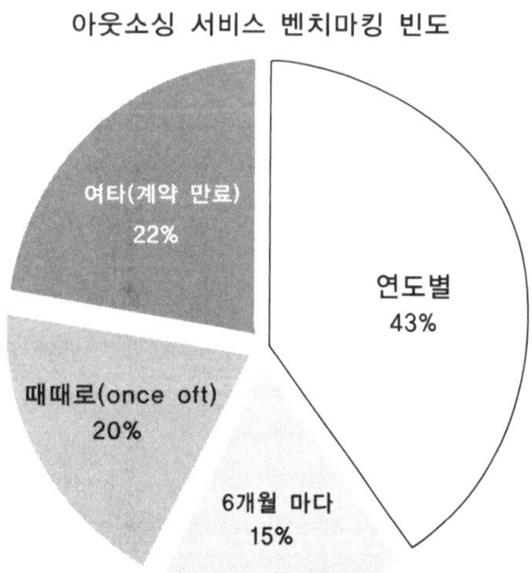

자료원: Cullen et al.(2001) 126응답자

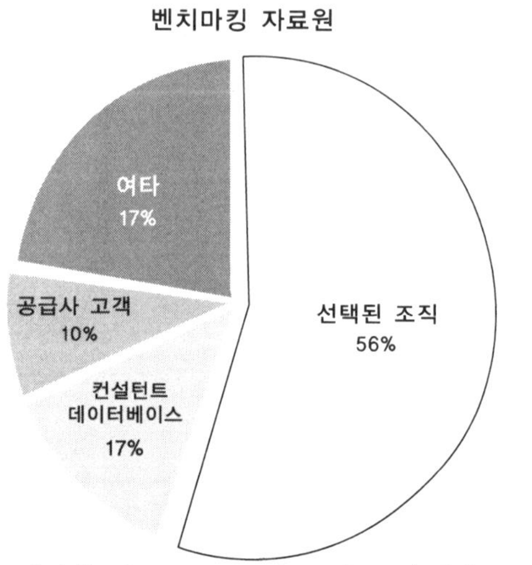

자료원: Cullen et al.(2001) 75응답자

그림 7.3 벤치마킹

7.2.5 벤치마킹

대부분의 아웃소싱 추진 조직은 계약 준비 활동의 일환으로 벤치마킹 활동을 수행하지만 아웃소싱 생명주기 전체를 통한 벤치마킹 프로세스가 일상화 되어야 한다. 이 프로세스는 사실 많은 시간과 비용을 요하는 활동이고 이를 계약서 항목에 포함시키는 것 또한 매우 어려운 작업이다. 이와 같은 이유 때문에 벤치마킹을 수행하기 위한 벤치마킹 파트너(추진 조직과 유사한 서비스를 제공 받고 있어서 유의한 비교가 가능한 조직)를 미리 확인하는 작업이 필요하다.

그림 7.3은 벤치마킹 빈도와 이와 관련된 활동에 대한 유용한 정보를 제공하고 있다. 이에 따르면 아웃소싱 추진 조직의 반 정도가 벤치마킹을 활용하고 있으며 일 년에 한 번 정도 수행하며 공급사와 고객사 일부 또는 모두가 이를 활용하며 이에 대한 비용은 고객사가 지불하고 고객사가 선택한 유사 기관을 벤치마킹하는 것으로 조사되었다.

7.2.6 문서 관리

계약관리의 중요한 기능중 하나는 체계적 기록과 의사결정에 필요한 자료 저장소를 보유하는 것이다. 이를 관리 유지하는 것은 향후의 참조와 감사증적을 위한 자료를 제공하기 위해서이다. 이는 내부 부서나 외부 전문기관(예를 들어 규제기관)이 자료를 요구할 경우 더욱 유용하다. 관리 및 통제가 요구되는 항목의 예는:

- 선행 문서(precursor documents)(제안 요구서, 입찰 요구서 등);
- 회의 주제 및 회의록;
- 응답자 및 관련 당사자 사이의 토의 자료;
- 승인과 결제(signoffs);
- 산출물 인징 앙식(사용될 경우);
- 조정 및 관리 문서 및 변동 사항(variations);
- 이슈 목록;
- 보고서 – 성과, 진척상황, 감사 등;
- 재무 자료 등;
- 공급사 요금청구서 및 견적(quotes);
- 고객사 만족도 설문;
- 감사보고서 및 발견 사항.

<table>
<tr><td colspan="5">변경 요구</td></tr>
<tr><td>변경 요구 ID:</td><td colspan="3">제출자:</td><td>제출일자:</td></tr>
<tr><td>변경요구 제목:</td><td colspan="3">우선순위:
❑ 높음
❑ 중간정도
❑ 낮음

우선순위에 대한 이유(rationale):</td><td>영향 받는 문서:
❑ 계약서
❑ SLA
❑ 계약
❑ 부속서류
____
❑ 절차 매뉴얼
______________</td></tr>
<tr><td colspan="5">제안된 변경 상세:</td></tr>
<tr><td colspan="5">변경에 대한 정당화(justification):</td></tr>
<tr><td colspan="5">변경을 반영치 않을 경우의 영향(implications):</td></tr>
<tr><td colspan="2">관련된 변경 요구 사항:</td><td colspan="3">정보/배경 첨부:</td></tr>
<tr><td colspan="5">조사 및 향후 요구되는 작업:</td></tr>
<tr><td colspan="2">조사 승인 여부(Y/N)
조사 수행자: ______________</td><td colspan="3">해결책 승인자:
____
승인 날짜:</td></tr>
<tr><td colspan="3">해결책 상세 설명:</td><td colspan="2">변경:
❑ 승인
❑ 거절
❑ ______ 까지 연기됨</td></tr>
<tr><td colspan="5">설명 첨부:</td></tr>
</table>

그림 7.4 변경요구서(variation request sheet) 예

ITO관리자가 특히 집중 관리해야 할 항목은 재협상 결과, 해결된 이슈 결과 확인, 실제 수행사항의 조정/관리 문서에 반영 여부이다. 변동은 항시 일어날 수밖에 없다 - 절차 매뉴얼, SLA, 계약서에 항시 변동이 발생된다. 관리 조정의 중요한 기능은 변경 요구사항과 해결에 대하여 이슈를 정리하고 이를 추적하기 위한 공식적 프로세스를 유지하고 이를 준수하는 것이다. 그림 7.4는 변경요구서(variation request sheet)의 예이다. 이에 대한 문서화의 중요성은 아래 사례에서 볼 수 있다.

사례: 유틸리티 회사

아웃소싱 계약이 일 년에 걸쳐 진행된 이후에 공급사 담당 관리자가 변경되었다. 새 관리자는 즉시 서비스 변화를 시작하고 몇몇 서비스는 완전히 서비스 범위에서 제거하였다. 이와 같은 모든 조치는 원래 계약 사항에 따른 것이었다.

계약관리자는 이와 관련된 모든 협의 내용을 기록으로 남겨서 그 증거로 활용될 수 있도록 하였다. 모든 서비스는 본래대로 변경되어 조정관련 문서에 반영되었다.

7.2.7 변경 재협상 및 관리

ITO관리자의 재협상 역량은 핵심역량 중에 하나이다. 공식적인 재협상은 보통 일 년에 한 번씩 열리나 비공식적인 재협상은 필요 시 항시 열릴 수 있다. 아래 그림 7.5에서 볼 수 있는 바와 같이 SLA는 계약서보다 자주 재협상의 대상이 되곤 한다.

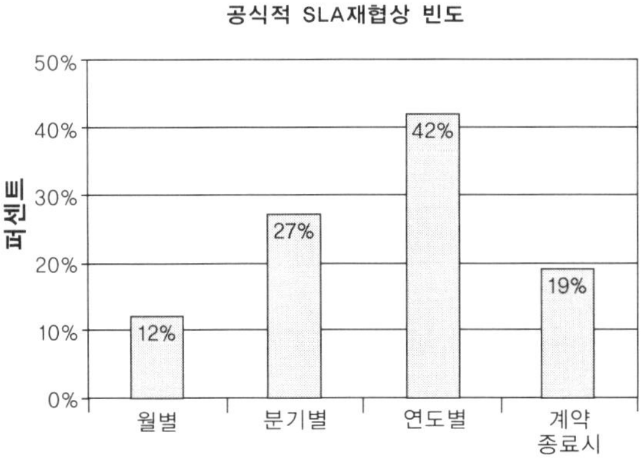

자료원: Cullen et al. (2001) 188응답자

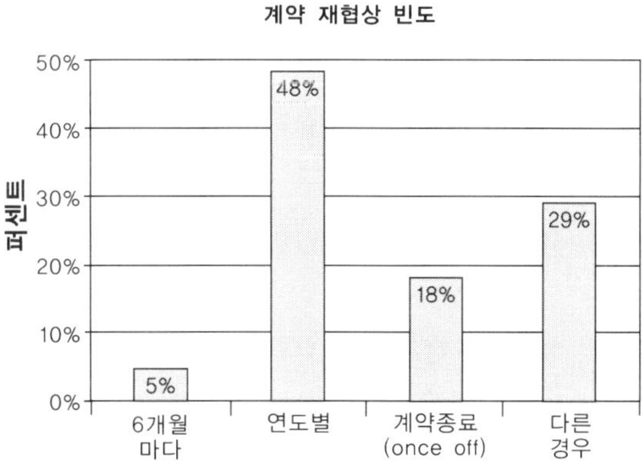

자료원: Cullen et al. (2001), 55응답자

그림 7.5 재협상 빈도

재협상은 아래와 같은 상황이 발생하거나 기대될 경우에 적절할 것이다:

- 조직 재구조(restructure) – 합병, 인수, 투자 철수(divestment), 재 조직화, 확장 등;
- 기대 수요 수준의 변동 – 기대 이상이나 이하의 큰 변동;
- IT아키텍처 청사진이나 전략의 변화 – 합리화, 신규 플랫폼, 신규 엔터프라이즈 소프트웨어, 표준 운영환경 설치 등;
- 일부 서비스를 내부 서비스로 복귀(backsource) 희망 – 해당 서비스에 대하여 핵심역량을 배양하거나 내부 서비스가 적절하다 판단됨;
- 서비스 수준 변화 – 공급사의 성과나 고객사 요구사항에 기반한 상당한 업그레이드나 하향조정
- 신규 서비스를 향후 포함시킴 – 현재 범위에 포함되지 못하거나 미리 예측되지 못한 경우;
- 책임(accountability)에 관한 비준(rectify) – 실제 운영결과 자원이나 활동이 중복되거나 포함되지 못한 경우;
- 협약 전체를 개정(refresh) – 광범위한 변화가 있거나 요구사항을 만족시키지 못한 경우;
- 협약상의 결점을 비준하거나 아웃소싱 실행 모범사례 도입 – 균형성과체계에 근거한 KPI 설정이나 재무적 인센티브 포함;
- 가격 협약 개정 – 고정 비용을 변동화하거나 변동비용을 고정 비용화 함.

7.3 관계 관리(relationship management)

대부분 아웃소싱 파트너십의 경우 두 극단적 관계 사이의 균형을 유지하려는 것이 보통이다. 한 극단에는 파워에 근거한 관계 관리이고 다른 극단은 신뢰(trust)에 근거한 관리이다. 한 극단에 치우치는 것은 파트너 누구에게도 효과적인 결과를 가져다주지 못하는 경우가 대부분이다. 그림 7.6은 두 극단의 위치를 설명하고 있다.

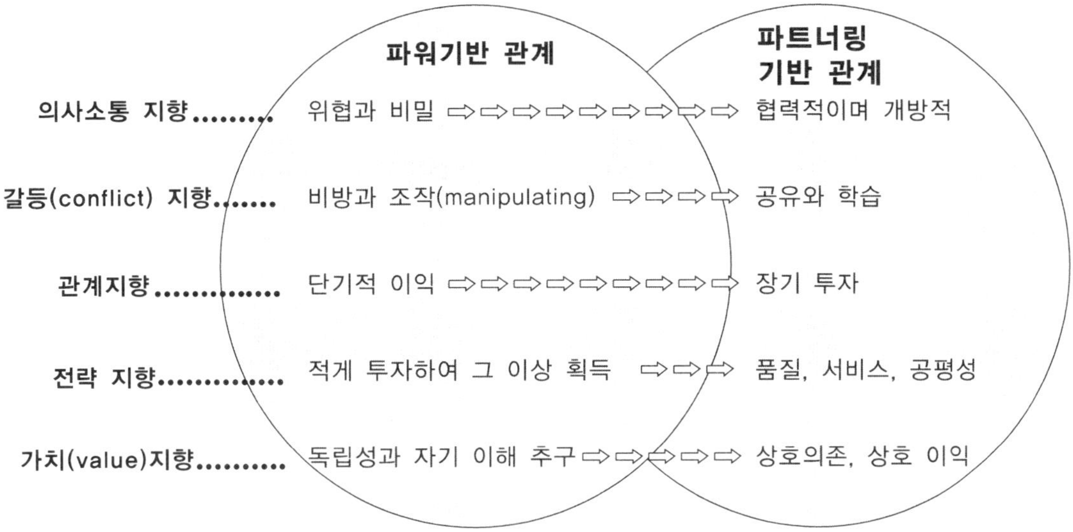

그림 7.6 신뢰(trust)와 파워에 근거한 관계 다이어그램(relationship diagram)

파트너 사이의 관계가 어떠한 형태를 띠든지 아웃소싱의 장기적 성공은 두 관계를 어떻게 관리하느냐에 따라 도출될 수 있다. 아웃소싱의 주요한 관리도구(계약, SLA 등)는 단지 두 관계가 미흡하게 운영되고 있는 상황에서 활용될 수 있는 수단이라 할 수 있다 – 즉, 성공을 도출하기 위한 지침이라기보다는 상대방 통제의 수단으로 활용되는 근거라 할 수 있다. 성공적인 관계는 모든 아웃소싱 단계에 계약 당사자들이 시간과 노력을 투자해야 한다. 이 경우 대부분 최종 목적지(destination)보다는 진행 과정(journey)이 더욱 중요하게 된다. 상대방에 대한 이해, 아웃소싱 과정에서 필연적으로 발생될 장애물을 극복하기 위한 주요 관련자 간의 관계 설정, 파트너 간에 공유하여야 할 가치 설성, 다른 파트너에 관한 통찰력 확보와 같은 활동은 아웃소싱 성공을 위한 투자라 할 것이다.

이와 같은 관계의 건전성을 검토할 수 있는 체크리스트가 표 7.7에 제시되고 있다. 파트너링(partnering)이라는 단어는 오늘날 많은 조직이 바라는 관계를 표현하기 위하여 활용되고 있으나 이 단어가 가지는 의미는 당사자 별로 서로 상이한 의미로 해석되곤 한다.

표 7.7 관계 건강도 점검(relationship health check diagnostic)

분류	진단 질문
행위 (behaviors exhibited)	❑ 윤리적 행동을 보이나? ❑ '우리'라는 정신적 일체감을 갖고 있나? ❑ 양사가 서로에게 약속한 사항을 충실히 지키고 있나? ❑ 상대방 요구에 대하여 선도적(proactive)인가? ❑ 문제 발생 시 상호 비방하는 태도를 보이나? ❑ 양사가 자신의 관계(relationship)를 잘못 제시하고 있나? ❑ 상대방의 존재에 대하여 필요 시 인정하나? ❑ 서로 불신하고 있는 핵심 요원들이 있나?
상대방이 대한 인식 (perceptions)	❑ 상호 존경하나? ❑ 상대방의 의견을 경청하나? ❑ 상호가 현재의 관계가 해당 산업의 모범 사례라 생각하나? ❑ 현재의 관계(relationship)을 각자 조직에서 활용하고 있나? ❑ 상호 신뢰하나? ❑ 상호 각자의 역할을 충실히 하고 자신의 책임을 감당하고 있다고 생각하나? ❑ 서로 신뢰하나? ❑ 상호 문제가 자신의 책임이 아니라는 태도를 가지고 있나? ❑ 상대방 사업, 중요 요인, 동기 및 내부 정치적 역학관계를 이해하고 있나?
관계에 대한 투자 (investment)	❑ 관리를 위한 시간과 노력을 투자하고 있나? ❑ 관계 관리를 위한 수준별 관계 설정은? ❑ 상대방 경영층의 충분한 관심 및 지원을 받고 있나?
의사소통	❑ 정기적 의사소통 기회는? ❑ 정기적인 피드백은? ❑ 상대방에게 조기 경고를 통한 의사소통은? ❑ 상대방에게 개선 사항을 제시하고 의사소통하고 있나?
관계 관리 프로세스	❑ 양사 사이에 분명한 프로토콜이 설정되어있나? ❑ 상대방의 만족도를 평가하고 있나? ❑ 공동 계획 수립을 수행하나? ❑ 계약된 성과를 초과 달성한 경우에 재무적 보상이 주어지나? ❑ 계약 성과를 미달하였을 경우 벌금적용 경우가 한번 이상 적용되었나? ❑ 양사는 업무 수행을 향상시키기 위한 방안을 개발하고 있나? ❑ 당사는 공급사가 추천하고 있는 성공적 사례인가?

공급사는 주로 이 단어의 의미를 맹목적 신뢰(blind trust)의 의미로 해석하는 경우가 많다. 예를 들어 계약서에 명시되지 않은 경우에도 가격변동은 입찰 시와 달리 책정될 수도 있으며 향후 고객사의 정보기술 관련 아웃소싱 사업의 파트너가 당연히 될 것이

라는 것을 신뢰의 개념으로 생각하는 경향이 있다. 이와 같은 상황에서 만약에 새로운 아웃소싱 서비스 계약이 다른 공급사와 체결될 경우 이에 대하여 적대적 반응을 보이게 된다. 예를 들어 계약서에 비용 절감에 대한 사항이 명기되지 않은 경우 이에 대하여 고객사와 상호 의사소통을 거부하는 등의 반감적인 행동을 보이기도 한다.

고객사의 경우 신뢰라는 용어의 의미를 위험 공유(sharing)보다는 위험 이전(transfer)의 의미로 해석하기 쉽다. 또한 파트너링은 무제한적인 점진적 아웃소싱 서비스 범위 확장(scope creeping)을 의미하는 것으로 해석하기 쉽다. 대부분 파트너링에 대하여 말로는 강조하나 이를 위한 체계나 프로세스를 공식화하여 활용하지 못하는 경우가 대부분이다. 예를 들면 파트너링을 위하여 즉, 신뢰를 구축하기 위하여 공급사를 정보계획 및 전략 프로세스에 참여시키는 경우가 드물며 계약 시에도 KPI에 근거한 인센티브보다는 벌금 부가 항목을 포함시키고자 하는 행위 등이 그 예가 될 수 있다.

공급사나 고객사는 신뢰라는 용어를 잘못 이해하여 극단적인 경우 아웃소싱 관계설정을 위한 계약서나 SLA조차 필요 없다는 의미로 해석하기도 한다. 이와 같은 해석은 결국 비즈니스 차원을 무시하고 상대방에 대한 기대를 구체화하지 못한 상태에서 관계를 형성하게 한다. 더구나 신뢰에 대한 잘못된 인식은 아웃소싱 운영에 집중하는 단기적 관계를 형성하게 되어 진정한 전략적 관계를 위한 신뢰를 형성하지 못하도록 한다. 아웃소싱의 경우 바람직한 신뢰관계를 형성하여 긴급 사항이 중요사항을 밀어내고 전술 사항이 전략 사항보다 우선시되는 위험에 대하여 항상 주의를 기울일 필요가 있다.

원칙적으로 바람직한 신뢰관계 설정을 위해서는 문제를 같이 해결한다는 차원에서의 유연성을 유지해야 한다. 또한 신뢰관계에 대한 정확한 모습이 구체적으로 구현되고 이에 대하여 관련 당사자의 합의가 필요하다. 물론 SLA와 계약서가 중요한 것은 사실이나 하루하루의 행위를 제약하기에는 상당히 피상적 의미만을 가지고 있다고도 할 수 있다. 아래 그림 7.7에서 볼 수 있듯이 진정한 행동유발 요인은 업무 수행 관련자들이 지닌 내적 가치라 할 수 있다. 물론 관계가치 헌장(relationship values charter)(블록 4-결과확인-미래 디자인)이 바람직한 행위를 구체화하고는 있지만 전략적으로 중요한 관계 설정은 파트너들의 내적 가치의 합일 여부가 매우 중요한 역할을 한다는 점을 이해하여야 한다.

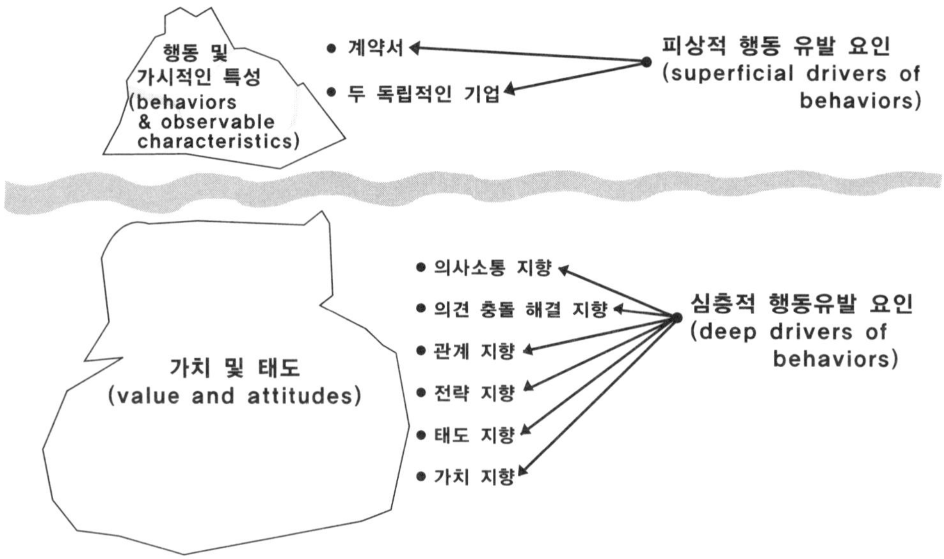

그림 7.7 내면 (getting below the surface) 가치

가치 차이분석(value gap analysis) 기법이 이와 같은 상황에서 매우 유효한 것으로 밝혀졌다. 수행 프로세스는 그림 7.8에 제시되었다.

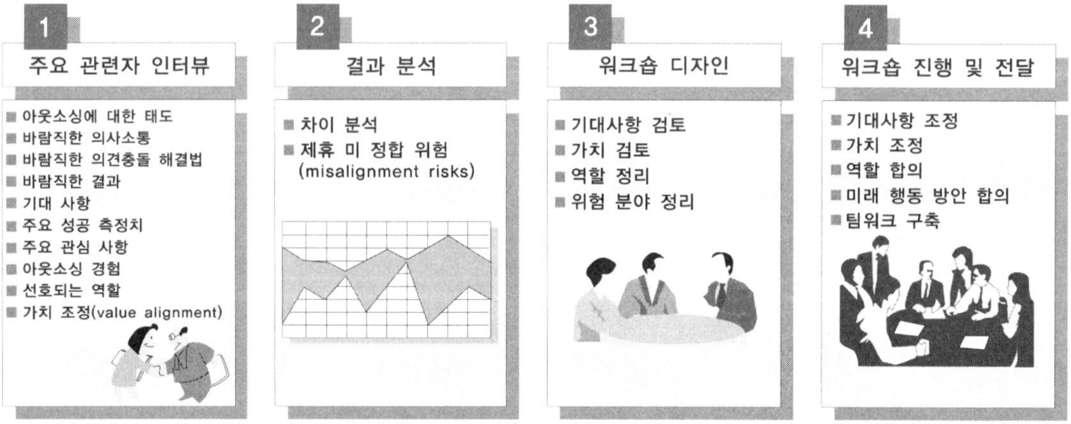

그림 7.8 가치차이분석 예

관계(relationship)설정이 중요한 것은 사실이지만 이것이 관리통제(governance)를 대치할 수는 없다. 관계는 근본적으로 인간에 의존하는 것으로서 인간 즉 직원은 결국 조직을 떠나게 되어있다는 점이다. 그러므로 관계체계와 독립적인 관리통제(governance) 시스템이나 절차가 없을 경우에는 너무 많은 부분이 '문서화 되지 않은 이해'에 기반한 즉, 사람에 의존적인 관리에 치우치게 된다. 아래 사례는 아웃소싱이 과다하게 인간관계에 의존할 경우 발생할 수 있는 문제를 설명해 주고 있다.

사례: 운송 회사

두 회사의 최고 경영자 사이에 아웃소싱 계약이 체결되었다. 이 아웃소싱 계약은 매우 단순한 체계를 지니고 있었다. 고객사의 콜센터 운영을 공급사가 담당하고 고객사는 운송회사의 핵심역량 부분인 운송(logistics)에 집중하는 것이었다.

이 아웃소싱 관계는 전략적 관계이기 때문에 두 당사자는 양해각서(MOU: memorandum of understanding) 정도만 필요할 것으로 간주하였다. 두 최고 경영자는 수십 년간 동료로 일한 관계로서 신뢰에는 문제가 없는 것으로 간주하였다. 몇 년 후에 두 최고 경영자가 각기 조직을 떠난 이후 내부 감사를 실시하게 되었다. 이 결과, 계약서 없이 아웃소싱이 진행되었음이 발견되었다. 더 중요한 발견은 공급사가 일 년에 두 번씩 서비스 비용을 청구하였다는 점이다. 각 사업 단위별로 서비스에 대한 요금이 청구되고 이에 대하여 또 다시 중앙의 지급어음(account payable)계정에 중복 청구되었음이 발견되었다.

두 기관 모두 이와 같은 어처구니없는 청구가 어떻게 발생됐는지 알 수 없었다.

8장

블록 8 : 대안 재고 (Do it again: Reconsider options)

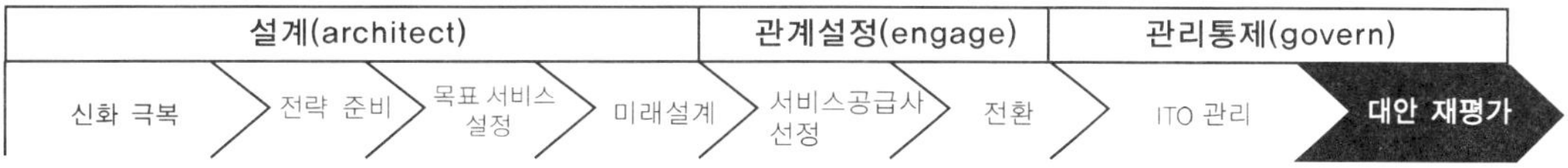

아웃소싱 계약은 계약 만료 이전 계약 취소나 계약 기간 종료에 따라 종결되게 된다. 어떤 종류의 계약 만료이건 이는 아웃소싱 생명주기를 완결했음을 의미하며 이는 또 다른 새로운 시작을 의미한다.

정보서비스의 공급 유형(내부 공급, 시장 구매, 아웃소싱)의 선택은 고정되어 있기보다는 항시 조직 내부 및 외부의 변화를 반영하여 선택되어야 한다. 기업과 시장은 항상 변화에 직면해 있어서 초기의 의사결정이 현재 상황에서는 적절치 못한 것이 어쩌면 당연한 것이다. 불확실성이 줄어들 수도 있고, 아웃소싱 시장 성장은 경쟁적 공급을 확대시키며, 공급사의 역량이 변화하고, 계약 기간이나 경험을 통하여 계약 당사자 간의 정보 불균형도 감소할 수 있다. 이와 같은 상황 변화를 고려하여 아웃소싱 계약은 정기적으로 재평가되어야한다.

아웃소싱 추진 조직은 이 단계 즉 대안 재고 단계에 충분한 시간과 자원을 할애하여야 한다. 또한 초기 계약 기간이 만료하기 전에 1년 정도를 대안 재고 기간으로 할당하는 것을 고려하여야 한다. 1년 전에 대안 재고를 시작할 지라도 때로는 충분한 검토를 위하여 계약 기간 연장이 필요한 경우도 있을 것이다. 가능하다면 최초 계약 기간이 종료되기 이전에 차기 계약이 이루어지기 위하여 이 정도의 시간이 필요할 것이다. 예를 들어 영국 국세청(UK Inland Revenue)의 경우 EDS와 10년 계약을 재검토하기 위하여 2년 반이라는 기간을 할애하였다.

8.1 계약 종결 요건(termination triggers)

일반적으로 계약종결(termination)은 계약기간 만료 이외에도 지불불능(insolvency), 범법행위(offence), 계약 파기(breach), 계약불이행(default), 공급사에 대한 관리, 통제 변화(change of control), 계약상의 편의(convenience) 때문에 발생하기도 한다(표 8.1). 또한 계약 조항에 특수 상황발생 시 계약종결 조항이 포함될 수도 있다. 예를 들어 East Midlands Electricity의 경우 고객사가 타사와 합병된 경우 계약이 종료된다는 조항 때문에 계약이 종료되었다.

모든 계약은 계약 종결에 관한 조항 없이 종결되지 못하나 최근에는 자의적 종결(voluntary termination)이 관례화되는 경향이 있다. 이는 미래를 예측하기 힘들기 때문에 계약 조항에 모든 사항을 명문화할 수 없음을 반영하는 추세라 할 수 있다. 공급사가 특별히 오류를 범하지 않은 경우에도 고객사의 미래 요구를 만족시키지 못할 경우 계약을 종결할 수 있다는 점은 고객 입장에서 보면 매우 매력적인 사항이라 할 수 있다. 이 같은 경우에(즉, 자의적 종결) 그림 8.1에서 보는 바와 같이 자의적 종결 고객의 약 75%가 연 계약액 이상을 지불하고 있음을 알 수 있다.

표 8.1 계약 만료 이외의 계약 종결 유발 요인(termination triggers)

유발 요인	예
채무 불이행의 경우(insolvency)	• 청산인(liquidator), 공급사의 관리인이나 재정 담당인이 지정되다. • 청산, 계약 취소(resolution) • 공급사가 채권자(creditor)들과 일정 계약을 체결하거나 변제(composition) 관계를 맺음 • 공급사가 채무를 변제하지 못하는 경우 • 이 이외에도 공급사의 사업, 자산, 경영관리 및 재무 상황의 좋지 않은 변화가 아웃소싱 계약 수행에 영향을 끼칠 것으로 간주될 경우
법률위반(offence)의 경우	• 공급사나 공급사 직원이 공급사 사업에 영향을 미치는 형사적 범죄에 대한 유죄판결을 받은 경우 • 공급사가 고객사의 지불관련 위조나 속인 경우 • 공급사가 사기(fraud)나 허위진술(misrepresentation)을 한 경우
계약 파기(breach)	• 공급사가 고객사로 하여금 조사, 감사나 검토를 허용하지 않을 경우 • 공급사가 고객사의 합법적 지시를 수행하지 않을 경우

	• SLA에 계약해지 요건으로 제시된 최소한의 KPI(Key Performance Index)를 충족하지 못한 경우 • 공급사가 계약이나 법령상의 안전기준을 만족시키지 못한 경우
계약 불이행 또는 태만(default)	• 계약에 의해 수행된 감사결과가 불만족스러울 경우 • 계약 조건 수행이나 성과가 태만한 경우 • 공급사가 수행한 작업 표준이 불만족스러울 경우 • 업무 수행 시간이 불만족스러울 경우 • 안전에 대한 사전 경고가 지켜지지 않을 경우 • 업무 양에 관한 진전이 불충분할 경우 • 만족스러운 방법으로 고객과 관련 당사자에게 의사소통하지 못한 경우 • 계약에 따라 서비스의 일부 또는 전부를 수행하지 못한 경우 • 서비스에 활용된 장비를 적절히 유지 보수하지 못한 경우
관리 및 통제시스템의 변화 (change of control)	• 공급사에 대한 관리 및 통제시스템이 변한 경우
고객사의 필요 (convenience)	• 고객사가 자신의 신중하고 적절한 의견에 따라 자신의 사업수행을 위하여 계약을 파기하거나 일시 중지

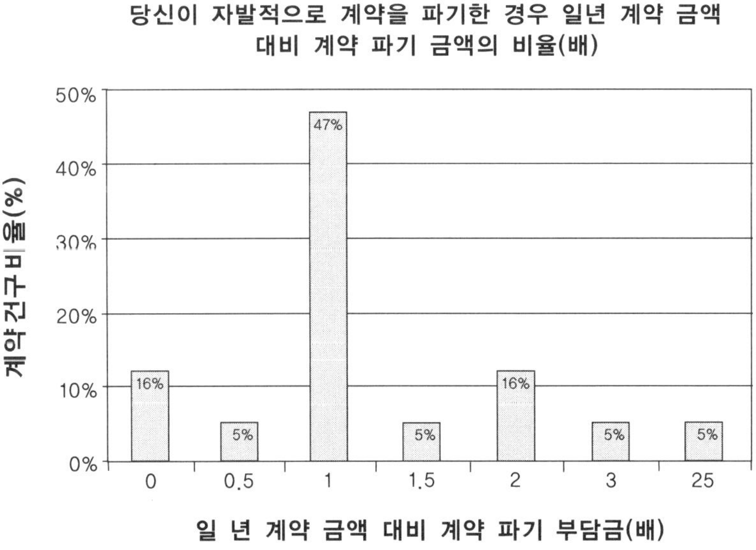

자료원: Cullen et al.(2001), 19 계약사례

그림 8.1 자발적 계약파기에 따른 부담금(요금)

8.2 선택 대안(options)

계약종료 시 새로운 범위와 신규 계약 프레임웍을 결정한 후 3가지 선택대안을 고려할 수 있다:

1. 아웃소싱 범위의 전부 또는 일부에 대하여 기존의 공급사를 보유한다. - 기존의 계약을 단순히 연장(rollover)하거나 재협상한다.
2. 범위의 일부 또는 전부에 대하여 재입찰(retender)한다. - 기존의 공급사를 보유하고 혹은 새로운 공급사를 포함시킨다. 아웃소싱 패키지를 어떻게 구성하느냐 혹은 입찰결과에 따라서 공급사를 구성하게 된다.
3. 서비스 일부분 또는 모두를 내부로 가져와 처리하게 된다(backsource).

표 8.2 계약 종료 시 선택 대안

선택 대안	고려하는 것이 바람직한 경우
기존 공급사를 계속 유지(retain)	• 업무 범위 변동이 없을 경우 • 기존 공급사가 시장가보다 저렴하게 서비스를 공급하거나 이를 입증할 수 있을 경우 • 기존 공급사가 계약서상의 KPI 이상으로 성과를 보인 경우 • 재입찰 및 선정과정을 거치지 않음으로서 시간과 비용을 절약할 수 있는 경우 • 양사가 기존의 관계를 지속하기를 원할 경우
재선정 및 입찰(re-tender)	• 고객사는 가장 경쟁력 있는 가격의 서비스를 확보하기 원함 • 업무 범위가 상당한 변화가 있어 다른 공급사가 해당분야의 전문성을 지니고 있는 경우 • 기존 공급사가 고객이 제시한 계약 항목이나 SLA를 요구한 가격에 제공하지 못할 경우 • 고객사가 지켜야하는 성실(probity)규칙에 의해 재입찰하여야 하는 경우
백소싱(backsource)	• 고객사가 해당 분야에서 역량을 확보하기를 원할 경우 • 내부에서 해당 서비스를 효과적이며 효율적으로 공급할 수 있을 경우

표 8.2는 선택 대안이 어떠한 경우에 적절한지를 정리하여 보여주고 있다. 실제 대안을 결정함에 있어서는 모든 선택 대안의 조합이 가능하다. 예를 들면 몇몇 서비스는 기존 공급사가 공급하고 신규 서비스에 대하여는 새로운 공급사가 공급하거나 기존 서비스 일부분은 내부에서 처리할 수 있다. 이러한 조합이 어떻게 구성되느냐는 상황에 따라 달라질 수 있다.

그림 8.2는 오스트레일리아에서 조사된 자료로서 기존 공급사가 계속 서비스를 제공하도록 하는 선택이 가장 흔한 경우임을 알 수 있다. 이 조사에 의하면 76%가 몇몇 서비스에 대해서는 새로운 공급사에게 아웃소싱 서비스 제공 기회를 주고 있으며 41% 정도는 일부에 대하여 내부로 서비스 처리를 가져옴을 알 수 있다. 이와 같은 조사가 의미하는 바는 아웃소싱 서비스에 대한 다양한 대안 및 조합을 고려하여야 한다는 점이다.

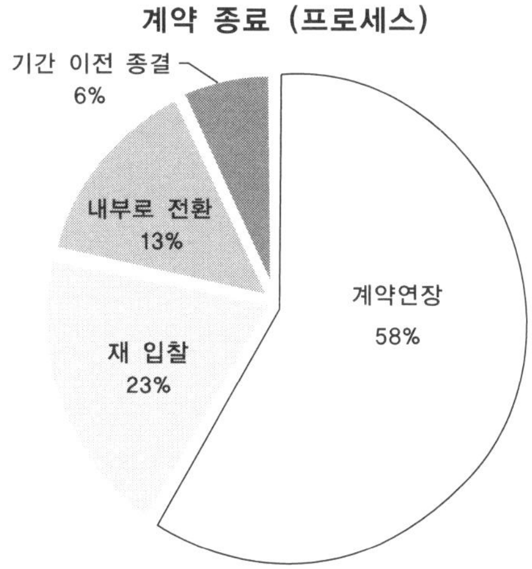

자료원: Cullen et al.(2005), 51명 응답

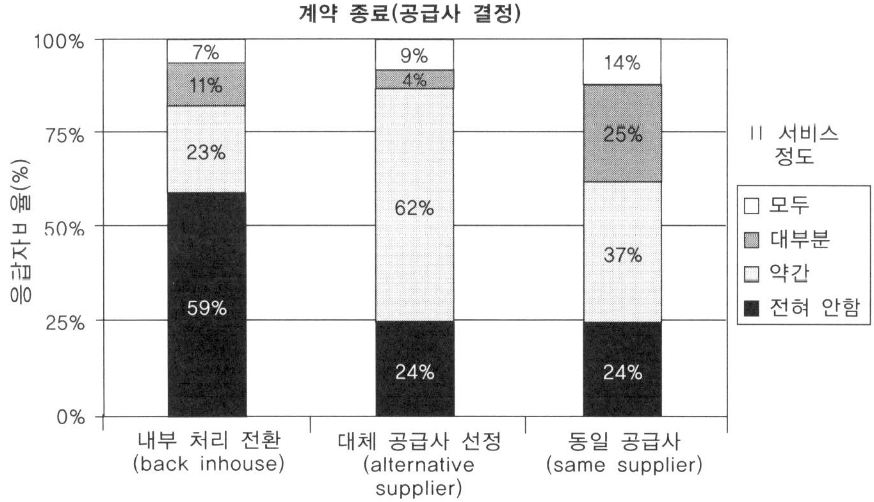

자료원: Cullen et al.(2001), 51명 응답자

그림 8.2 계약 종료 결정

8.3 평가(assessments)

최선의 선택을 위한 대안을 평가하고 새로운 기대사항을 결정하기 위하여 고객사는 아키텍트 단계(architect phase)에 수행한 것과 같은 일련의 평가 활동을 수행할 필요가 있다. 물론 이 단계에는 이전 경험과 이를 통해 얻은 지혜를 갖고 평가에 임한다는 점이 이전 단계와는 다르다 할 수 있다. 최소한 한 번의 아웃소싱 절차를 경험한 조직은 이를 통한 경험을 가지고 있어서 비 경험 조직과는 다른 방법과 태도를 가지고 평가에 임할 것이다. 즉, 필요한 부분에 집중하여 신속히 처리할 수 있다는 차이점이 있다.

계약 종료단계에 있는 조직이 고려해야하는 평가는 다음과 같다:

1. 계약 평가(contract assessment).
2. 전체 아웃소싱 생명주기 협약(whole-of-life arrangement) 내용 평가.
3. 지식 갱신(knowledge refreshment) 평가.
4. 요구사항(requirements) 평가.
5. 대안(options) 평가.

평가 내용에 대하여 상세히 알아보면 다음과 같다. 표 8.3은 해약(disengagement)을 위한 점검항목을 나열하고 있다.

8.3.1 계약 평가(contract assessment)

평가의 첫 번째는 현재 계약을 점검하는 것이다:

- 계약연장 조항(extension clauses): 사전에 합의된 계약연장 조건(terms and conditions)이 있는가? 연장을 위한 각 당사자의 의무 사항(obligations)은 무엇인가? 미리 정해진 연장기간이 있는가? 사전에 협의된 가격조항이 있으며 이는 정상적 운영 하에서의 가격인가?
- 계약종료 및 이양(hand-over) 지원 조항: 합의된 계약 종료 및 이양 조건이 있는가? 또는 이러한 사항이 사전에 협의되어야 하는가? 관련 당사자(새로운 공급사, 이전 공급사, 고객사) 사이의 의무사항은 완결되었는가? 이전에 규정된 계약종료 및

이양기간이 존재하는가? 사전에 합의된 계약종료 및 이양가격에 대한 조항이 존재하는가? 이는 정상운영 가격과 동일한 가격인가?

- 계약해지 후 지원조항(post-termination assistance clauses): 계약해지 조건에 대한 합의 사항이 있는가? 또한 이에 대한 협상이 필요한가? 계약 해지 이후 공급사의 의무가 완벽하게 정의되었나? 사전에 동의된 계약 해지 이후의 가격 조항이 있는가? 또는 해지 후 가격이 정산 전 상황 하에서의 가격과 동일한가?
- 인력과 자산 재이관(transfer back)관련 조항과 기존 공급사에 이관된 자원 중에 고객사에게 다시 이관되어야할 자원에 대한 비용 체계(cost schedule): 재 이관 조건에 관한 조항의 존재 여부 및 협상 여부? 이에 관한 의무 사항이 완전히 준비되었나? 재이관에 관한 사전 합의된 기간? 사전에 합의된 비용 조항의 유무?

협상이 필요한 모든 항목에 대하여 협상전략을 개발하여야 하며(블락 5 참조)이를 통하여 성공적 협상 결과를 확보하여야 한다. 그렇지 못할 경우 기존 공급사는 기회주의적으로 행동할 수도 있기 때문이다.

표 8.3 계약 해지(disengagement) 체크리스트

기본 사항(fundamentals)

- ❑ 양사는 계약해지를 위한 지원 활동이 원활이 진행되어 마치 계약 해지가 없는 것과 같이 서비스가 제공되어야 하며 향후 서비스 제공사가 계속적인 서비스를 제공하는 데 끊임이 없도록 진행되어야 함을 양사가 모두 동의하였는가?
- ❑ 공급사는 해약된 서비스 활동, 기능, 운영에 대하여 합낭한 계약해시를 위한 시원 활동을 세공할 의무가 있는가? 이를 통하여 고객사가 사업을 추진함에 있어서 단절이 없도록 지원하고 있는가?
- ❑ 고객사는 해약 관련 계획 및 전환 관련 계약 조항에 대한 준수 여부를 감사할 권리를 확보하고 있는가?
- ❑ 공급사는 계약해지 기간 동안에 서비스를 평상 시 대로 계속 제공하도록 계약하고 있는가?
- ❑ 고객사는 계약 만료일 제 3자로 하여금 공급사 제공 서비스의 일부분을 제공하도록 하거나 그렇지 못할 경우에 지불을 유예할 수 있는 권리를 보유하고 있나?
- ❑ 공급사가 고객사의 커뮤니케이션 링크 등을 포함한 시스템을 고객사의 동의 없이 접근할 수 없는가?

해약에 관한 계획(disengagement plan)

- ❑ 계약 종료나 계약 해지를 통보한 이후에 계약해지를 위한 절차, 과정, 책임, 의무에 대한 계획

이 있는가?

- ❑ 계약해지를 효과적이며 효율적으로 진행하기위한 모든 사항에 대한 설명 목록이 있는가? (계약을 발효하기 위하여 초기에 양사가 수행해야할 사항에 대한 실행계획 검토 결과에 포함된 내용과 같은)
- ❑ 계약 해지를 지원하기 위하여 필요한 인력과 자원에 관한 상세가 준비되었나?
- ❑ 계약해지를 위한 시간표와 프로세스가 합의되었는가?
- ❑ 계약해지 기간과 계약종료 이후에 적용될 요금 요율이 결정되었는가?

공급사 책임 지원 사항(duty for supplier to assist)

- ❑ 기존 공급사가 해약 서비스에 대한 신규 입찰프로세스를 지원해야 하는(기초원가 모델, 성과 이력, 해약 서비스 및 SLA에 대한 정보 제공의무) 의무가 있는가?
- ❑ 신규 계약자와 고객사의 관련된 절차나 소프트웨어를 검토하는 의무를 기존 공급사가 지고 있는가?
- ❑ 기존 공급사자 지원하고 있는 서비스에 대하여 신규 공급사나 고객사에게 필요한 정보에 대한 접근을 제공하여야 하는 의무를 지니고 있는가?
- ❑ 신규 공급사나 고객사에게 공급사의 작업장(sites)을 방문, 접근하여 필요한 정보를 접근할 수 있도록 지원하여 순탄한 이양(handover)을 지원할 의무가 규정되었는가?
- ❑ 기존 공급사가 제공한 서비스와 관련된 소프트웨어의 사용권을 확보하여 경신하여야 하는 의무가 있는가?

전달(deliver up)

- ❑ 공급사가 아래 항목에 대한 전달의무가 있는가?
  - 기존 관련 정보를 재생산 가능한 형태의 매체로 백업
  - 고객사 기밀정보에 대하여 고객사가 원하는 전자적 또는 문서형태
  - 서비스 이관과 연속성을 보장하기 위한 문서나 인원에 대한 지정
  - 공급사의 보호, 관리, 소유의 형태로 제공된 자산이나 재산(asset and property)
- ❑ 고객사 비밀 정보에 대하여 고객의 요구에 따라 파기하거나 반환할 의무

계약 해지 후 지원(post-termination assistance)

- ❑ 공급사가 계약 해지 이후에 고객사가 필요한 경우에 다음과 같은 서비스를 제공할 의무가 있는가?
  - 필요에 따라서 서비스 관련 질문에 대합 응답;
  - 공급사 소유의 고객관련 보고서나 서류 반환;
  - 해약 서비스 계속 지원 관련 필요 정보에 대한 접근을 제공;
  - 미리 정해진 요율에 따라서 필요 인력을 임시로 파견;
  - 고객사 관련 법정소송과 관련된 정보나 기록에 대한 접근 .
- ❑ 공급사가 해약 서비스에 대한 정보가 정확하고 최신의 정보 제공을 제공하고 있음을 확인하여야 하는 책임이 있는가? 만약에 그렇지 못할 경우 이를 위한 대안을 제시하고 이를 추진하기 위한 비용을 지불하여야 하는 책임이 있는가?

8.3.2 전 생명주기(whole-of-life) 협약(arrangement)내용 평가

다음에 제시된 일련의 절차는 아웃소싱 계약 전체 협약(arrangement) 평가를 제시하고 있다:

- 관리 통제 서류(governing documents)와 실제 운영과의 차이 분석(gap analysis)을 수행한다: 양사가 관리서류(계약서, SLA 및 절차 매뉴얼)를 최신의 상황을 반영하도록 관리하지 않을 경우 실제 상황과 괴리가 생길 수 있다. 이와 같은 현상은 아래 사례가 잘 보여주고 있다.

> **사례: 정부 기관(agency)**
>
> 한 정부기관은 아웃소싱 계약 만료에 즈음하여 재입찰(retender)을 준비하고 있었다. 재입찰 경우 서비스 범위 변동이 없는 관계로 많은 변화가 필요 없으리라 간주되었다. 재입찰을 책임진 프로젝트 관리자는 계약서와 SLA 관련하여 주요 변화가 없을 것으로 기대하고 재입찰 서류를 준비하기 위한 시간은 2-3일이면 충분하리라 생각하였다. 그러나 새 계약은 현재 운영환경과 다른 사항을 반영하여야 함을 뒤늦게 알게 되었다.
>
> 이를 고려하여 재입찰 이전에 관련 내용반영을 위한 개정(update)을 수 차례 수행한 후 몇 달이 지나서야 재입찰을 진행할 수 있었다.

- 기존 공급사에 대한 주요 관련자의 만족도(satisfaction)를 확인한다: 이는 고객만족도 조사 이상을 의미한다. 이는 공급사의 서비스 전달, 계약, 관계 및 원가관리 전반에 걸친 만족도를 의미한다.
- 아웃소싱 서비스 초기부터 지불 금액에 대한 가치를 평가하기 위하여 성과 및 원가 추세를 분석한다: 아웃소싱에 대한 사업사례(business case)작성과 더불어 이는 미래 선택을 위한 기준사례(base case)로 활용되어야 한다. 이는 또한 벤치마킹을 위한 데이터로 활용되어 가치 증진 가능성을 제시하기도 한다(향상된 KPI, 원가 절감).
- SWOT(Strengths, Weaknesses, Opportunities, Threats)분석 수행: 이 분석은

미래 협약(계약서, SLA, 공급사 특성, 서비스 범위, 계약관리, 아웃소싱 시 내부 보유 조직 등)에서 요구되는 개선 분야를 제시해 준다.

- 아웃소싱을 통하여 이루고자한 원래 목적 달성도를 확인한다: 아웃소싱을 통하여 달성하고자한 전략 및 전술적 목적을 확인한다. 이는 아래 사례가 보여주듯이 쉬운 작업은 아니다.

사례: 교육기관

5년간 계약을 마무리 짓는 시점에서 대학총장은 계약관리자로 하여금 원래 설정했던 아웃소싱 목표가 성취되었는지를 평가토록 하였다. 이 분석은 운영위원회가 향후 아웃소싱을 계속 추진하여야 하는지를 결정하는 데 매우 중요한 역할을 하게 된다. 자료 조사결과 원래 계약서 이외에는 필요 서류가 작성, 보관되고 있지 못했음을 알게 되었다. 아웃소싱 프로세스 관련한 의사결정자나 관련 인력에 관한 문서화도 되어있지 못했다. 열심히 아웃소싱을 추진, 관리하였음에도 불구하고 계약관리자는 어떤 효과를 도출하고자 했는지도 유추할 수 없는 상황이었다. 이런 상황에서 이를 달성했는지는 더욱 알 수 없었다.

8.3.3 아웃소싱 관련 지식 갱신(knowledge refreshment) 평가

아웃소싱 경험(practices)은 최초 계약 이후로 성장, 발전된다. 아웃소싱 계약 종결 기회를 통하여 새로 얻게 된 경험을 탐색하고 채택하게 된다. 특히 고객사가 계약관리 기능에 지속적인 검토 및 평가 프로세스를 포함시키지 못한 경우에는 이와 같은 검토 과정을 거침으로써 아웃소싱을 통한 많은 경험을 정리하게 된다.

이 단계에서의 평가는 블록 1의 '신화를 제거하고 통찰력(acumen)을 획득'하는 활동과 동일하다 할 수 있다.

- 비교 가능한 산업 표준 대비 성과수준이나 원가를 벤치마크 하여 KPI수준이 향상되어야 하는지 또는 미래 원가 기대수준이 어느 정도에서 결정되어야 하는지를 결정하는 데 활용한다. 해당 서비스에 대한 새로운 KPI가 시장에 출시되었는가? 현재 서비스 수준이 적절한지? 새로운 산업 표준이 출현하였는지? 동일한 서비스 범위에 대하

여 가격이 상승하였는지? 혹은 하락하였는지?

- 선도적 경험(leading practice)에 대한 지식을 갱신한다. 향상된 가격 대비 성능비율을 제공하는 기술이 있는지? 향상된 효과와 효율을 제공하는 새로운 사업 프로세스가 선택되었는지? 다른 조직에서 향상된 아웃소싱 및 보유조직 관련 경험이 존재하는지? 아웃소싱 계약 및 SLA에 있어서 새로운 베스트프렉티스가 있는지?
- 향후 활용가능한 공급사 풀(pool)을 결정한다. 아웃소싱 산업에서 새로운 경쟁력은 무엇인가? 신규 시장 진입사는 있는가? 알려진 공급사의 경쟁력과 향후 조직 전망은 어떤가? 새로운 기회는 존재하는가(예를 들어, 시장 침체, 신규 진입자)? 시장에서 불길한 징조(dis-opportunities)가 있는지(다른 고객사로 부터의 경쟁적 입찰 등)?

8.3.4 신규 요구사항 평가

아웃소싱 계약 종료는 새로운 요구사항을 결정하고 원래 요구 사항을 재정립할 수 있는 기회를 제공한다. 특히 새로운 요구사항 정의라는 공식적인 프로세스가 존재하지 않았을 경우는 더욱 좋은 기회로 활용되어야 한다. 이와 같은 평가 활동은 아키텍트 단계 즉, 블록 2, 3, 4에서 수행된 활동과 같다:

- 블록 2: 전략 준비 – 신규 계약 기간 동안에 예상되는 사업 요구 사항과 변화를 예측한다.
- 블록 3: 서비스 목표 설정 – 범위 재고, 신규 서비스 및 중단 서비스에 대한 통합 정리, 목표 서비스 프로파일 정리
- 블록 4: 미래 디자인 – 개정된 SLA개발, 계약 관리 기능과 보유 조직과 더불어 계약 및 가격 모델 개발

8.3.5 대안 평가(options assessment)

대안 분석을 준비한다:

- 각 대안의 평가 및 관리를 수행하는 과정에서 도출될 효익, 발생될 위험, 건전성(viability), 원가를 결정하고 비교 평가함;
- 권고된 대안에 대한 전략과 사업사례(business case) 개발.

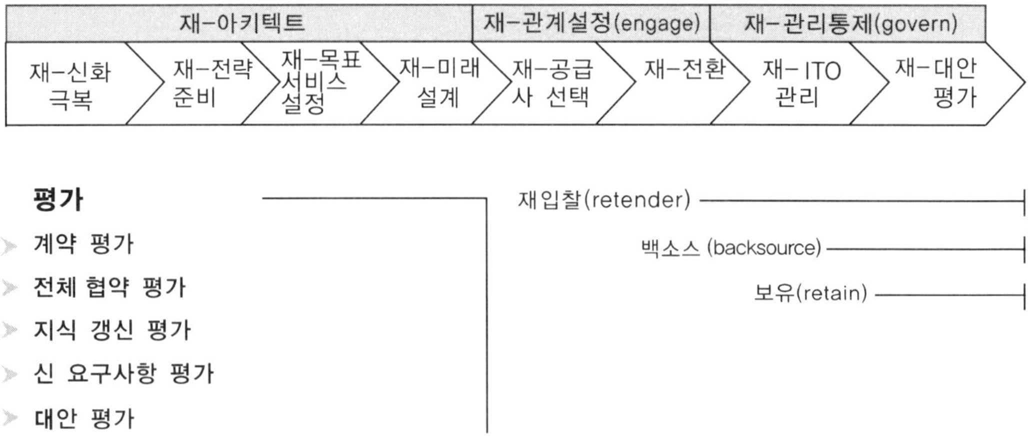

그림 8.3 선택 대안(options)과 아웃소싱 생명주기(lifecycle)

아웃소싱 추진 조직이 향후 진행전략을 어떻게 선택하느냐에 따라서 아웃소싱 생명주기를 새로이 경험하게 된다. 재 입찰과정을 거칠 경우와 기존 공급사와 아웃소싱 계약을 연장할 경우에 다른 절차를 거치게 된다. 세 가지 선택 대안 – 재입찰, 내부로 정보 서비스 제공 기능을 다시 가져오거나(backsource), 기존 계약을 유지(retain) – 은 각기 다른 생명주기를 거치게 된다(그림 8.3).

기존 공급사가 계약을 계속 유지하는 경우 고객사의 새로운 요구사항을 반영하고 성과 향상을 위한 기대를 반영하기 위하여 계약 사항에 대한 재협상을 진행하게 된다. 이 경우 블록 5에서 생명주기 활동이 시작된다. 그러나 주요 변화가 필요 없는 경우는 기존 계약을 연장하게 되고 이 경우 블록 7에서 아웃소싱 생명주기 활동이 시작된다.

재입찰을 거치는 경우는 공급사를 선택하는 블록 5에서 생명주기를 시작하게 된다. 물론 이 경우에도 이전 아웃소싱 경험을 통하여 학습한 결과보다 효율적으로 추진 활동을 수행할 수 있다. 서비스가 내부로(in-house) 다시 들어올 경우에는 블록 6에서 생명주기가 시작된다. 이 경우는 계약관리(contract management)를 통하여 전환과 투자에 관한 의사결정을 수행하게 된다. 이상적으로는 내부로 전환된 서비스에 대한 관리기준으로 SLA를 유지하게 된다. 이 경우 내부 서비스 기관이 아니고 관련된 기관일 경우에는 계약서 작성이 필요할 수도 있다.

재입찰이나 백소싱(backsourcing)을 선택하는 경우 대부분 조직은 공급사가 제공한 서비스 운영에 관한 상세한 지식을 보유하고 있지 못함을 아쉬워할 수도 있다. 이 때문에 새로운 계약을 체결하는 경우에 적절한 공급사와 서비스를 결정함에 있어서 잘못된 결정을 할 수 있다. 이는 수행 기업이 즉, 고객사가 자신의 책임을 간과한 결과이며 다양한 선택 대안을 평가하고 활용하기 위해서는 과거 경험을 통하여 필요한 지식을 획득하고, 유지하여야 한다. 아래 사례는 이와 같은 예를 보여준다.

사례: 로지스틱 기업

항구운송을 담당하는 기업의 정보관리자의 첫 번째 책무는 곧 종결될 5년 계약 네트워크관리 아웃소싱 계약 입찰을 수행하는 것이었다. 그는 기존 가격의 80% 가격에 같은 서비스를 제공할 새로운 공급사와 계약을 체결하였다. 이 가격을 확보하기 위하여 신속히 계약을 체결하였다. 그러나 불행하게도 관리자는 서비스에 대하여 구체적인 지식을 갖고 있지 못하고 그와 관련된 기술적 전문성을 확보하지 못하여 서비스 성격을 자세히 규정하지 못하였다.

새로운 공급사의 입찰 내용은 실제 서비스의 내용을 고려할 때에 적절성을 결여하고 있으며 서비스 범위가 잘못 규정되었다. 이와 같은 상황에서 기존 공급사와 추가적인 가격을 지불하면서 다시 계약을 체결할 수밖에 없었다.

8.4. 기존 공급사로부터 이관(handover) 준비

새로운 공급사(외부 또는 내부 정보시스템 부서)로의 이양 프로세스는 많은 어려움으로 가득 차 있다. 기존 공급사가 광범위하고 완벽한 이관 프로세스를 진행하여야 하는 책임과 이에 대한 인센티브가 없기 때문이다.

이양과 관련된 많은 문제는 아웃소싱 수행 조직 즉, 고객사가 아래와 같은 기능을 수행하지 못하기 때문이다:

- 계약서에 이전 공급사의 사업 종결과 이양에 관한 의무를 정확히 구체화하지 못한 경우. 계약 종결 시 지원에 대한 추가적 가격 지불, 공급사 보유의 지적재산권에 대한 확보, 불충분한 문서나 시스템 이양에 대한 책임 등을 구체화해야 한다.
- 재입찰의 경우 공급사의 이양 절차나 의무를 구체화하고 서비스 범위 밖의 의무에 대한 요금 지불 규정
- 재입찰 시 계약서에 새로운 공급사가 수행하여야할 구체적 이양절차 및 접근법을 요

구하여 부적절한 이양 프로세스나 일상적 운영을 저해하는 요인을 제거

대부분 아웃소싱 조직은 새로운 공급사가 이양 관련 프로세스를 완벽하게 수행하여 실사에 문제가 없을 것이며 효과적인 이양 절차를 수행할 것으로 간주하는 경우가 허다하다. 이양이 순차적으로 순탄하게 이루어져야 한다는 측면은 고객사의 관심일 경우가 많고 공급사는 이에 그리 많은 관심을 보이지 않을 수 있음에 주의해야 한다. 이전 공급사는 영업상의 선의(good will)를 지키려는 동기가 있을 수 있으나 이 같은 동기는 빠르게 소진되는 경우가 많다. 새로운 공급사도 영업상의 선의를 구축하려는 동기가 있으나 공급사 의무를 구체화하지 못하거나 이전 공급사가 고객사가 요구하는 정도로 업무를 수행하지 못한 경우 계약 범위 밖의 요금을 고객사가 부담해야 할 수 있다. 이전 공급사나 신 공급사가 고객기업의 이익이나 관심을 만족시켜줄 것으로 가정하는 것은 매우 위험한 전략으로 이와 같은 전략의 위험은 아래 사례에서 보는 바와 같다.

사례: 용수 공급사(water utility)

상당히 복합적인 아웃소싱 서비스를 위해 새로운 공급사와 계약이 체결되었다. 이 공급사는 이양 절차를 갖고 있지도 못하였을 뿐 아니라 고객사가 이를 요구하지도 않았다. 이전 공급사와 이양관련 회의는 15분 만에 마쳤으며 이 회의에서 새로운 공급사는 기존 공급사가 마련한 이양 자료에 대한 간단한 질문만 하였다. 이전 공급사는 광범위한 이양 절차를 고려하여 여러 자료를 준비하였으나 시스템 컨피규레이션에 관한 설명만 하게 되었다.

이양 후 6개월 동안 계속되는 시스템 실패(failures)가 발생되었다. 따라서 고객사는 공급사에 대하여 법적인 소송을 하겠다는 의향을 전달하였다. 이전 공급사는 고객사에게 계약 종결 시에 문제없는 운영환경을 전달하였으며 광범위한 백업을 통하여 시스템을 복구할 수 있음을 확인시켜 주었다고 주장하였다. 새로운 공급사는 시스템 복구와 지난 6개월간의 데이터 입력 비용을 부담하게 되었다. 새 공급사는 이 비용을 만회하기 위해서(고객사의 모르게) 기존 서비스 범위 외(out-of-scope)의 항목에 대한 비용을 청구하게 되었다. (결국 고객사는 이양 과정에서의 관리 실패로 인하여 추가적인 비용을 지불한 것이다.)

신, 구 공급사간의 원만한 이관을 위해서는 아래와 같은 절차를 거쳐야 한다:

1. 이관된 운영부분에 대한 사진보관 - 가능하면 공증되어, 날짜와 같이 보관된(가능하면 제 3자에게 보관):
   - 최소한 1년간 이관 날짜에 모든 데이터와 시스템에 대한 광범위한 백업;
   - 운영센터 사진;
   - 네트워크 지도, 컨피규레이션, 시스템소프트웨어에 관한 문서화.
2. 양사가 동의한 세부 계획 작성:
   - 광범위한 프로젝트 계획 및 과업리스트;
   - 책임의무 배정 매트릭스(responsibility assignment matrix);
   - 테스트, 수령 절차 및 승인;
   - 우발적 사고 및 복구 계획.
3. 모든 당사자의 능동적 관리:
   - 운영위원회와 주요 인원의 관리 위원회(oversight board);
   - 모든 관련자로 구성된 이관 관리팀;
   - 공동 문제해결 워크숍 및 계획 회의.

결론적으로 계약 종결, 새로운 공급사로 전환 혹은 내부로 아웃소싱 부분을 가져오는 활동이 계약을 체결하고 윈-윈 관계를 도출하는 계약 초기 단계에는 양 당사자가 걱정할 필요 없는 먼 훗날의 이야기인 것 같으나 모든 계약은 언젠가는 어떠한 형태로든 종결된다는 점을 이해한다면 계약이 종결될 경우를 대비하는 것이 현명한 관리방법이라 할 수 있다.

9장 결론(Conclusion)

IT아웃소싱을 추진하였다는 것 자체만으로 조직이 바라던 효과를 도출할 수는 없다. 아웃소싱은 계약서에 근거한 거래라기보다는 다양한 거버넌스(governance)체계에 의해 지원되는 관계(relationship)라 할 수 있다. 계약서(또는 SLA, ITIL 등)는 거버넌스체계의 한 구성 요인일 뿐이다. 아웃소싱으로부터 충분한 가치를 실현하기 위해서는 정보에 근거한 구매자가 되어야하고, 아웃소싱 거래에 관한 계획과 디자인이 선행되어야 하며, 아웃소싱 지불 가격 대비 가치를 극대화할 수 있는 공급사를 선정해야 하고, 적절한 관리기법과 노력을 투입하여야 한다. 이 모든 것이 중요한다.

본서에서 소개된 방법론의 모든 블록은 아웃소싱을 추진하는 조직 즉 고객사 측면에서 디자인되었다. 각 블록은 주요 이슈와 이를 해결하기 위한 프로세스로 구성되었다. 저자들은 지난 20년간의 경험을 기반으로 아웃소싱을 추진하는 과정에서 어느 부분이 잘못되고 있으며 이를 치유하기 위한 방법은 무엇인지를 제시함으로써 추진 조직을 지원하는 데 집중하였다. 지난 다년간의 경험에 따르면 아웃소싱 추진 조직의 사전 준비와 투입자원의 적절성이 아웃소싱 효과에 결정적인 영향을 미침을 발견하였다.

아래에서 우리는 아웃소싱 추진 원칙(principles)을 제시하고자 한다. 아웃소싱 추진 조직이 이 원칙을 기반으로 현명한 준비를 할 수 있다면 성공적인 아웃소싱 결과를 도출하리라 믿는다.

책임성(accountability): 어떠한 경우에도 아웃소싱 성공에 대한 궁극적 책임은 추진 조직 즉 고객사에 있다. 전략적 결함에 대하여 전적인 책임을 지어야 한다.

계약(contracts): 아웃소식 계약에 표준계약이란 존재하지 않는다. 각 이슈에 대하여 자세한 검토가 이루어져서 이를 계약에 포함하여야 한다. 물론 계약서가 너무 상세히 구성되어 그 양이 방대하여 사용불가능해서는 안 된다.

원가(cost): 아웃소싱 최저 가격(price)은 공급사 원가(cost)가 최고치임을 명심해라. 정보기술 아웃소싱은 경매입찰이 아니다. 최선의 아웃소싱 공급사가 장기적으로 경쟁력 있는 해결책을 제공하는 계약을 체결하고 이에 상응하는 가격을 지불하는 것이 최선이다.

직원 관계관리(employee relations): 아웃소싱은 감정을 무시할 수 없는 과정이라 할 수 있다. FUD(F: fear, U: uncertainty, D: doubt)요인을 관리하라.

협상(negotiating): 입찰결정 이후의 협상은 계약 문구에 한정되어야 한다. 이 단계에서 아웃소싱 의도나 계약에 대한 전체적 디자인이 협상의 대상이 되어서는 안 된다. 수표를 건넨 후에 구매 품목을 결정해서는 안 되는 것과 마찬가지이다.

계속 관리(on-going management): 아웃소싱은 관리 노력을 절감하는 것이 아니라 다른 유형의 관리를 의미한다.

결과(outcomes): 아웃소싱은 많은 것을 성취할 수 있지만 또한 부정적인 반응을 불러올 수도 있다. 그러나 이와 같은 결과가 아웃소싱 자체에 내재되어있는 것은 아니며 아웃소싱을 추진하는 조직과 공급사가 전체 과정을 어떻게 관리하느냐에 따라서 그 결과가 달라질 수 있다는 점을 명심해야 한다.

파트너링(partnering): 이를 위하여 상당한 선행 투자가 필요하다. 이를 형성하는 데 지름길이 존재하지는 않으며 이를 전적으로 공급사에게 책임을 전가시키셔도 안 된다.

성과측정(performance measurement): 공급사와 관련 인력은 무엇을 성과 측정치로 규정하느냐와 이에 따른 인센티브에 따라서 관리되며 단지 계약을 체결했다는 자체로 성과를 도출하지는 못한다.

계획(planning): 모른다는 것 자체가 행복을 가져다주지는 않는다. 고객사가 모르는 것과 계획하지 않았다는 것은 반드시 대가를 치르게 마련이다.

전략(strategy): 아웃소싱은 전략이다. 부실한 전략을 가지고 아웃소싱을 통한 우위를 기대하지 마라. 또한 아웃소싱이 제공하는 우위는 이와 동반한 불이익(disadvantage)도 있다는 점을 상기하고 이를 적극적으로 관리하여야 한다.

윈-윈(win-win): 윈-윈은 훌륭한 아이디어의 결과가 아니고 완벽한 준비, 정보의 공유, 양사의 적절한 관리, 상대방의 목표에 대한 존중의 결과이다.

참고논문 및 관련연구
(References and Brief further Reading)

Cullen, S., Willcocks, L. and Seddon, P. (2001). *Information Technology Outsourcing Practices in Australia.* Deloitte Touche Tohmatsu, Melbourne.

Feeny, D. (1997). Information systems organization: the role of users and specialists. In: Willcocks, L., Feeny, D. and Iseli, G.(eds). *Managing IT as a Strategic Resorce.* McGraw-Hill, Maidenhead.

Kern, T. and Willcocks, L (2001). *The Relationship Advantage: Information Technologies, Sourcing and Management.* Oxford University Press, Oxford.

Kern, T., Lacity, M. and Willcocks, L. (2002a). *Netsourcing: Renting Applications and Services Over a Network.* FT/Prentice Hall, New York.

Kern, T., Willcocks, L. and Van Heck, E. (2002b). The winner's curse in IT outsourcing: strategies for avoiding relational trauma. *California Management Review* 44(2): 47-69

Lacity, M. and Hirschheim, R. (1995). *Beyond the Information Systems Outsourcing Bandwagon.* Wiley, Chichester.

Lacity, M and Willcocks, L (2000). *Inside Information Technology Outsourcing: A State of the Art Report.* Templeton Executive Research Bridfing, Templeton College, Oxford.

Lacity, M and Willcocks, L (2001). *Global Information Technology Outsourcing: In Search of - Business Advantage.* Wiley, Chichester.

Loh, Lawrence and Venkatraman, N. (1992). Diffusion of information technology outsourcing influence sources and the Kodak Effect. *Information Systems Research* December, 334-358

Seddon, P., Cullen, S and Willcocks, L. (2002). Does Domberger's theory of the contracting organization apply to IT outsourcing? In: *Proceedings of the International Conference in Information systems.* Barcelona, December 16-18th.

Willcocks, L. and Greaser, V. (2000). *Delivering IT and E-Business Value.* Butterworth-Heinemann, Oxford.

Willcocks, L. and Petherbridge, P. and Olson, N. (2002). *Making IT Count: Strategy, Delivery, Infrastructure.* Mutterworth Heinemann, Oxford.

색인(index)

ㅊ

ㅋ

ㅌ

ㅍ

ㅎ

가치창조를 위한

IT 아웃소싱 방법론:

8 블록 접근법

A-JIN

지은이와 협의 인지 생략

인　　쇄	2007년 9월 5일
발　　행	2007년 9월 10일
역　　자	안 준 모
발 행 처	도서출판 아진 135-010 서울시 강남구 논현동 148-9 한미빌딩 201호 TEL:02-737-0663 FAX:02-737-0664 Homepage:ajin.to E-mail:kgb@ajin.to
발 행 인	김 근 배
등록번호	제300-1995-56호
I S B N	978-89-5761-221-7 93320

가격 25,000원